백방군은
'백만 방문자와 소통하는' 시리즈를 대표하는 캐릭터입니다.
방방곡곡 유용한 소식을 널리 알리기 위해 태어난 백방군과 함께
여러분의 브랜드와 콘텐츠가
백만, 그 이상의 고객 및 방문자와 소통하길 바랍니다.

페이스북 마케팅

종유진, 최규문 지음

지은이 종유진 | www.facebook.com/JYJ.Bella

IT 분야 15년차 직장인이다. 솔루션 개발, 기획, 컨설팅, PM 업무를 두루 경험하고 IT 활용 극대화를 위한 방법 모색에 열심이다. 2010년 페이스북 페이지의 활용 방법을 널리 알리기 위하여 《100만 방문자와 소통하는 페이스북 페이지 만들기》를 집필했으며, 모바일과 SNS를 효과적으로 활용하는 데 도움을 주고자 저술과 코칭에 적극 임하고 있다.

지은이 최규문 | www.facebook.com/letsgo99

한국리더십센터에서 기업교육 전문컨설턴트 및 셀프리더십 코치로 활발히 활동했으며 《페이스북, 무엇이고 어떻게 활용할 것인가》, 《페이스북 페이지 만들기》 등을 집필했다. '대한민국 페이스북 전도사'를 자임하며 소셜네트웍코리아 대표로서 '강남소셜비즈니스협동조합'을 설립해 SNS 관련 교육 및 소셜 비즈니스 코칭에 힘쓰고 있다.

백만 방문자와 소통하는
페이스북 마케팅 : 최고의 마케팅 플랫폼, 페이스북 페이지 & 페이스북 광고

초판발행 2016년 3월 21일
2판 2쇄 2017년 6월 21일

지은이 종유진, 최규문 / **펴낸이** 김태헌
펴낸곳 한빛미디어(주) / **주소** 서울시 마포구 양화로 7길 83 한빛미디어(주) 실용출판부
전화 02-336-7129 / **팩스** 02-336-7124
등록 1999년 6월 24일 제10-1779호 / **ISBN** 978-89-6848-260-1 13000

총괄 임규근 / **책임편집** 전정아 / **기획** 송찬수
디자인 김연정 / **전산편집** 오정화, 금미향 / **교정·교열** 박지원
영업 김형진, 김진불, 조유미 / **마케팅** 박상용, 송경석, 조승모, 변지영 / **제작** 박성우, 김정우

이 책에 대한 의견이나 오탈자 및 잘못된 내용에 대한 수정 정보는 한빛미디어(주)의 홈페이지나 아래 이메일로 알려주십시오. 잘못된 책은 구입하신 서점에서 교환해 드립니다. 책값은 뒤표지에 표시되어 있습니다.
한빛미디어 홈페이지 www.hanbit.co.kr / 이메일 ask@hanbit.co.kr

Published by HANBIT Media, Inc. Printed in Korea
Copyright © 2016 종유진, 최규문 & HANBIT Media, Inc.
이 책의 저작권은 종유진, 최규문과 한빛미디어(주)에 있습니다.
저작권법에 의해 보호를 받는 저작물이므로 무단 복제 및 무단 전재를 금합니다.

지금 하지 않으면 할 수 없는 일이 있습니다.
책으로 펴내고 싶은 아이디어나 원고를 메일(writer@hanbit.co.kr)로 보내주세요.
한빛미디어(주)는 여러분의 소중한 경험과 지식을 기다리고 있습니다.

백만 방문자와 소통하는

페이스북 마케팅

2016년 업데이트 반영 최신 개정판

종유진, 최규문 지음

▼ 프롤로그

페이스북!
최고의 마케팅 플랫폼으로 부르는 이유

페이스북 한반도 상륙 5년, 어제와 오늘

페이스북이 우리나라에 본격적으로 상륙한 것은 아이폰이 국내에 첫선을 보인 2010년 초반 무렵입니다. '김연아 트윗' 바람을 타고 빠르게 확산되어 여론을 떠들썩하게 한 트위터와 달리, 페이스북은 소리 소문 없이 조용히 들어온 편입니다.

페이스북은 초기에 자녀를 해외로 유학 보낸 부모나 해외에 일가친척이나 지인을 둔 사람들이 비싼 전화료 대신 무료로 쓸 수 있는 '메시지 전달 도구'로 쓰면서 시작되었습니다. 실제로 페이스북 한글판이 처음 나온 2008~2009년만 하더라도 타임라인에 올라오는 포스트의 절반가량이 영어로 쓰였고, 사용 언어 환경도 영어 모드에 가까웠습니다. 서비스 가입 이용 약관만 하더라도 한글 서비스를 시작한 지 2년이 넘도록 영어로 제공되다, 국내 페이스북 사용자 수가 급격히 늘어난 2010년이 되어서야 뒤늦게 한글로 제공되었습니다.

그로부터 5년이 훌쩍 지난 지금, 페이스북의 도입 초기 이야기를 새삼스레 꺼낸 이유는 너무도 달라진 페이스북 환경에 격세지감이 느껴지기 때문입니다. 2010년 광복절 무렵에 《페이스북이 무엇이고 어떻게 활용할 것인가》라는 국내 첫 페이스북 한글 소개서를 출간한 때만 해도 우리나라 페이스북 사용자 수는 고작 30~50만 명 수준이었습니다.

2015년 5월 29일에 그랜드 하얏트 서울에서 열린 '페이스북 마케팅 부트 캠프' 행사장에는 페이스북의 맞춤 타겟 광고에 대한 설명을 듣기 위해 모여든 1,000여 명의 사람들로 북적거렸습니다.

이날 발표된 자료에 따르면 우리나라에서는 매일 980만 명이 페이스북을 사용하며, 이들 중 940만 명은 모바일에서 페이스북을 이용한다고 합니다. 월간 활성 사용자 수$^{\text{MAU, Monthly Active Users}}$는 1,500만 명에 이르고, 이들 중 1,300만 명이 모바일 기반 사용자라고 합니다. 이 숫자는 대한민국 경제 활동 인구의 절반을 넘어서는 수치입니다. 페이스북은 불과 5년 사이에 40~50배에 이르는 놀라운 성장을 이룬 셈입니다.

페이스북 마케팅 부트 캠프 (2015년 5월 29일)

페이스북 마케팅의 핵심은 '사용자 수'와 '행동 추적'

페이스북 마케팅은 바로 이 숫자에서 시작됩니다. 어떤 매체가 마케팅 도구나 비즈니스 도구로 자리 잡으려면 기본적으로 해당 매체를 이용하는 '사람의 수'가 일정 수준에 이르러야 합니다. 더불어 이 매체가 안정적으로 성장하고 지속되려면 '편의성'이 유지되어야 합니다. 다시 말해 '많은 사람들이 특정 서비스를 소통의 수단으로 지속적으로 편리하게' 쓰면 해당 서비스는 비로소 '마케팅 플랫폼'의 요건을 갖춘다는 말입니다.

▼ 프롤로그

하루에 2,700만 명이 이용하는 국민 메신저 카카오톡과 더불어 대한민국 경제 활동 인구의 절반이 사용하는 페이스북은 국내 최고의 모바일 마케팅 플랫폼으로 위치를 확고히 굳혔다고 봐도 무방합니다. 여기에 더해 2015년부터 집중적으로 홍보하고 있는 '페이스북 맞춤 타겟' 생성 기능을 사용하면 페이스북을 마케팅 도구로 더욱 넓게 활용할 수 있습니다. 기존 포털 사이트의 키워드 광고 시스템과 달리 '실명 기반 리마케팅 광고'라는 새로운 차원의 마케팅으로 인도하고 있습니다.

온라인 웹 서핑 흔적을 추적하는 기술은 꾸준하고 구체적으로 발전해 왔습니다. 구글이 무료로 제공하는 '구글 애널리틱스' 같은 분석 도구는 잘만 활용하면 웬만한 유료 웹 로그 분석 서비스나 프로그램으로 만든 리포트 못지않은 매우 상세하고 체계적인 리포트를 얻어낼 수 있습니다. 페이스북은 '페이스북 픽셀'로 불리는 추적 코드를 이용하여 페이스북 계정으로 로그인한 누가, 언제 어디서 어떤 행동을 하는지를 실명

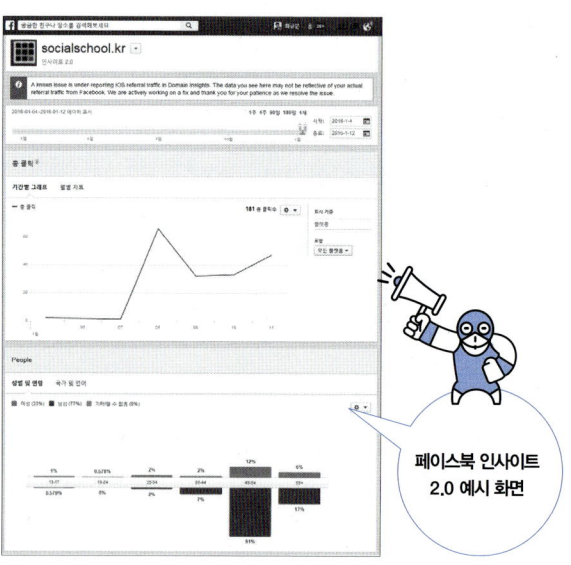

페이스북 인사이트 2.0 예시 화면

기반으로 추적하고 측정할 수 있습니다. 단지 웹에서의 움직임만이 아니라 모바일 위치 정보를 통해 오프라인 활동 영역까지도 추적이 가능합니다. 이로써 모든 마케터가 꿈꾸던 '1:1 맞춤 광고' 시대가 열린 것입니다. 책 속 이야기가 아니라 우리가 숨 쉬며 살고 있는 지금 바로 여기에서 말입니다.

페이스북은 2015년에 구글 애널리틱스를 본뜬 것으로 보이는 [인사이트 2.0] 서비스를 선보였습니다. 물론 아직까지는 기능이 매우 초보적이며 보잘 것 없는 수준입니다. 하지만 실명 로그인 기반의 활동 정보를 추적하고 분석한다는 측면에서 보면 구글 애널리틱스에 버금가는 강력한 웹 활동 분석 도구로 진화할 수 있는 가능성을 갖고 있는 씨앗으로 보입니다.

페이스북 맞춤 광고, 무엇이 어떻게 다른가

페이스북 광고가 일반 디스플레이 광고나 키워드 검색 광고와 전혀 다른 차원으로 불리는 이유가 무엇일까요? 페이스북이 갖고 있는 두 가지 특징 때문입니다.

첫 번째는 페이스북이 '실명(본명) 프로필'을 기초로 활동한다는 점입니다. 온라인 공간에 게시물을 올리거나 의견을 내세울 때 오프라인에서 실제로 쓰는 '실명으로' 글을 남긴다는 것은 온라인과 오프라인의 경계를 허물어트리는 일입니다. 다시 말해 온라인 공간에 남긴 모든 글과 방문 흔적이 개인의 오프라인 행동과 경험의 일부라는 것입니다.

GPS 위치 정보를 이용한 체크인 흔적만 오프라인 정보는 아닙니다. 사귀다 헤어진 남녀가 블로그나 커뮤니티에 옛 애인과 찍었던 사진이

▼ 프롤로그

나 함께 한 행적이 담긴 콘텐츠를 지우려고 시도하는 행위, 채용 면접을 앞둔 취업 준비생이 과거 철없던 시절에 생각 없이 올린 부적절한 사진이나 글을 찾아 삭제하는 행동도 따지고 보면 모두 온라인 공간에 남겨 놓은 흔적이 결코 떼려야 뗄 수 없는 오프라인 삶의 일부라는 것을 증명합니다.

두 번째는 실명을 가진 이들의 행동^{Activity} 정보가 접속되어 있는 24시간 내내 수집된다는 점입니다. 페이스북을 처음 접했을 때 놀라는 것 중 하나는 전 세계 어느 누구도 똑같은 초기 화면을 볼 수 없다는 것입니다. 각자 친구 관계가 다르기 때문입니다. '친구들'이 올리는 소식이나 정보가 채워지는 것이 뉴스피드이므로 친구 관계가 다른 모든 사람들의 페이스북 뉴스피드는 모두 다르게 나타날 수밖에 없습니다.

여기서 매우 중요한 사실은 각 개인의 타임라인에 올라오는 수많은 흔적을 페이스북은 고스란히 저장하고 간직한다는 점입니다. 흔히 페이스북 콘텐츠를 텍스트, 사진, 동영상 정도로 알고 있지만 정작 이런 유형의 포스트(게시물)보다 훨씬 더 많은 콘텐츠는 각각의 포스트를 둘러싸고 일어나는 각종 댓글 작성이나 [좋아요] 행동, 친구 맺기, 팔로잉, 공유하기처럼 게시물로 직접 표현되지 않는 사용자의 수많은 행동 정보입니다.

하루 동안 얼마나 많은 행동 정보가 기록되는지 보고 싶다면 개인 타임라인 초기 화면에서 커버 사진 오른쪽 아래에 보이는 [활동 로그 보기] 버튼을 클릭해 보세요. 내 일거수일투족이 낱낱이 기록되어 남은 것을 알 수 있습니다.

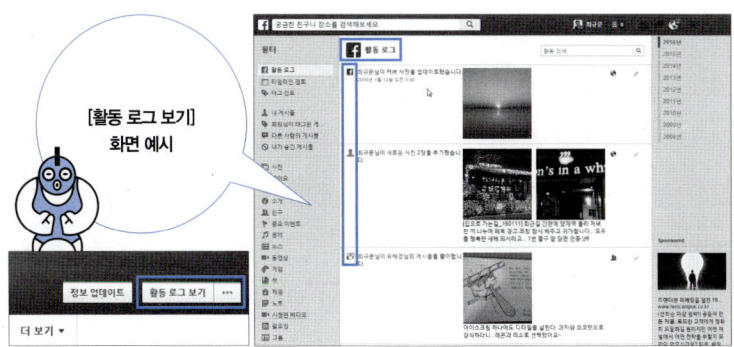

페이스북 광고가 네이버나 다른 광고와 질적으로 다른 부분은 실명 사용자의 접속 정보와 행동 정보를 기반으로 특정 아이템 광고 대상에 관심을 갖고 있거나 조건에 부합하는 사람들만 선별해서 광고를 제한적으로 보여준다는 점입니다.

각 개인의 관심사와 특성에 맞춰 그런 특성을 가진 사람들이 관심을 갖거나 좋아할 법한 광고를 골라서 노출해 준다는 것이지요. 개인들이 자신의 행동 정보를 페이스북에 제공하는 대신 페이스북은 그 사람의 관심사나 특성에 비추어, 보고 싶어 하지 않을 스팸성 광고를 걸러 노출되지 않도록 하는 원리입니다. 페이스북이 자신들이 제공하는 광고를 '맞춤 타겟 광고'로 부르는 이유입니다.

맞춤 광고의 신세계로 떠나는 즐거운 여행

이 책은 학술 서적이 아니므로 마케팅을 굳이 전문 용어로 엄격하게 정의하지 않겠습니다. 여기서는 '내가 만든 제품이나 취급하는 상품 혹은 내 브랜드를 다른 누군가에게 알리거나 판매하기 위해 벌이는 모든 활동'을 마케팅으로 부르겠습니다. 더불어 '브랜딩이나 상품 판매를 목적

▼ 프롤로그

으로 페이스북을 활용해서 할 수 있는 모든 활동이나 방법'을 페이스북 마케팅으로 정의하겠습니다.

이 새로운 마케팅 세계로의 여행은 필자와 여러분 모두에게 새로운 자극과 즐거운 경험을 선사할 것입니다. 새롭고 유용한 이야기를 더 많은 사람에게 서둘러 들려주고 싶어 마음이 앞서지만, 들뜬 마음을 가라앉히고 차근차근 풀어 놓으려 합니다. 지난 5년 동안 페이스북을 통해 친구 관계를 맺고 온라인과 오프라인을 넘나들며 체험한 여러 시행착오 속에서 깨닫고 익힌 노하우와 자잘한 팁을 함께 나눈다는 마음으로 여행을 시작하겠습니다. 책의 흐름을 미리 살펴보겠습니다.

CHAPTER 01에서는 페이스북의 기본 구조와 기능을 살펴봅니다. 이론 부분이라 조금 딱딱하게 느껴질 수 있습니다. 이미 페이스북을 익숙하게 쓰는 분이라면 세세하게 읽지 않아도 괜찮습니다. 가볍게 읽되 중간에 나오는 팁 정도만 눈여겨보길 권합니다. 페이스북을 처음 쓰는 분이라면 빠짐없이 꼼꼼하게 읽길 권합니다. 그래야 이후에 나오는 페이스북 마케팅을 이해하고 따라갈 수 있습니다.

CHAPTER 02에서는 페이스북 채널을 실제로 만들어 봅니다. 아울러 자신이 가진 브랜드를 홍보하기 위한 기초 계정이라 할 수 있는 페이스북 페이지를 개설하고 어떻게 구축하는지 모바일 및 웹에서 인터페이스를 비교하면서 살펴봅니다.

CHAPTER 03에서는 페이스북과 다른 SNS를 연동하여 마케팅 효과를 배가시킬 수 있는 방법을 다룹니다. 트위터나 블로그를 연동시키는 방법은 물론 최근 성장하고 있는 인스타그램을 연동하는 방법을 중점적으로 다룹니다. 소셜 플러그인을 이용하여 다른 매체와 연동하는 방법이 궁금했던 분이라면 주의 깊게 살펴보길 권합니다. 아울러 게시물 콘텐츠를 작성하고 꾸미는 방법, 모바일 쿠폰을 활용하는 방법, 페이스북으로 팬들의 참여를 유도할 수 있는 이벤트를 효과적으로 전개하는 방법, 포스팅이 어떤 성과를 내는지 분석해 주는 인사이트 메뉴를 집중적으로 살펴봅니다.

CHAPTER 04에서는 페이스북 광고를 만드는 방법을 살펴봅니다. 광고 대상을 선별하고 선택한 후 맞춤 타겟을 만드는 방법까지 알아봅니다. 어떻게 하면 광고비를 최소화하고 내게 적합한 광고 수용자만을 찾아 제한된 타겟 광고를 할 수 있는지 사례를 중심으로 살펴봅니다.

CHAPTER 05와 CHAPTER 06에서는 페이스북 타겟 광고에서 반드시 알아야 할 인사이트 분석과 최적화 방안, 그리고 실제 타게팅에 필요한 여러 메뉴의 사용법을 알아봅니다.

끝으로 각 CHAPTER 말미에는 '페이스북 광고의 모든 것'이라는 별도의 코너를 마련하여 페이스북의 갖가지 기능을 어떻게 하면 광고와 결합하여 활용할 수 있는지를 구체적으로 설명합니다.

페이스북 페이지 마케팅이 아직까지는 한없이 낯선 미지의 세계로 느껴질 수 있습니다. 낯선 세계로 향하는 길목에는 늘 기대감과 불안감이 함께 합니다. 불안을 떨쳐 내고 새로운 변화를 받아들이는 용기와 도전이 필요합니다. 도전의 길목에 과감히 들어선 여러분 모두에게 행운이 함께 하길 바랍니다.

▼ 이 책의 페이스북 페이지

100만 방문자와 소통하는 페이스북 페이지

https://www.facebook.com/page.kr/

필자들이 운영하는 페이스북 페이지입니다. 접속하여 [좋아요]를 눌러 팬이 되어 주세요. 페이스북의 최신 소식과 페이지 기능 업데이트 내용 등 지면의 한계로 책에 담지 못한 내용을 실시간으로 제공합니다. 실제 페이지 구축에 필요한 노하우를 소개할 뿐만 아니라 책을 보면서 궁금한 내용을 질문하면 빠른 시간 안에 답해 드립니다.

한빛미디어에서 출간한 그래픽 · 오피스 · SNS 관련 도서 소식이 궁금하거나 관련 정보가 궁금할 때는 '스마트한 활용이네'에서 확인할 수 있습니다.

https://www.facebook.com/ithanbit

▼ 이 책의 구성

《백만 방문자와 소통하는 페이스북 마케팅》은 큰 범주에서 기본과 심화로 나눌 수 있습니다. CHAPTER 01부터 CHAPTER 06까지 이어지는 본문에서는 페이스북을 마케팅 도구로 활용하기 위한 기초를 다루며, 각 CHAPTER가 끝날 때마다 별도로 구성된 '페이스북 광고의 모든 것' 코너에서는 페이스북 광고에 대한 깊이 있는 정보를 다룹니다.

본문 구성

페이스북과 페이스북 페이지에 있는 다양한 옵션과 구체적인 사용 방법을 친절하게 설명합니다. 페이스북을 마케팅 도구로 원활하게 사용하려면 꼭 알아야 할 기초 정보입니다.

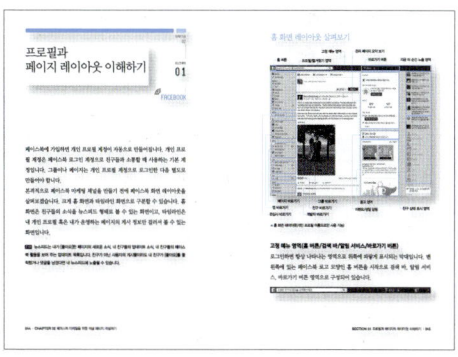

페이스북 광고의 모든 것

페이스북이 왜 마케팅 도구로 적절한지부터 효과적인 페이스북 마케팅을 위한 숨은 노하우 및 실천 방법까지 페이스북 전문가에게 직접 들을 수 있습니다.

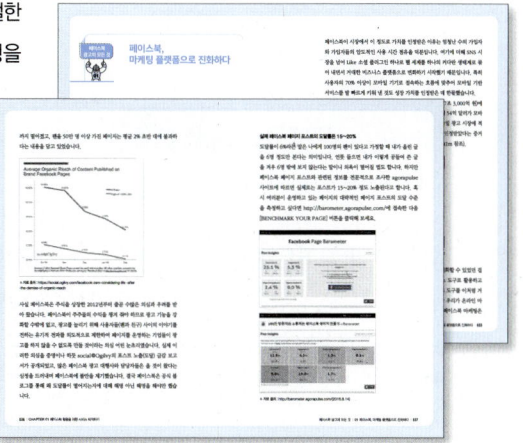

▼ 페이스북 페이지 기능별 로드맵

페이스북 페이지 기능별 로드맵

페이스북 페이지 개설 및 고객과 효과적인 소통을 위한 페이스북 기능 활용 로드맵입니다. 찾고자 하는 내용과 관련된 링크를 따라가면 해당 기능을 빠르게 찾아 확인한 후 내 페이지에 적용할 수 있습니다.

페이지 기본 레이아웃 알기
049쪽 타임라인 레이아웃 살펴보기

▲ 개인 프로필의 페이지 레이아웃

페이지 개설 및 기본 레이아웃 구성하기
057쪽 용도에 맞춰 페이지 개설하기
062쪽 페이지 구성 및 관리 메뉴 파악하기

페이지 활성화 전략
110쪽 페이지에 기본 콘텐츠 채워 넣기
120쪽 기본 기능으로 페이지 홍보하기
170쪽 콘텐츠 공유 최적화하기

비즈니스 관리자 알기

110쪽 페이지 이름으로 업데이트하기
250쪽 파워에디터와 비즈니스 관리자

비즈니스 관리자에서 개인 뉴스피드로 이동

▲ 비즈니스 관리자의 페이지 레이아웃

페이지 운영/광고 효과 분석하기

148쪽 페이스북 브랜드 페이지 마케팅
215쪽 인사이트 메뉴 및 내보내기 기능
244쪽 타겟 인사이트 살펴보기
314쪽 페이스북 픽셀

페이스북 광고 활용하기

237쪽 페이지 노출을 위한 최적의 타겟 그룹
288쪽 페이스북 광고의 유형과 특징
300쪽 페이스북 광고 관리자 살펴보기

▼ 목차

프롤로그 | 페이스북! 최고의 마케팅 플랫폼으로 부르는 이유   004
이 책의 페이스북 페이지   012
이 책의 구성   013
페이스북 페이지 기능별 로드맵   014
'페이스북 광고의 모든 것' 목차   020

CHAPTER 01 페이스북 활용을 위한 서비스 파악하기

SECTION 01 페이스북 계정 만들기와 서비스 살펴보기   024

SECTION 02 관계 네트워킹을 위한 페이스북 그룹   027

SECTION 03 브랜딩을 위한 페이스북 페이지   030

CHAPTER 02 페이스북 마케팅을 위한 채널 페이지 개설하기

SECTION 01 프로필과 페이지의 레이아웃 이해하기   044
　홈 화면 레이아웃 살펴보기   045
　타임라인 레이아웃 살펴보기   049

SECTION 02 용도에 맞춰 페이지 개설하기   057

SECTION 03 페이지 구성 및 관리 메뉴 파악하기   062
　행동 유도 버튼 설정하기   062
　탭 메뉴 순서 조정하기   064
　페이지 관리자 메뉴 살펴보기   065
　설정 화면 세부 기능 살펴보기   068

CHAPTER 03 방문자와 소통하는 페이지 구축 TIP

SECTION 01 페이지에 기본 콘텐츠 채워 넣기 110
    페이지 이름으로 업데이트하기 110
    포스트 업네이트 메뉴 살펴보기 112
    [사진 슬라이드 만들기]로 사진 슬라이드 업데이트하기 117

SECTION 02 기본 기능으로 페이지 홍보하기 120
    공유하기 기능으로 페이지 홍보하기 120
    페이지 이름으로 [좋아요]하기 122
    친구를 초대하여 페이지 팬 확보하기 122

**SECTION 03 다양한 SNS와 연계하여
페이지 업데이트 최적화하기** 124
    인스타그램과 페이스북 페이지 연계하기 124
    인스타그램에 게시하면서 페이스북 페이지에 공유하기 124
    페이지의 탭 메뉴에 인스타그램 추가하기 127
    페이스북과 트위터 연계하기 129
    네이버 블로그 포스트를 페이스북 페이지에 게시하기 132

SECTION 04 페이스북 위젯으로 페이지 홍보하기 134
    위젯 유형 살펴보기 135
    이메일 본문에 페이지 연결 위젯 추가하기 136

SECTION 05 소셜 플러그인으로 실시간 쌍방향 정보 나누기 138
    주요 소셜 플러그인 알아보기 139
    소셜 플러그인 메뉴별 속성 알아보기 140
    티스토리 블로그에 소셜 댓글 플러그인 추가하기 144

FACE BOOK

▼ 목차

CHAPTER 04 백만 방문자와 소통하는 페이스북 페이지 운영 노하우

SECTION 01 콘텐츠 공유 최적화하기 — 170
- 페이지 노출률 높이기 — 170
- 효과적인 게시물 유형 파악하기 — 171
- 최적의 게시 시점을 파악하고 예약 기능 활용하기 — 172
- 핵심 타겟을 파악하여 업데이트하기 — 173

SECTION 02 쿠폰을 발행하여 팬들에게 혜택 제공하기 — 176
- 성공적인 쿠폰 기획하기 — 177
- 쿠폰 발행 및 수정하기 — 179

SECTION 03 페이스북 검색으로 효과적인 타겟 설정하기 — 182

Chapter 05 인사이트 분석으로 페이지 최적화하기

SECTION 01 비즈니스 마케팅 분석이 쉬워지는 인사이트 메뉴 — 214
- 인사이트 메뉴 및 내보내기 기능 — 215
- 페이지 전체 성과, [개요] 탭 — 217
- 좋아요 수 파악, [좋아요] 탭 — 219
- 게시물의 노출 정도, [도달 범위] 탭 — 221
- 내 페이지 조회 및 조회한 사람 수, [페이지 조회] 탭 — 225
- 연락처 정보와 행동 유도 버튼 클릭 수, [페이지 활동] 탭 — 227
- 팬들의 활동 시간 분석 및 게시물 유형, [게시물] 탭 — 229
- 동영상 조회 및 재생 횟수, [동영상] 탭 — 231
- 페이지 팬들에 대한 인구 통계, [사람] 탭 — 234

SECTION 02 페이지 노출을 위한 최적의 타겟 그룹 — 237

	타겟 그룹 만들기	238
	맞춤 타겟 만들기 → 웹사이트 트래픽 활용하기	243
	타겟 인사이트 살펴보기	244

페이스북 광고로 타겟 마케팅하기

SECTION 01	**페이스북의 광고의 유형과 특징**	**288**
	페이스북 광고	289
	캠페인 목표별 광고 노출 위치	290
	페이스북 광고 만들기 3단계	292
	실전 페이스북 광고 만들기	294
	게시물 홍보하기 버튼으로 광고 만들기	299
SECTION 02	**페이스북 광고 관리자 살펴보기**	**300**
	광고 관리자 화면	300
	광고 계정 설정 화면	305
	청구서 화면	306
	파워에디터 화면	307
	페이지 게시물 화면	309
	측정 및 보고 영역 메뉴	309
	자산 영역 메뉴	311
	설정 영역 메뉴	313
SECTION 03	**광고 도달률 분석을 위한 페이스북 픽셀**	**314**
	페이스북 픽셀	314
	페이스북 기본 픽셀 코드 만들기	316
	전환 만들기-표준 이벤트 코드를 활용한 전환 추적	317
	전환 만들기-맞춤 전환	320
에필로그	프로필로 장사 말고, 페이지로 홍보 말라!	**358**

▼ 목차

페이스북 광고의 모든 것

01 페이스북, 마케팅 플랫폼으로 진화하다 … 032
- 2시간 17분의 생방송, 페이스북과 블로그는 어떤 점이 다른가 … 034
- 페이지 포스트 도달률 6%는 어디까지가 진실인가 … 035
- 평소 소통하는 사람에게 더 자주 보이는 뉴스피드 알고리즘 … 038
- You are Media 시대에 필요한 마케팅 사고의 전환 … 040

02 페이스북 개인 프로필 마케팅 … 080
- 페이스북 가입 약관을 들춰 보라 … 081
- 개인 프로필 계정을 상호나 기관 이름으로 짓지 말라 … 083
- 동의 없이 남의 사진에 태그를 걸지 말라 … 088
- 프로필 사진은 얼굴 사진을, 이름은 실명을 사용하라 … 091
- 친구 요청 시에는 반드시 인사 메시지를 함께 보내라 … 095
- 그룹에 초대할 때는 강제 보쌈을 자제하라 … 096
- 그룹에서 제공하는 강력한 기능을 활용하라 … 097
- @ 태그를 이용하여 포스트와 사진을 공유하라 … 101
- # 태그로 인스타그램 통합 검색을 활용하라 … 103

03 페이스북 브랜드 페이지 마케팅 … 148
- 개인 프로필과 페이지, 무엇이 어떻게 다른가 … 150
- 페이지의 딜레마, 사람이 아니면서 사람의 입 노릇을 해야 한다 … 154
- 그래프 서치로 1:1 맞춤 광고 시대의 문을 열다 … 156
- 페이지를 관리하는 데도 요령이 필요하다 … 159

04 페이스북 광고와 맞춤 타겟   185

페이스북 광고의 기본 구성 요소   185
페이스북 광고, 어떻게 만드나   187
페이스북 광고, 단계별로 파헤치기   188
온라인 추적 광고와 리타게팅 원리   196
왜 페이스북 맞춤 타겟 광고인가   198
맞춤 타겟 제대로 활용하기   200
[고객 리스트] 메뉴로 맞춤 타겟 만들기   202
페이스북 픽셀과 웹사이트 맞춤 타겟 만들기   204
유사 타겟을 만들고 활용하기   209

05 파워에디터와 비즈니스 관리자   250

'사람을 통한' 콘텐츠 평판 자동화 시스템   251
페이스북 광고, 누구나 할 수 있다?   252
페이스북 즉석 광고, 게시물 홍보하기   255
광고 관리자에서 페이지 홍보하기   260
파워에디터로 웹사이트 방문 수 늘리기   264
기업용 광고 관리 도구, 비즈니스 관리자 활용하기   273

06 페이스북 타겟 광고 필수 TIP   322

광고 효율을 높이기 위한 페이지 상식   322
주변 지역에 홍보하기 – 핀 설정으로 근거리 정밀 타게팅   330
슬라이드 광고형 멀티 이미지 링크 포스트 응용하기   336
페이스북 광고에 대해 꼭 알아 두어야 할 것   340
비즈니스 관리자 대시보드와 광고 보고서 다루기   350
모바일 CF형 광고 도구, 캔버스 활용하기   355

CHAPTER 01

페이스북 활용을 위한
서비스 파악하기

페이스북에 회원으로 가입하면 개인 프로필이 기본으로
만들어지고, 필요에 따라 그룹과 페이지를 만들 수 있습니다.
페이스북 그룹은 관심사가 같은 사람들이 모여 소통하는 공간이고,
페이스북 페이지는 개인 프로필과 원리는 유사하지만
개인이 아닌 회사나 브랜드를 홍보하고 제품을 마케팅하는 등
상업적인 용도로 활용할 수 있는 서비스입니다.
CHAPTER 01에서는 각 서비스의 특징을 간단히 살펴보겠습니다.

CHAPTER
01

SECTION
01

페이스북 계정 만들기와 서비스 살펴보기

페이스북을 사용하려면 먼저 회원으로 가입해야 합니다. 페이스북은 사용자 이름, 로그인하는 데 필요한 이메일 주소(또는 휴대폰 번호)와 비밀번호, 생년월일, 성별 정보를 입력하고 약관에 동의하면 회원으로 가입됩니다. 회원으로 가입한 후에는 기본 정보 이외의 정보를 추가로 입력할 수 있습니다. 추가 정보는 선택 사항이므로 원하지 않으면 입력하지 않아도 되고, 정보를 입력하더라도 공개 범위를 지정할 수 있습니다.

▲ 페이스북 약관

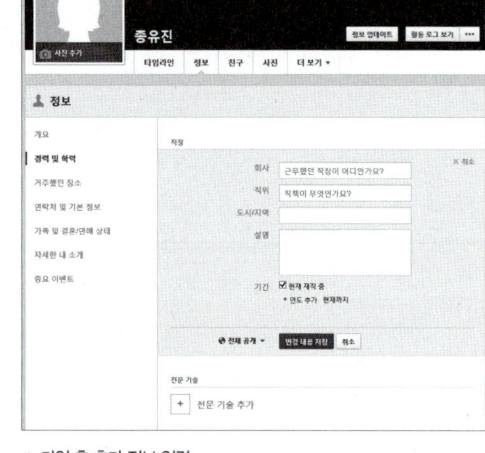

▲ 가입 후 추가 정보 입력

전체 공개로 입력된 정보는 친구를 초대하거나 찾을 때 활용되며, 페이스북 페이지의 활동 상황을 보여 주는 '인사이트 분석'의 자료로 활용됩니다. 내 페이지에 관심이 있는 사람이나 팬이 된 사람들의 연령대, 성별, 관심사 등을 분석할 수 있는 기초 정보가 되는 셈입니다.

페이스북 서비스 살펴보기

페이스북 계정을 만들었다면 개인 프로필, 그룹, 페이지 서비스를 이용할 수 있습니다. 개인 프로필은 가입과 동시에 개인 이름으로 만들어지는 서비스로 지인들과 친구를 맺어 정보를 나눌 수 있도록 돕습니다. 그룹과 페이지는 개인 프로필로 로그인한 후 만들어 쓸 수 있는 서비스로 페이스북 마케팅에서 중점적으로 다루는 서비스는 페이지입니다. 각 서비스를 비교해 보면 다음과 같습니다.

구분	개인 프로필	그룹	페이지
용도	비상업용/개별 사용자용	개별 사용자 모임	상업용/비즈니스용
연결 방법 (공개 대상)	친구 맺기(신청/수락), 팔로우(전체 공개 게시물만 확인 가능)	가입으로 연결	[좋아요] 클릭으로 연결(좋아요 수 제한 없음)
공개 범위	나만 보기, 친구만, 친구 그룹별, 전체 공개 중 선택 가능	전체 공개, 비공개, 비밀 중 선택 가능	전체 공개
관리자	가입자 본인만 운영	개설자가 관리자가 되며, 타인에게 관리 역할 부여 가능(관리자/멤버)	개설자가 관리자가 되며, 타인에게 관리 역할 부여 가능(페이지 역할)
특징	자신이 아닌 타인이나 상업용으로는 사용 불가	그룹 내 사진이나 문서 공유	맞춤형 앱 생성/추가
제약 사항	1인 1계정 친구 수는 5,000명까지 가능	개설 수는 제한 없음 개인은 6,000개 그룹에 가입 가능	개설 수에 제한 없음 비즈니스/브랜드/단체, 유명인을 대표하는 페이지는 공식 대표자이어야 함

페이스북은 실명을 사용하여 다른 사람과 교류하는 커뮤니티 서비스이므로 개인 계정(프로필)을 두 개 이상 유지하는 것은 페이스북 커뮤니티 표준을 어기는 것입니다. 따라서 비즈니스 용도로 쓸 계정이 필요하다면 추가로 계정을 개설하는 것이 아니고, 개인 프로필로 로그인한 상태에서 [페이지 만들기] 메뉴로 페이지를 개설하면 됩니다. 같은 관심사 혹은 같은 목적을 가진 사람들과 정보를 나누거나 사진 또는 문서를 공유하며 교류하고자 할 때는 그룹을 만들어 활용하길 권합니다. 좀 더 구체적인 사항은 다음 약관을 참고합니다.

- 페이스북 약관 : https://www.facebook.com/legal/terms
- 페이스북 페이지 약관 : https://www.facebook.com/page_guidelines.php

CHAPTER 01
SECTION 02

관계 네트워킹을 위한 페이스북 그룹

페이스북 그룹은 그룹의 다른 멤버들과 업데이트, 사진, 문서를 공유하고, 메시지를 주고받을 수 있는 공간입니다. 동호인 모임처럼 소그룹을 만들어 관심사나 목적이 같은 친구들을 초대할 수 있고, 의견이나 정보를 원활하게 주고받을 수 있도록 사진/동영상 업로드뿐만 아니라 질문하기나 파일 업로드 등의 기능도 제공합니다. 더불어 긴급하게 공지사항을 전달하거나 번개모임을 하고자 할 때 활용할 수 있는 그룹 채팅 기능을 제공합니다. 그룹 채팅 기능은 그룹 멤버들과 실시간으로 이야기를 나누며 빠르게 의견을 수렴할 수 있고 공지사항을 빠르고 효과적으로 전달할 수 있습니다.

▲ 필자가 활동 중인 그룹

네이버나 다음에서 제공하는 카페와 기능은 유사하지만 가입 방법이나 게시물의 노출 방법에 차이가 있습니다. 네이버나 다음 카페는 모임의 설립 취지에 동의하는 사람이 가입 신청을 하면 운영자가 가입 승인 여부를 결정하는 형태입니다.

이와 달리 페이스북 그룹은 나와 친구 관계를 맺고 있는 사람이라면 누구라도 자신이 가입한 그룹에 친구를 멤버로 초대하고 가입시킬 수 있습니다. 관리자가 회원 가입을 제한하지 않으며, 옵션 설정에 따라 일반 회원이라도 가입 신청한 사람을 멤버로 승인할 수 있습니다.

예를 들어 A와 B, B와 C가 각각 친구 사이일 때 A가 B를 그룹에 초대하여 멤버로 가입시키고, 다시 B가 C를 초대하여 멤버로 가입시키면 A와 C는 서로 모르는 사이라 해도 그룹에서 활동할 수 있습니다. 새로운 친구를 만날 수 있는 기회를 제공받는 셈입니다.

이처럼 페이스북 그룹은 친구 관계를 확장할 수 있는 강력한 네트워킹 도구로 활용할 수 있습니다. 하지만 가입을 원하지 않는 친구들을 그룹에 무분별하게 초대하다 보면 스패머로 오인할 수 있으니 상대방에게 동의를 구한 다음 그룹에 초대하길 권합니다.

그룹의 공개 범위에 따른 차이점

그룹은 성격에 따라 공개 범위를 공개, 비공개, 비밀로 설정할 수 있습니다. 공개 범위는 새 그룹을 만들 때 지정할 수 있고 이후에도 그룹 설정 관리에서 바꿀 수 있습니다. 공개 그룹에서 [댓글]이나 [좋아요] 등의 활동을 하면 나의 친구들도 뉴스피드에서 내 활동 내용을 알 수 있습니다. 이러한 특성을 고려하면 그룹 역시 콘텐츠를 공유하는 도구로 활용할 수 있습니다.

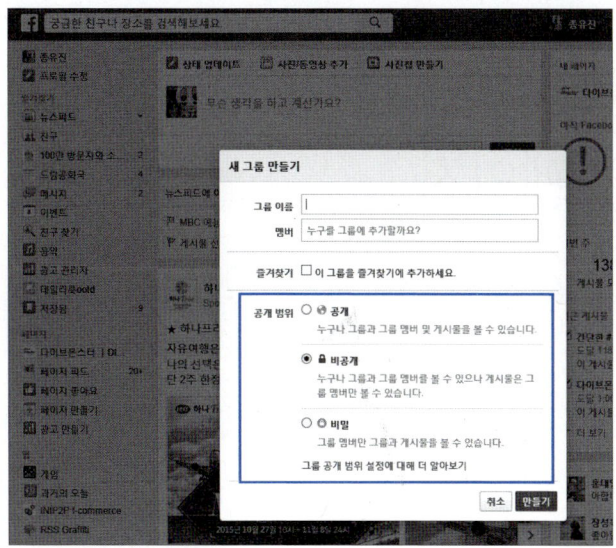

▲ 새 그룹 만들기 창

페이스북 그룹은 공개 범위 설정에 따라 가입 방법과 조회 권한 등 몇 가지 차이점이 있습니다. 차이점은 다음 표와 같습니다.

구분	공개	비공개	비밀
가입 방법	누구나 가입 가능 멤버가 그룹에 추가/초대	누구나 가입 가능 멤버가 그룹에 추가/초대	멤버가 그룹에 추가/초대한 사람만 가입 가능
그룹 조회	누구나	누구나	현재/과거 멤버
멤버 조회	누구나	누구나	현재 멤버만
게시물 조회	누구나	현재 멤버만	현재 멤버만
그룹 소식	누구나	현재 멤버만	현재 멤버만
공감/공유	누구나	현재 멤버만	현재 멤버만
댓글/게시	현재 멤버만	현재 멤버만	현재 멤버만

CHAPTER 01
SECTION 03

브랜딩을 위한
페이스북 페이지

FACEBOOK

페이스북 페이지는 회사, 조직, 브랜드 등의 소식을 공유하고 관심 있는 사람들과 연결해 주는 서비스입니다. 페이지는 개인 프로필과 마찬가지로 소식 게시나 이벤트 진행 등에 자유롭게 활용할 수 있으며, 내 페이지의 [좋아요] 버튼을 클릭한 팬들의 뉴스피드에 업데이트 소식이 표시됩니다. 개인 프로필에는 없는 관리자 기능과 인사이트 분석처럼 유용한 기능이 제공되므로 브랜드 마케팅을 하는 데 효과적으로 활용할 수 있습니다.

개인 프로필과 페이지 기능의 차이점

페이지는 관리자를 여러 명 둘 수 있어 역할을 나누어 관리할 수 있고, 인사이트 메뉴를 통해 방문자 통계 분석 기능을 활용할 수 있으며, 광고 관리자 기능을 활용하여 게시글이나 비즈니스 관련 정보를 효과적으로 홍보할 수 있습니다. 주요 차이점을 정리하면 다음 표와 같습니다.

구분	개인 프로필	페이지
예약 게시	미제공	제공(인사이트 활용 참조)
방문 통계	미제공	제공(좋아요 30명 이상) ➜ 인사이트 살펴보기
관리자	가입자 본인만 운영	다수의 관리자가 운영 가능 관리자/편집자/댓글 관리자/광고주/분석자
광고 관리자	미제공	제공

페이지 유형별 제공 기능

페이지를 개설할 때 유형을 선택할 수 있는데, 각 유형별로 제공하는 기능은 조금씩 차이가 납니다.

페이지 유형	브랜드/제품	회사/단체	비즈니스	영화/음악/TV	사람/스포츠	웹사이트/블로그
요약 설명	O	O	O	O	O	O
웹사이트	O	O	O	O	O	O
서비스	O	O	O	O	O	O
평가/리뷰	O	O	O	O	O	O
이메일		O	O	O	O	O
전화 지원		O	O	O	O	O
주소		O	O			
지도		O	O		O	O
영업 시간		O	O		O	
체크인		O	O			

백만 방문자를 부르는 팁

페이스북을 상업용으로 사용하려면 개인 계정과 별도로 비즈니스용 계정을 따로 만들어야 하나요?

그렇지 않습니다. 개인 계정으로 페이지를 만들어 운영하면 됩니다. 페이지에서는 개인 프로필 계정에서 제공하지 않는 통계 분석을 할 수 있는 인사이트 메뉴, 비즈니스에서 중요한 행동 유도 기능 등을 무료로 추가할 수 있으며, 페이지 관리자와 개인 계정을 간단한 조작으로 전환해서 사용할 수 있습니다. 무엇보다 페이스북 개인 계정은 실명의 개인이 사용하는 것을 원칙으로 하기 때문에 개인 계정을 비즈니스 용도로 사용하면 계정이 차단될 수 있습니다(페이지 개설 방법은 057쪽 참고).

현재 개인 계정을 상업용으로 사용하고 있다면 지금이라도 페이스북 페이지로 전환하길 권합니다. 모든 친구와 팔로워는 전환한 페이지에 대해 [좋아요]를 클릭한 상태로 전환되며, 프로필 사진이나 사용자 이름은 페이지의 프로필 사진과 페이지의 사용자 이름이 됩니다. 개인 계정을 페이지로 전환하려면 다음 링크에 접속합니다.

- https://www.facebook.com/pages/create.php?migrate

페이스북, 마케팅 플랫폼으로 진화하다

2004년에 대학 동문들의 개인 프로필 정보를 교환하는 도구로 처음 만들어진 페이스북은 불과 10여 년 만에 전 세계 약 16억 명이 넘는 가입자를 거느린 지구촌 최대의 소셜 네트워크 서비스로 성장했습니다. 기업의 미래 가치를 나타내는 시가총액은 2016년 8월 약 3,591억 달러(원화 약400조 원)로 세계 6위에 올라섰습니다. 페이스북 상장 시 공모가는 2012년 5월에 주당 38달러였지만 불과 4년 만에 주당 125달러를 넘어섰습니다.

Top 100 Lists
These are the top 100 companies ranked by Current Market Capitalization (U.S.$ millions)

Rank	Company	Market Cap	Country
1	Apple Inc.	$579,657	UNITED STATES
2	Alphabet Inc	$554,182	UNITED STATES
3	Microsoft Corporation	$452,552	UNITED STATES
4	Exxon Mobil Corporation	$363,111	UNITED STATES
5	Amazon.com, Inc.	$363,075	UNITED STATES
6	Facebook Incorporation	$359,181	UNITED STATES
7	Berkshire Hathaway Inc.	$358,377	UNITED STATES
8	Johnson & Johnson	$340,126	UNITED STATES
9	General Electric Company	$280,307	UNITED STATES
10	AT&T Inc.	$265,513	UNITED STATES
11	China Mobile Limited	$254,658	HONG KONG
12	Nestle S.A.	$247,582	SWITZERLAND
13	Wells Fargo & Company	$245,761	UNITED STATES

▲ 자료 출처 : http://www.corporateinformation.com/Top-100.aspx?topcase=b

페이스북이 시장에서 이 정도로 가치를 인정받은 이유는 엄청난 수의 가입자와 가입자들의 압도적인 사용 시간 점유율 덕분입니다. 여기에 더해 SNS 시장을 넘어 Like 소셜 플러그인 하나로 웹 세계를 하나의 커다란 생태계로 묶어 내면서 거대한 비즈니스 플랫폼으로 변화하기 시작했기 때문입니다. 특히 사용자의 70% 이상이 모바일 기기로 접속하는 흐름에 맞추어 모바일 기반 서비스를 발 빠르게 키워 낸 것도 성장 가치를 인정받은 데 한몫했습니다.

페이스북의 2016년 2/4분기 매출액이 64억 달러(원화 약 7조 3,000억 원)에 달하는데 대부분이 광고 수익입니다. 놀라운 것은 약 84%인 54억 달러가 모바일 광고 수익이란 점입니다. 이 말은 페이스북이 이미 모바일 광고 시장에 적합한 비즈니스 플랫폼으로 진화했고, 시장에서 그 가치를 인정받았다는 증거입니다(http://www.trendw.kr/marketing/16-072801.t1m 참조).

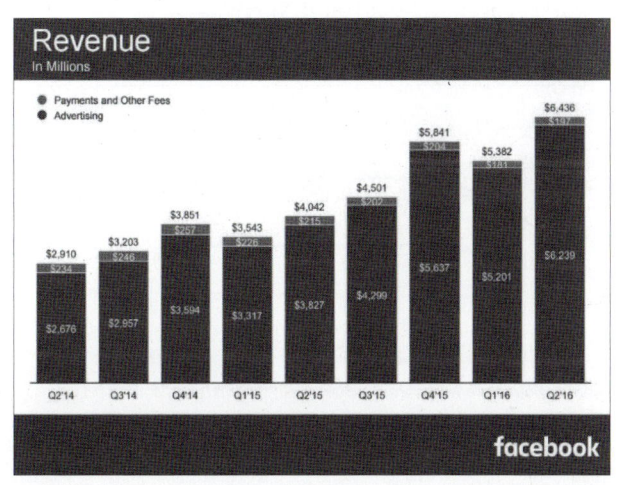

▲ 자료 출처: http://www.adweek.com/socialtimes/facebook-q2-2016/642826

페이스북은 어떻게 이렇게 빠르게 성장하고 성공적으로 진화할 수 있었던 걸까요? 사람들은 페이스북의 어떤 기능을 자신의 비즈니스 도구로 활용하고 있는 걸까요? 가까운 친구들과 소소한 일상을 나누던 SNS 도구를 이처럼 거대한 비즈니스 플랫폼으로 바꾼 것은 무엇일까요? 그동안 우리가 온라인 마케팅의 대명사처럼 알고 있었던 블로그나 카페 마케팅과 페이스북 마케팅은 어떻게 다른 걸까요?

어떤 서비스를 비즈니스 목적으로 활용하려면 가장 먼저 그 도구가 갖고 있는 기본적인 특성을 알아야 하고, 다른 도구와 어떤 차이점이 있는지 알아야 합니다. 페이스북 마케팅을 공부할 때도 마찬가지입니다. 페이스북 서비스의 기본적인 특성이 무엇이고 다른 온라인 마케팅 도구와 어떻게 다른지 제대로 이해하는 것이 공부의 출발입니다.

2시간 17분의 생방송, 페이스북과 블로그는 어떤 점이 다른가

페이스북을 포함한 SNS의 가장 큰 특징 중 하나는 '휘발성'입니다. 글자 그대로 시간이 지나면 금세 사라져 버리는 것입니다. 이것은 대부분의 SNS가 갖는 공통적인 속성인데 실제로 페이스북 포스트가 살아 움직이며 전파되는 시간(자연 수명) 역시 기껏해야 두 시간 남짓이라고 합니다.

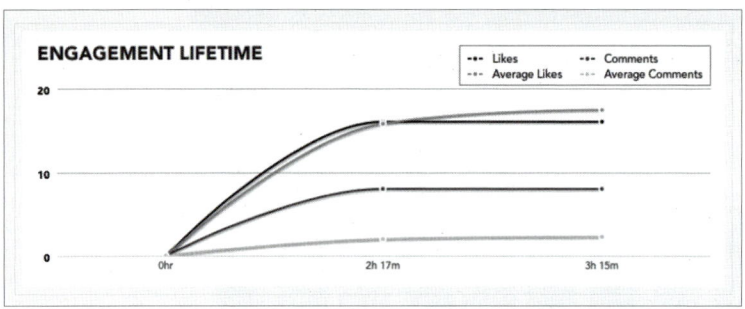

▲ 자료 출처 : https://www.socialbakers.com/edgerankchecker/blog/2012/01/post-lifetime-how-long-does-a-facebook-post-live/

우리가 좋아하는 인기 라디오나 TV 프로그램을 두 시간 동안 생방송으로 보고 듣는다고 가정해 보세요. 웬만한 사람이 아니고서야 프로그램을 녹음 또는 녹화해서 다시 보고 듣지는 않습니다. 시간이 지나면 더 재미있고 새로운 프로그램이 쏟아져 나오기 때문입니다. 포스트도 마찬가지입니다. 새로운 포스트가 수없이 생성되는 타임라인에서 흥미를 끌지 못하면 두 시간 남짓 지속되다 다른 게시물에 묻힐 것입니다. 하지만 누군가가 포스트를 재미있다고 판단하여 오프라인 만남이나 온라인 소통으로 다른 사람들에게 전달하면 그 포스트는 자연스럽게 확산됩니다.

페이스북 포스트를 이용해서 어떤 내용을 다른 사람들에게 전파하고 확산시키길 원한다면 사람들의 '입소문 행동' 즉, 참여 행동을 유도해서 포스트 생존 시간을 늘려야 합니다. 이 말은 하나의 포스트를 게시할 때 가능한 많은 사람들이 활동하는 시간대를 이용하고, 주목을 끌어 강한 인상을 남기려면 다른 사람에게 전할 만한 이야깃거리를 제공해야 한다는 의미입니다.

시간이 흘러도 여전히 살아 움직이는 포스트 작성하기

사람들 사이에서 화젯거리가 된 방송은 시간이 지나도 사람들의 머릿속에 남아 지속적으로 이야깃거리가 되고 살아 움직입니다. 이게 바로 입소문 마케팅의 원리이자 SNS 마케팅의 핵심입니다. 요컨대 내가 올린 글이나 사진, 동영상 하나가 좀 더 많은 사람들에게 노출되고 확산되게 하려면 '내가 두 시간 분량의 생방송을 만들어 내보내는 방송 PD'라는 생각으로 포스트를 준비해야 합니다.

언제 방송을 해야 가장 많은 사람들이 볼 수 있을지, 시청자들의 주요 관심사나 이슈는 무엇인지, 어떤 내용을 주로 공감하고 기억하며 다른 사람들에게 전하는지, 사전 예고를 어떻게 해야 할지, 방송 중에 어떤 이벤트 요소를 넣어야 시청자 참여를 유도할 수 있을지, 재방송은 언제하고 추가로 어떤 매체나 채널에 노출할지 등을 충분히 고려해야 합니다. 이러한 질문들을 염두에 두고 페이스북 포스트를 작성하는 습관을 들이는 것이야말로 페이스북 마케팅의 시작이자 끝입니다.

페이지 포스트 도달률 6%는 어디까지가 진실인가

페이스북이 서비스를 내놓은 지 10주년이 되던 2014년 2월을 전후로 페이스북 페이지를 운영하던 마케터들 사이에 그래프 하나가 급속도로 퍼졌습니다. social@Ogilvy 보고서라는 이름으로 공개된 이 그래프는 기업 브랜드로 운영되는 페이스북 페이지의 유기적 도달$^{Organic\ Reach}$률이 평균 6% 초반 대까지 떨어졌고, 팬을 50만 명 이상 가진 페이지는 평균 2% 초반 대에 불과하다는 내용을 담고 있었습니다.

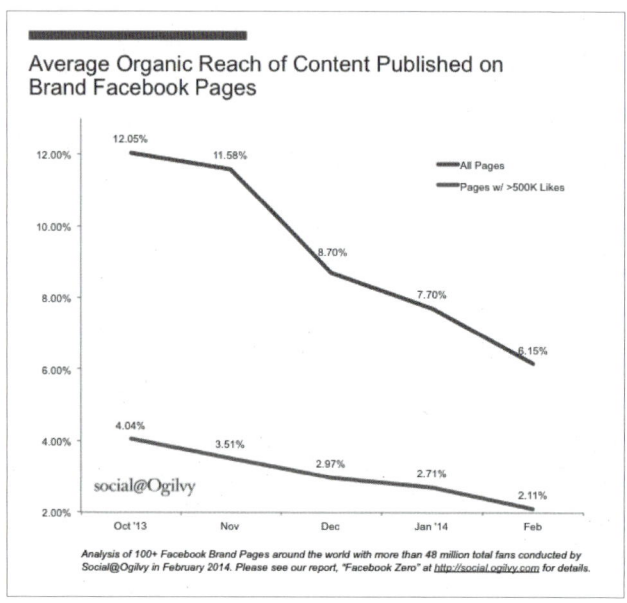

▲ 자료 출처: https://social.ogilvy.com/facebook-zero-considering-life-after-the-demise-of-organic-reach

사실 페이스북은 주식을 상장한 2012년부터 줄곧 수많은 의심과 우려를 받아 왔습니다. 페이스북이 주주들의 수익을 챙겨 줘야 하므로 광고 기능을 강화할 수밖에 없고, 광고를 늘리기 위해 사용자들(팬과 친구) 사이의 이야기를 전하는 유기적 전파를 의도적으로 제한하여 페이지를 운영하는 기업들이 광고를 하지 않을 수 없도록 만들 것이라는 의심 어린 눈초리였습니다. 실제 이러한 의심을 증명이나 하듯 social@Ogilvy의 포스트 노출(도달) 급감 보고서가 공개되었고, 많은 페이스북 광고 대행사와 담당자들은 올 것이 왔다는 심정을 드러내며 페이스북에 불만을 제기했습니다. 결국 페이스북은 공식 블로그를 통해 왜 도달률이 떨어지는지에 대해 해명 아닌 해명을 해야만 했습니다.

실제 페이스북 페이지 포스트의 도달률은 15~20%

도달률이 6%라는 말은 나에게 100명의 팬이 있다고 가정할 때 내가 올린 글을 6명 정도만 본다는 의미입니다. 언뜻 들으면 내가 이렇게 공들여 쓴 글을 겨우 6명 밖에 보지 않는다는 말이니 의욕이 떨어질 법도 합니다. 하지만 페이스북 페이지 포스트와 관련된 정보를 전문적으로 조사한 agorapulse 사이트에 따르면 실제로는 포스트가 15~20% 정도 노출된다고 합니다. 혹시 여러분이 운영하고 있는 페이지의 대략적인 페이지 포스트의 도달 수준을 측정하고 싶다면 http://barometer.agorapulse.com/에 접속한 다음 [BENCHMARK YOUR PAGE] 버튼을 클릭해 보세요.

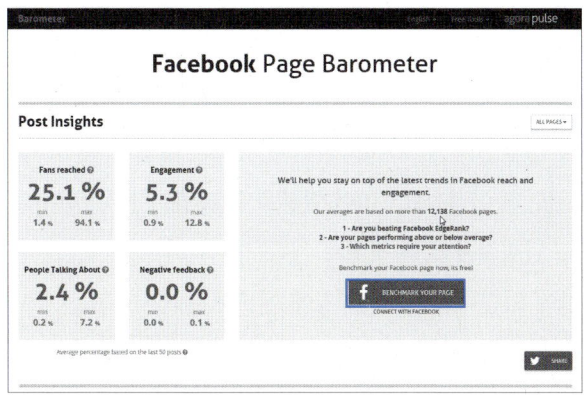

▲ 자료 출처 : http://barometer.agorapulse.com/(2016.8.14)

10,000개 이상의 페이지 정보를 기반으로 분석한 데이터이므로 어느 정도는 믿을 수 있습니다. 앞의 데이터를 보면 통상 1,000~10,000명의 팬을 가진 페이지에 올라온 최근 50개 포스트의 평균 팬 도달률은 22%가 넘고, 참여율은 5%에 미달하는 수준으로 나타납니다. 즉, 게시한 포스트는 100명 중 22명 정도에게 도달되고, 포스트 하나에 5명이 반응을 남긴다는 의미입니다.

광고 수익과 사용자 편의성 사이의 아슬아슬한 줄타기

냉정하게 따져 보면 페이스북을 상업적인 용도로 이용하도록 허용한 브랜드 페이지에서 포스트 도달률이 떨어질 것이라는 것은 쉽게 이해할 수 있습니다. 그렇다고 해서 페이스북 측에서 광고 수익을 높이기 위해 억지 방책으로 도달률을 떨어뜨리는 것이라는 단편적인 해석 역시 주의해야 합니다.

어떤 서비스가 지속되려면 이용자들이 꾸준히 그 서비스를 이용해야 합니다. 사용자 입장에서 볼 때 매일 보는 뉴스피드 공간이 홍보나 상업적 목적으로 올리는 포스트로 도배된다면 어떨까요? 이런 현상을 참고 즐겨 볼 사람이 얼마나 될까요? 뉴스피드 담벼락이 스팸 광고로 가득 채워지면 사용자들은 결국 서비스를 떠날 수밖에 없습니다. 이런 상황에 대비해서 페이스북은 광고성 포스트의 도달률 역시 고려하지 않을 수 없습니다.

결국 페이스북 포스트 도달률이 장기적으로는 더 낮아질 수 있지만, 그럼에도 불구하고 페이스북은 광고주나 페이지 운영자의 입장과 사용자 편의성 사이의 절충점을 찾을 것입니다. 따라서 페이지 운영자들은 페이지 포스트 도달률이 기복이 있겠지만 지금과 같이 15~20% 수준에서 유지될 것으로 보고 페이지를 운영하면 될 것입니다.

평소 소통하는 사람에게 더 자주 보이는 뉴스피드 알고리즘

이쯤 되면 이런 질문이 떠오를 수 있습니다. '100명 중 20명에게 노출된다는데 다 같은 팬이고 구독자인데, 도대체 어떤 기준으로 20명에게 노출되고 나머지에게는 노출되지 않는 것일까?' 페이스북에는 어떤 포스트를 누구에게,

얼마나 자주 보여 줄 것인지 계산하는 독특한 공식(프로그램)이 있습니다. 이것을 구글의 페이지 랭크 알고리즘과 대비하여 엣지 랭크 알고리즘이라고 부르다가 지금은 요소나 선별 방식이 초기와는 다르게 진화하면서 '뉴스피드 알고리즘'이라 부릅니다.

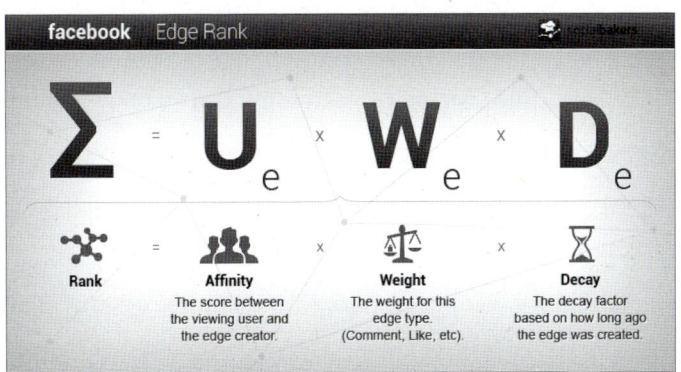

▲ 자료 출처: www.socialbakers.com

포스트를 더 많이, 더 자주 노출하고 싶은 페이지 운영자 입장에서 페이스북 노출 알고리즘을 파악하려는 노력은 웹 문서 상위 노출 알고리즘을 알려는 노력과 맞먹습니다. 이에 대해 페이스북은 뉴스피드 알고리즘에 반영하는 요소를 꾸준히 공개했으며 그 내용은 다음 블로그에 잘 정리되어 있습니다.

원문 : http://marketingland.com/21-news-feed-updates-that-have-changed-how-pages-use-facebook-126066

한글 번역본 : http://blog.naver.com/yomiiyo/220605330870

2016년 2월 1일에도 페이스북은 뉴스피드에 새로운 요소를 반영한다고 발표했습니다. 기존에 엣지 랭크 요소였던 친밀도, 가중치, 시간 요소 이외에도 전 세계 사용자들을 대상으로 실시간으로 제공되는 설문 평가 점수를 뉴스피드 노출도에 반영한다는 내용입니다(참고 : http://yomiiyo.blog.me/220616067892).

이제, 의도적이거나 억지 기술로 [좋아요] 클릭을 유발하려는 노력은 도움이 되지 않을 뿐만 아니라, 사용자들의 반발을 살 경우에 감점 요인으로 작용할 수 있습니다. 따라서 독자들과 더 자주 소통하고, 더 많은 참여를 얻어내고, 거부 반응보다 우호적인 소통 반응이 높을수록 더 많이, 그리고 더 자주 노출될 것입니다.

평소에 팬들과 더 많이 더 자주 교류해서 친분을 두텁게 쌓아 [알림 받기]를 설정하게 하고 더 여러 사람이 공감할 수 있는 글이나 사진, 동영상을 제공하여 [좋아요]나 댓글, 공유 반응을 늘리고 새로운 글을 자주 올려 포스트의 신선도를 유지하세요. 그리하여 꾸준히 '보고 싶고, 읽고 싶은' 글로 평가를 얻으면 '죽은 글'(시간적으로 지나간 글)도 부활할 가능성이 높아질 것입니다.

특히 2016년 7월 페이스북 페이지 인터페이스 개편에 따라 포스트에 대한 검색 기능이 크게 강화되어 좋은 포스트의 재생 노출 가능성이 한층 높아졌습니다.

You are Media 시대에 필요한 마케팅 사고의 전환

지금은 길을 걷고 있는 사람 한 명, 한 명이 모두 '살아 있는 미디어' 역할을 하는 시대입니다. 스마트폰을 쥐는 순간 누구라도 지금 보고 듣고 알게 된 정보나 소식을 현장에서 글이나 사진 또는 영상으로 기록하여 곧바로 전 세계에 실시간으로 송출할 수 있기 때문입니다. 한마디로 여러분이 곧 미디어이고 필자 역시 미디어인 시대, 우리 모두가 미디어의 일부인 시대가 바로 소셜 미디어 시대입니다.

소셜 네트워크는 그 자체가 전파 도구이자 기존의 신문이나 방송, 인터넷 포털 서비스를 넘어서는 또 하나의 집단 미디어입니다. 우리는 이러한 환경에서 마케팅을 고민하고 비즈니스를 전개하고 있습니다. 그 중심에 페이스북이 소셜 네트워크 서비스 중 가장 넓으면서도 촘촘한 인간 그물망으로 '거대한 입소문 미디어'를 형성하고 있는 셈입니다.

특히 페이스북은 실명과 얼굴 사진 공개가 불문율로 자리잡은 '실명 관계망'입니다. 이는 온라인에서 남긴 활동 흔적이 곧장 오프라인 현실로 이어진다는 것을 의미하고, 온라인 곳곳에 남아 있는 로그 흔적으로 그 사람의 관심사를 분석하여 그 사람의 미래 구매 가능성을 예측할 수 있음을 의미합니다.

페이스북, 내 일거수일투족을 기록하다

페이스북은 2007년에 오픈 API 정책을 도입한 이래 수많은 소셜 플러그인을 만들어 공개함으로써 전 세계 거의 모든 웹사이트의 로그인 정보부터 활동 정보까지를 수집하고 공유하는 개인 활동 정보의 총 집산지가 되었습니다.

한 가지 예로 내가 지금 뉴스나 방송 사이트의 한 기사를 읽고 기사 언저리에 붙어 있는 페이스북 [좋아요] 버튼이나 [추천] 버튼 하나만 클릭해도 '누가 언제 어느 사이트에서 어떤 기사에 [좋아요] 추천을 하셨습니다'라는 기록이 페이스북의 활동 로그함에 기록됩니다.

특정 온라인 쇼핑몰에 가서 상품의 상세 설명 페이지를 훑어보고 나오기만 해도, 그 웹페이지에 페이스북 맞춤 타겟 픽셀이나 전환 추적 코드가 심어져 있다면 곧장 그 기록이 누군가가 설정해 놓은 페이스북 맞춤 타겟 목록에 추가 정보로 입력될 수 있습니다.

앞에서 개괄적으로 살펴본 '페이지 포스트의 휘발성', '뉴스피드 알고리즘에 따라 좌우되는 포스트 도달률', '실명 기반 흔적 정보 추적을 통한 온-오프라인 행동 연계성'이야말로 페이스북 마케팅을 고민하는 이들이 가장 우선적으로 고려하고 생각해야 하는 페이스북의 특징입니다.

포스트부터 광고까지 페이스북의 모든 콘텐츠는 이 같은 페이스북의 기본 특징을 기반으로 기획되고 설계되어야 합니다. 이어지는 [페이스북 광고의 모든 것] 코너에서는 페이스북이 제공하는 여러 가지 서비스 중에서 마케팅 및 비즈니스 용도로 활용할 수 있는 핵심 기능을 추려 어떤 방식으로 활용 가치를 높일 수 있는지 살펴보겠습니다.

CHAPTER 02

페이스북 마케팅을 위한
채널 페이지 개설하기

페이스북은 크게 개인 프로필, 그룹, 페이지 서비스로 나뉩니다. 이 중 개인 프로필은 개인이 온라인에서 여러 사람과 소통하는 공간인데 비해 페이지는 비즈니스 혹은 브랜드 홍보 같은 상업적인 목적을 가지고 소통하는 공간입니다. 여러분은 페이스북 마케팅에 관심이 많은 사람이므로 페이지에 관해서 만큼은 확실히 알고 넘어가야 합니다. CHAPTER 02에서는 팬층을 분석할 수 있는 인사이트 기능과 효과적인 타겟 마케팅 기능을 제공하는 페이지에 대해 자세히 살펴보려고 합니다. 더불어 직접 페이지를 만들어 보겠습니다.

CHAPTER 02
SECTION 01

프로필과 페이지의
레이아웃 이해하기

페이스북에 가입하면 개인 프로필 계정이 자동으로 만들어집니다. 개인 프로필 계정은 페이스북 로그인 계정으로 친구들과 소통할 때 사용하는 기본 계정입니다. 그룹이나 페이지는 개인 프로필 계정으로 로그인한 다음 별도로 만들어야 합니다.

본격적으로 페이스북 마케팅 채널을 만들기 전에 페이스북 화면 레이아웃을 살펴보겠습니다. 크게 홈 화면과 타임라인 화면으로 구분할 수 있습니다. 홈 화면은 친구들의 소식을 뉴스피드 형태로 볼 수 있는 화면이고, 타임라인은 내 개인 프로필 혹은 내가 운영하는 페이지의 게시 정보만 걸러서 볼 수 있는 화면입니다.

TIP 뉴스피드는 내가 [좋아요]한 페이지의 새로운 소식, 내 친구들의 업데이트 소식, 내 친구들의 페이스북 활동을 보여 주는 업데이트 목록입니다. 친구가 아닌 사용자의 게시물이라도 내 친구가 [좋아요]를 클릭했거나 댓글을 남겼다면 내 뉴스피드에 노출될 수 있습니다.

홈 화면 레이아웃 살펴보기

▲ 홈 화면 레이아웃(개인 프로필 이름으로만 사용 가능)

고정 메뉴 영역(홈 버튼/검색 바/알림 서비스/바로가기 버튼)

로그인하면 항상 나타나는 영역으로 위쪽에 파랗게 표시되는 막대입니다. 맨 왼쪽에 있는 페이스북 로고 모양인 홈 버튼을 시작으로 검색 바, 알림 서비스, 바로가기 버튼 영역으로 구성되어 있습니다.

홈 버튼 : 검색 바 왼쪽 옆에 있는 ⓕ 버튼과 사용자 이름 오른쪽에 있는 ⌂ 버튼을 모두 홈 버튼이라고 합니다. 홈 버튼을 클릭하면 언제라도 현재 사용하는 이름의 뉴스피드로 이동합니다. 처럼 오른쪽에 있는 홈 버튼 옆에는 새로운 소식의 개수가 표시됩니다.

검색 바 : 키워드를 입력하여 콘텐츠, 사람, 장소를 검색할 수 있습니다.

알림 서비스 : 왼쪽부터 친구 요청/좋아요, 메시지, 알림 아이콘이 차례로 나타납니다.

- **친구 요청/좋아요 아이콘** : 개인 프로필 이름을 사용하면 나에게 [친구 요청]한 사람 목록과 [알 수도 있는 사람] 목록이 나타납니다. 친구 요청 목록에서 요청을 수락할 친구가 있다면 [확인] 버튼을 클릭하고, 요청을 받고 싶지 않다면 [요청 삭제] 버튼을 클릭합니다. 알 수도 있는 사람 목록에서 친구로 등록할 사람이 있다면 [친구 추가] 버튼을 클릭합니다. 목록 창 오른쪽 위에 있는 [친구 찾기]를 클릭하여 다른 인터넷 계정과 연관된 친구를 찾을 수 있으며, [설정]을 클릭하여 나에게 친구 요청을 보낼 수 있는 사람의 범위를 설정할 수도 있습니다.

- **메시지 아이콘** : 메시지를 보낸 상대방과 자신만 볼 수 있는 1:1 대화 목록을 확인할 수 있습니다. 메시지함은 친구가 보낸 메시지를 확인할 수 있는 [최근] 목록과 스팸으로 필터링되거나 친구를 맺지 않았지만 알 수도 있는 누군가가 보낸 [메시지 요청] 목록으로 구분됩니다. 즉, 목록으로 구분은 되지만 페이스북의 모든 사용자와 메시지를 주고받을 수 있으며 한 번에 최대 150명에게 메시지를 보낼 수 있습니다.

- **알림 아이콘** : 나와 관련된 활동과 지인들의 주요 활동 등 알림을 받도록 설정한 주요 업데이트 정보가 발생한 순서대로 나타납니다. 기본적으로 모든 알림이 설정되어 있으며, 알림 아이콘 바로 아래에 보이는 [설정]을 클릭하여 알림 정보의 범위를 조정할 수 있습니다.

▲ 친구 요청

▲ 메시지함

▲ 알림

공개 범위 설정 바로가기 : 내 콘텐츠를 볼 수 있는 사람과 나에게 연락할 수 있는 사람에 대해 세부 사항을 설정할 수 있습니다. 공개 범위 설정과 관련된 세부 사항은 맨 아래에 있는 [설정을 더 보거나]를 클릭하여 설정할 수 있습니다.

[설정을 더 보거나] 바로 옆에 있는 [공개 범위 기본 사항]을 클릭하면 페이스북의 개인 정보 보호 정책에 관한 페이지로 이동합니다(https://www.facebook.com/about/basics/).

사용자 이름 전환 및 팝업 메뉴 : 운영하는 페이지로 이동하거나, 비즈니스 관리자 계정으로 전환, 새로운 페이지/그룹/광고를 생성하거나 관리할 수 있는 메뉴 목록이 나타납니다.

TIP 2016년 상반기까지는 페이스북에 로그인한 후 사용할 이름을 개인 프로필과 페이스북 이름으로 구분하여 선택할 수 있었으나 업데이트가 진행되면서 현재는 개인 프로필 이름을 사용하는 것으로 통합되었습니다.

- 페이지 및 비즈니스 관리자 : 현재 계정으로 관리 중인 페이지 목록으로, 운영하고 있는 페이지 목록과 권한을 부여 받은 비즈니스 관리자 계정이 표시됩니다.
- 활동 로그 : 개인 프로필 이름을 쓸 때만 표시됩니다. 개인 프로필 계정으로 한 모든 활동을 확인할 수 있습니다.
- 뉴스피드 기본 설정 : 뉴스피드에 먼저 표시하거나 표시하지 않을 게시물을 설정할 수 있습니다. 업데이트 소식을 놓치고 싶지 않은 페이스북 친구가 있다면 [먼저 볼 사람 정하기] 기능을 이용하고, 반대로 업데이트 소식을 보고 싶지 않다면 [팔로우 취소하여 게시물 숨기기] 기능을 이용합니다.
- 설정 : 개인 프로필 이름을 사용할 때만 표시됩니다. 사용자 계정/보안 설정부터 공개 범위 및 타임라인과 태그 달기 권한 등 페이스북 사용을 위한 전반적인 옵션을 조정할 수 있습니다.

지금 이 순간 노출 영역

페이스북 친구의 활동 소식을 실시간으로 보여줍니다. 표시되는 내용의 이미지로 마우스 포인터를 가져가면 내용에 대한 구체적인 정보가 팝업 창에 표시됩니다. 팝업 창을 이용해 댓글을 남기거나 [좋아요]를 클릭하거나 메시지 등을 보낼 수 있습니다.

관리 페이지 요약 보기

현재 관리하고 있는 페이지의 인사이트 정보가 요약되어 나타납니다. 이번 주 게시물 도달 수, 참여한 사람 수, 최근 게시물의 제목 등을 빠르게 확인할 수 있습니다.

이벤트/생일 알림

초대받은 이벤트나 생일 정보가 나타납니다. 링크를 클릭하면 상세 내용을 확인할 수 있는 팝업 창이 나타납니다. 팝업 창에서 이벤트 참석 여부를 결정할 수 있고 생일 이벤트에 축하 글을 남길 수 있습니다.

광고 영역

광고주가 작성한 광고 메시지와 이미지가 PC 사용자에게 노출되는 영역입니다. 광고를 작성할 때 노출 위치 유형을 오른쪽 칼럼에 표시되도록 설정한 경우에 나타납니다.

타임라인 레이아웃 살펴보기

개인 프로필의 타임라인은 내가 작성한 게시물과 내가 태그된 게시물이 날짜 순서로 표시되는 공간입니다. 어느 위치에 있더라도 상단 고정 메뉴 영역에 있는 사용자 이름 을 클릭하면 개인 프로필의 타임라인으로 이동합니다.

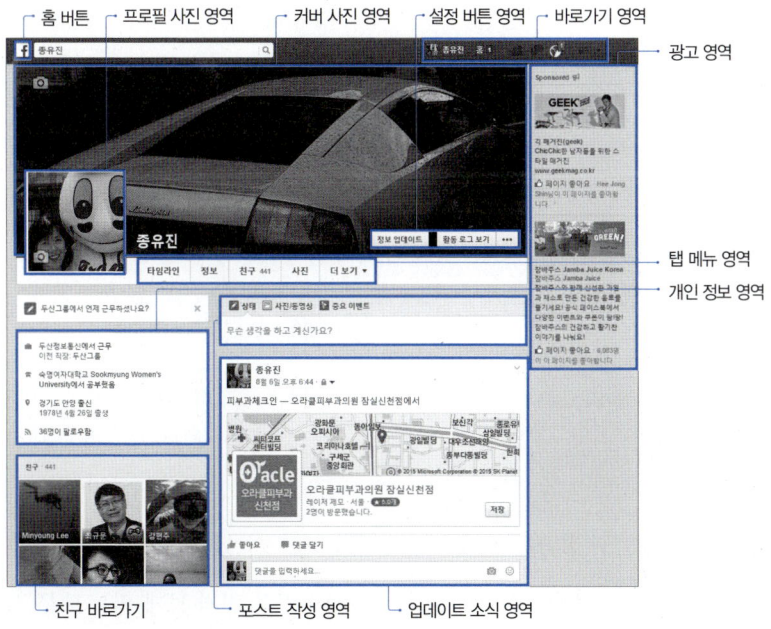

▲ 개인 프로필의 타임라인 레이아웃

페이지 타임라인은 16년 7월 대폭 개편되었습니다. 가장 눈에 띄는 변화는 프로필 사진과 세로로 배열된 탭 메뉴 영역, 그리고 페이지의 게시물을 빠르게 찾을 수 있는 게시물 검색 창이 생긴 것입니다.

▲ 페이지의 타임라인 레이아웃

커버 사진 영역

내 개인 프로필이나 페이지를 방문하는 사람이 가장 먼저 보게 되는 대문 사진으로 자신을 잘 표현할 수 있는 이미지를 활용합니다. 컴퓨터에서는 너비와 높이를 각각 828픽셀과 315픽셀로 표시하고, 스마트폰에서는 각각 640픽셀과 360픽셀로 표시합니다. 최소 너비와 높이는 각각 399픽셀과 150픽셀이며, sRGB JPG 형식으로 851×315 픽셀의 100KB 미만일 때 최적의 속도를 유지합니다. 만약 사진에 로고나 텍스트가 포함되었다면 PNG 형식을 사용하는 것이 좋습니다.

프로필 사진 영역

글을 올리거나 상태를 업데이트할 때 작성자 이름 옆에 나타나는 섬네일 이미지로 활용됩니다. 커버 사진과 마찬가지로 자신을 가장 잘 표현할 수 있는 이미지를 사용합니다. 페이스북은 실명을 바탕으로 움직이는 커뮤니티이므로 개인 프로필인 경우에는 자신의 스냅 사진을 많이 이용하고, 페이지인 경우에는 회사 로고나 제품 사진 등을 이용합니다. 컴퓨터에서는 너비와 높이를 각각 160×160픽셀로 표시되고, 스마트폰에서는 128×128픽셀의 정사각형으로 잘려서 표시됩니다.

설정 버튼 영역

왼쪽부터 순서대로 좋아요, 팔로잉, 공유하기, 더 보기, 행동 유도 버튼이 배치되어 있습니다. 더 보기 버튼은 페이지 관리자가 클릭하면 인사이트 보기 등 페이지를 관리할 수 있는 메뉴가 표시되며, 방문자가 클릭하면 친구 초대, 페이지 차단 등의 메뉴가 표시됩니다.

좋아요 : 페이지 방문자가 [좋아요] 버튼을 클릭하면 해당 페이지의 팬이 되어 뉴스피드에서 최신 업데이트 소식을 받아 보게 됩니다. [좋아요] 버튼을 클릭하면 [팔로우]가 [팔로잉] 버튼으로 바뀌며 [팔로잉] 버튼의 하위 메뉴에서 우선 노출 옵션 및 알림을 설정하거나 해제할 수도 있습니다.

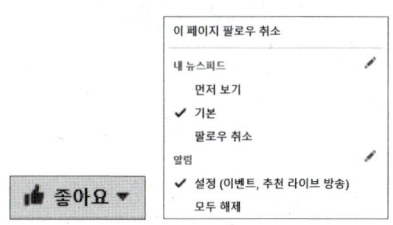

더 보기 : 페이지 관리에 사용할 수 있는 메뉴가 포함되어 있으며, 관리자일 때는 [페이지 방문자로 보기]와 [인사이트 보기] 등의 메뉴가 추가되어 있습니다.

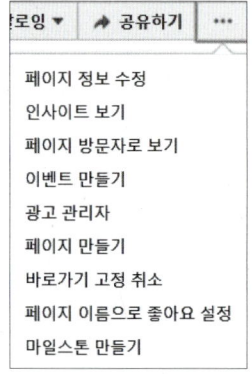 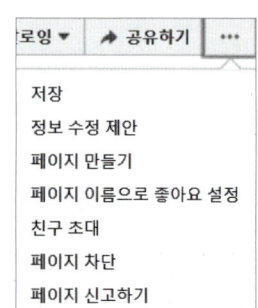

▲ 페이지 관리자일 때　　　▲ 관리자가 아닐 때

- **페이지 정보 수정** : 페이지 이름, 소개 문구, 연락처 등의 상세 정보를 수정할 수 있습니다.
- **페이지 방문자로 보기** : 페이지 관리자가 아닌 일반 사용자에게 보여지는 모습을 확인할 수 있습니다.
- **페이지 이름으로 좋아요 설정** : 관리 중인 다른 페이지를 현재 페이지의 팬으로 등록합니다.
- **인사이트 보기** : 인사이트 통계 분석 화면으로 이동합니다. 단, [인사이트 보기] 메뉴는 페이지를 [좋아요]한 팬이 30명 이상일 때만 표시됩니다.
- **공유하기** : 현재 페이지를 내 타임라인, 그룹, 관리 중인 다른 페이지 등에 공유하면서 소식을 업데이트할 수 있습니다.
- **페이지 만들기** : 새로운 페이지를 만들 수 있습니다.

▲ 페이지 정보 수정　　　▲ 페이지 이름으로 좋아요 설정　　　▲ 공유하기

행동 유도 버튼 : 페이지에서 기본으로 제공하는 버튼으로 하나의 페이지에 하나의 행동 유도 버튼을 사용할 수 있습니다. 예를 들어 내 페이지에서 신상품 정보를 확인한 사용자를 상품 상세 페이지나 앱으로 유도하거나 외부 웹사이트 가입을 권유하는 등 특정 행동을 유도할 때 사용합니다.

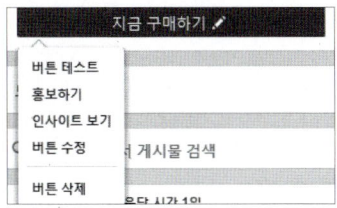

기본 설정되어 있는 행동 유도 버튼을 클릭한 후 [버튼 수정]을 선택하면 나타나는 페이지의 버튼 수정 창에서 [돌아가기] 버튼을 클릭한 후 용도에 따른 버튼 종류를 선택해서 적용할 수 있습니다. 선택한 버튼 종류에 따라 입력해야 할 옵션이 조금씩 달라집니다.

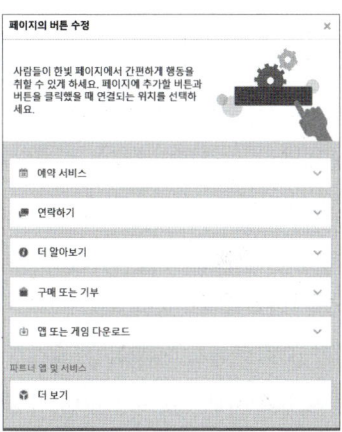

탭 메뉴 영역

페이지를 개설하면 기본 탭 메뉴로 [정보], [사진], [좋아요], [동영상], [게시물]이 표시되며, 페이지의 탭 메뉴를 수정하려면 [설정 > 페이지 관리]로 이동하여 페이지 유형별로 기본 템플릿을 선택하여 도구 모음 버튼과 유형별 기본 탭 메뉴를 구성하거나, 직접 탭 메뉴를 추가/삭제 및 순서를 변경할 수 있습니다.

▲ 탭 메뉴 영역　　　　▲ 페이지 관리　　　　　　　　▲ 템플릿

페이지 관리, 정보, 앱 영역

페이지 관리 요약 영역에서는 메시지 응답률, 좋아요 및 게시물 도달 수와 같은 페이지와 관련된 주요한 숫자 변화를 빠르게 확인할 수 있습니다. 정보 영역에서는 페이지에 대한 간단한 설명 및 웹사이트 정보를 확인할 수 있으며, 앱 영역에서는 페이지 사진, 동영상, 이벤트 등의 형태별 게시물 및 방문자 게시물 정보와 페이지에서 좋아하는 페이지 정보를 확인할 수 있습니다.

포스트 작성 영역

타임라인 화면에서 게시물을 작성할 때 사용하는 입력 창입니다. 포스트를 개인 프로필 이름으로 작성하면 함께 하는 사람을 태그할 수 있고, 과거에 발생한 중요 이벤트를 등록할 수 있으며, 공개 대상이나 그룹을 지정할 수 있습니다. 반면 페이지 이름으로 작성하면 사람을 태그할 수 없습니다. 페이지 이름으로 사용할 때 기본 공개 옵션은 전체 공개입니다. 하지만 게시물을 등록할 때마다 공개 대상을 제한하여 게시할 수 있으며, 지역 비즈니스/장소 분류의 페이지에서 [좋아요]한 팬이 50명 이상이면 쿠폰을 게시할 수 있는 메뉴도 표시됩니다.

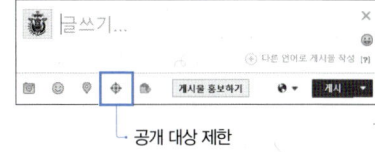

- 쿠폰 게시
- 공개 대상 제한

업데이트 소식 영역

타임라인에 올라온 게시물을 최근 혹은 연도별 시간 흐름에 따라 조회할 수 있습니다.

인사이트 요약 영역

포스트 작성 영역 아래쪽에는 이번 주의 게시물 도달 수, 웹사이트 클릭 수, 행동 유도 버튼 클릭 수 등이 표시됩니다.

각 정보에 마우스 포인터를 가져가거나 클릭하면 상세 정보가 팝업 창에 나타납니다. 팝업 창에는 각 항목을 광고할 수 있는 버튼도 함께 나타납니다. [게시물 홍보하기] 버튼을 클릭하면 홍보할 수 있는 관리 화면으로 이동합니다.

▲ 게시물 도달 팝업 창

▲ 행동 유도 버튼 클릭 수 팝업 창   ▲ 웹사이트 클릭 수 팝업 창

페이지 관리 메뉴 영역

페이지를 운영할 때 필요한 관리자 기능에 접속할 수 있는 메뉴가 모여 있는 영역입니다. 이전에는 별도의 관리자 패널 영역이 표시되었지만 지금은 간소화되어 커버 사진 위에 있는 한 줄 페이지 관리 메뉴로 구성되어 있습니다. 페이지를 관리할 때 주로 사용하는 메뉴로 페이지/메시지/알림/인사이트/게시 도구 순서로 구성되어 있으며, 오른쪽에 있는 [설정]을 클릭하면 일반, 게시 속성, 알림, 페이지 역할, 앱 등을 설정하는 화면이 나타납니다.

용도에 맞춰
페이지 개설하기

CHAPTER 02

SECTION 02

페이스북 내에서 페이지를 운영하려면 먼저 페이지를 개설해야 합니다. 페이지 서비스를 이용하면 기업이나 브랜드 또는 유명인의 팬 페이지나 개인의 홍보 페이지 또는 온라인 샵 등을 개설하여 페이스북 사용자와 소통할 수 있습니다.

[01] 페이지 유형 선택_ 페이스북에 개인 프로필 계정으로 로그인한 후 고정 메뉴 영역의 오른쪽에 있는 사용 이름 전환 및 팝업 메뉴에서 [페이지 만들기]를 클릭하거나 https://www.facebook.com/page에 접속합니다. 개설할 페이지 성격에 맞는 유형을 선택합니다. 여기서는 회사, 기관, 연구소를 선택했습니다.

페이지 유형별 페이지 정보 살펴보기 — 백만 **방**문자를 부르는 **팁**

유형	정보 입력 화면	페이지 정보
비즈니스 또는 장소	비즈니스 또는 장소 입력 화면	주소, 짧은 설명, 정보, 긴 설명, 영업시간, 가격대, 주차, 전화, 이메일, 웹사이트, 대중교통 정보 입력란 제공
회사, 기관, 연구소	회사, 기관, 연구소 입력 화면	주소, 짧은 설명, 정보, 긴 설명, 목표, 창업일, 수상, 제품, 전화, 이메일, 웹사이트 입력란 제공
상표 또는 제품명	상표 또는 제품명 입력 화면	발매일, 짧은 설명, 정보, 회사 소개, 긴 설명, 일반 정보, 목표, 창업일, 수상, 제품, 웹사이트 입력란 제공
예술가, 밴드, 공인	예술가, 밴드, 공인 입력 화면	이름, 페이스북 웹 주소, 시작 날짜, 주소, 소속, 짧은 설명, 정보, 약력, 수상, 성별, 개인 정보, 개인 관심사, 전화, 이메일, 다른 계정, 웹사이트, 공식 페이지 입력란 제공
엔터테인먼트	엔터테인먼트 입력 화면	카테고리에 따라 다른 입력란 제공
비영리, 자선단체	비영리, 자선단체 입력 화면	주소, 짧은 설명, 정보, 회사 소개, 긴 설명, 일반 정보, 목표, 창업일, 수상, 제품, 전화, 이메일, 웹사이트 입력란 제공

[02] **카테고리 및 기본 정보 입력_** 세부 카테고리를 선택하고 기본 정보를 입력한 다음 [시작하기] 버튼을 클릭합니다.

[03] **페이지 시작하기_** 페이스북 업데이트 이전에는 페이지 소개 - 프로필 사진 - 즐겨찾기에 추가 - 기본 페이지 타겟으로 구성된 페이지 마법사를 이용해 페이지를 개설했지만 최근 업데이트로 카테고리를 선택하고 페이지 이름만 설정한 후 [시작하기] 버튼을 클릭하면 바로 페이지가 개설됩니다. 이전에 페이지 마법사로 설정한 내용은 다음과 같이 페이지 개설 후 첫 화면에서 자세히 안내되는 방식입니다.

개편 전 4단계

백만 방문자를 부르는 팁

1단계 : 페이지 소개, 외부 웹사이트 주소(있을 때만 입력), 앞으로 사용할 페이지 고유 주소를 입력하고 [정보 저장] 버튼을 클릭합니다. 페이지 고유 주소는 딱 한 번밖에 변경할 수 없으므로 신중하게 결정합니다.

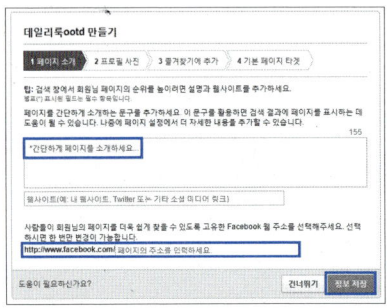

2단계 : 프로필로 사용할 이미지를 등록합니다. 프로필 사진이 따로 마련되어 있지 않다면 [건너뛰기] 버튼을 클릭합니다(각 과정에서 정보 입력을 건너뛰더라도 이후에 관리 메뉴에서 추가로 등록할 수 있습니다).

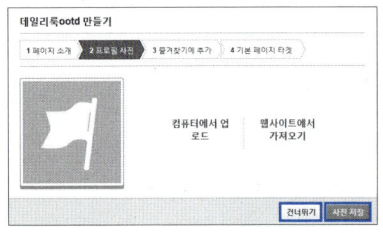

3단계 : 현재 개설 중인 페이지를 개인 프로필 홈 화면의 즐겨찾기 영역에 등록할지 정합니다. [즐겨찾기에 추가] 버튼을 클릭하여 쉽게 관리할 수 있도록 즐겨찾기 영역에 등록합니다. [즐겨찾기에 추가] 버튼을 클릭하면 [건너뛰기] 버튼이 [다음] 버튼으로 변경되는데 이때 [다음] 버튼을 클릭하여 4단계로 넘어갑니다.

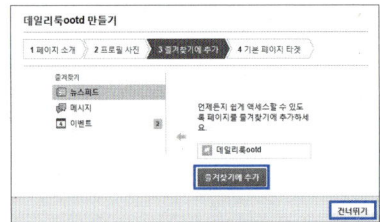

4단계 : 페이지의 주 타겟을 설정합니다. 설정할 항목은 위치, 연령, 성별, 관심사 등으로 구체적으로 입력할수록 노출을 최적화할 수 있습니다. 각 항목을 설정한 후 [저장] 버튼을 클릭하여 마법사를 마칩니다.

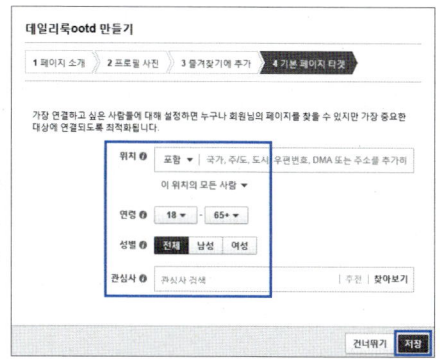

페이지 마법사 4단계를 모두 거치면 기본적인 페이지가 완성되면서 페이지 타임라인이 표시됩니다. 2단계에서 프로필 사진을 등록하지 않았다면 타임라인에서 프로필 사진 영역의 [사진 추가]를 클릭하여 프로필 사진을 등록합니다.

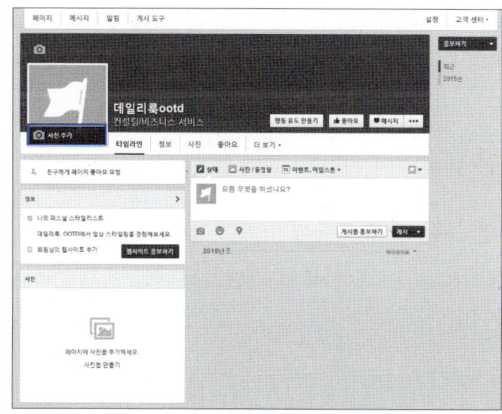

TIP 페이지를 개설하면 처음에는 페이지 타임라인의 요소별로 간단한 팁이 담긴 말풍선이 나타납니다. [닫기] 또는 [건너뛰기]를 클릭해서 말풍선을 닫을 수 있습니다.

페이지 구성 및 관리 메뉴 파악하기

CHAPTER 02
SECTION 03

페이지의 기본 레이아웃은 앞서 [SECTION 01. 프로필과 페이지의 레이아웃 이해하기]에서 충분히 살펴보았습니다. SECTION 03에서는 페이지를 관리할 때 사용하는 메뉴를 살펴보겠습니다.

행동 유도 버튼 설정하기

페이지를 막 개설한 후 커버 사진 영역 오른쪽 아래에 있는 [+ 버튼 추가] 버튼은 페이스북에서 내 페이지를 본 고객에게 외부 웹사이트나 앱으로 이동할 수 있도록 특정 행동을 유도하는 기능입니다. 2017년 현재 사용할 수 있는 기능은 6개 유형, 13개 카테고리입니다.

행동 유도 버튼 유형	하위 카테고리	추가 입력 정보
예약 서비스	지금 예약하기	웹사이트/앱 링크(안드로이드/아이폰 연결 링크)
	주문하기	파트너 및 앱 서비스 연결
연락하기	지금 전화	전화번호
	문의하기	웹사이트/앱 링크(안드로이드/아이폰 연결 링크)
	메시지 보내기	페이스북 메시지 기능 활성화
	가입하기	웹사이트/앱 링크(안드로이드/아이폰 연결 링크)
	이메일 보내기	이메일 주소
더 알아보기	동영상 보기	웹사이트에서 동영상 보기 : 웹사이트 링크 페이지에서 동영상 보기 : 동영상 업로드
	더 알아보기	웹사이트/앱 링크(안드로이드/아이폰 연결 링크)
구매 또는 기부	지금 구매하기	웹사이트 링크
앱 또는 게임 다운로드	앱 사용하기	웹사이트/앱 링크(안드로이드/아이폰 연결 링크)
	게임하기	웹사이트/앱 링크(안드로이드/아이폰 연결 링크)
더 보기	파트너 앱 및 서비스	파트너 및 앱 서비스 연결

페이지 포스트 작성 영역 아래쪽에 있는 인사이트 요약 정보에서 지난 7일 동안 행동 유도 버튼이 몇 번 클릭되었는지 바로 확인할 수도 있습니다. 행동 유도 버튼을 변경해 보겠습니다.

[01] + 버튼 추가 버튼을 클릭하면 페이지에 버튼 추가 팝업 창이 나타납니다. 버튼 선택 옵션을 클릭해서 행동 유형을 선택하고 이어서 하위 카테고리를 선택합니다.

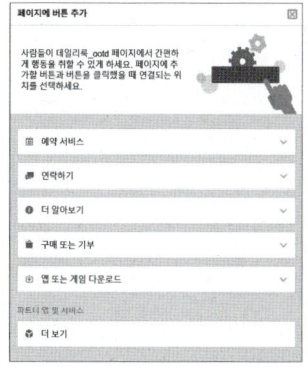

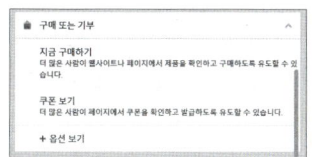

[02] 선택한 유형 및 카테고리에 따라 추가 정보를 입력하고 [버튼 추가] 버튼을 클릭하면 선택한 카테고리에 따라 버튼이 추가됩니다.

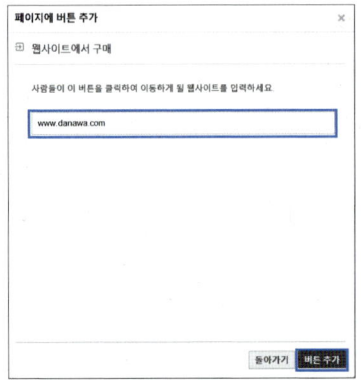

[03] [+ 버튼 추가] 버튼이 선택 옵션에서 선택한 항목으로 변경됩니다. 행동 유도 버튼을 다시 수정하거나 처음 상태로 되돌리려면 행동 유도 버튼 위에 마우스를 올리면 펼쳐지는 메뉴 중 [버튼 수정] 혹은 [버튼 삭제] 메뉴를 선택합니다.

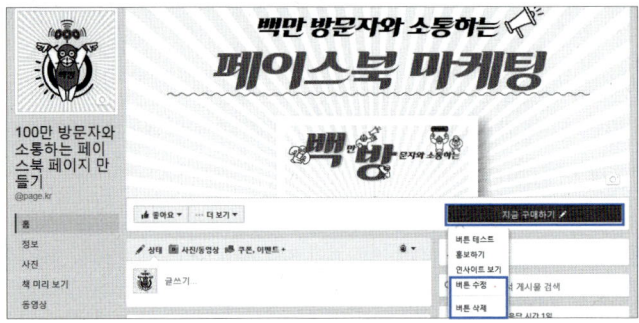

탭 메뉴 순서

탭 메뉴 영역에서 [홈] 탭은 고정 메뉴라 위치를 조정할 수 없지만, 나머지 탭 메뉴는 순서를 조정할 수 있습니다. 현재 활성화되어 있는 탭의 이름은 굵게 표시되며 이름 아래쪽에는 파란색 밑줄이 표시됩니다. 탭 메뉴의 순서는 다음과 같이 바꿀 수 있습니다.

[01] 페이지 타임라인 상단의 관리 메뉴 영역에서 [설정]을 클릭한 후 [페이지 관리] 메뉴를 클릭합니다.

[02] 순서를 변경할 메뉴를 선택하면 메뉴 앞에 파란색 줄이 표시되며, 그 상태에서 드래그하여 위치를 조정합니다. 메뉴를 삭제하려면 메뉴 오른쪽에 있는 [설정] 버튼을 클릭한 후 [해제]로 변경합니다. 단 기본 메뉴는 해제가 불가능합니다.

페이지 관리자 메뉴 살펴보기

커버 사진 영역 위쪽에는 페이지를 관리할 수 있는 바로가기 메뉴가 있습니다. 기본으로는 [페이지 | 메시지 | 알림 | 게시 도구] 순서로 배치되어 있으며, 페이지를 [좋아요]한 팬이 30명 이상이면 [인사이트]가 추가됩니다.

[페이지] 바로가기 : 페이지의 타임라인 화면으로 이동합니다.

[메시지] 바로가기 : 페이지 계정으로 도착한 메시지를 확인할 수 있습니다.

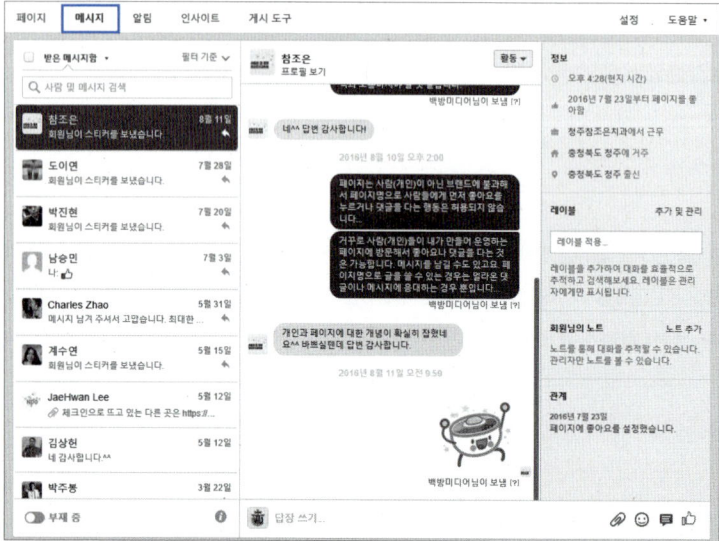

TIP [메시지] 바로가기가 보이지 않으면 페이지 관리자 메뉴 오른쪽에 있는 [설정] 바로가기를 클릭한 후 [일반] 분류에 있는 메시지 옵션에서 [메시지 버튼을 표시하여 사람들이 내 페이지에 연락할 수 있도록 허용]을 체크합니다.

[알림] 바로가기 : 페이지와 관련된 활동의 업데이트 상황부터 팬의 페이지에 대한 요청, 페이지에 대한 언급/공유 등 전반적인 활동 이력을 확인할 수 있습니다.

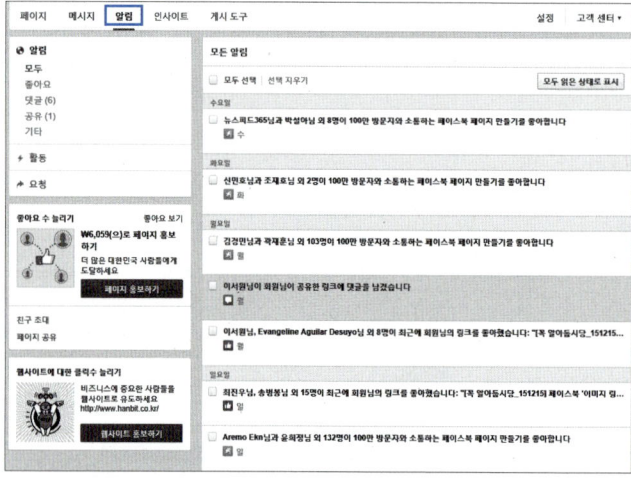

[인사이트] 바로가기 : 페이지를 [좋아요]한 팬이 30명 이상일 때 제공하는 방문자 분석 메뉴입니다. 인사이트에 대한 자세한 설명은 [CHAPTER 05 인사이트 분석으로 페이지 최적화하기]를 참조합니다.

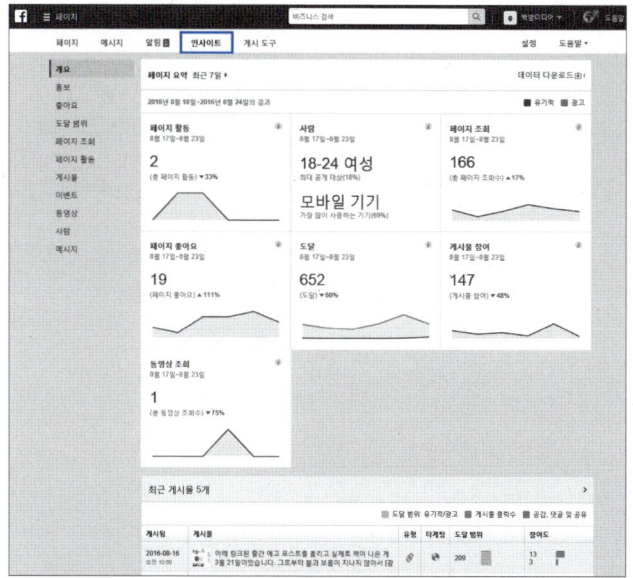

[게시 도구] 바로가기 : 타임라인이나 홈 화면에 있는 포스트 작성 영역에서 게시물을 업데이트할 수 있지만, 게시 도구 화면에서는 공개된 게시물 목록을 한눈에 확인하거나 도달 수, 반응 정도를 확인할 수 있으며, 예약된 게시물 목록과 임시 저장한 게시물 목록까지 확인할 수 있습니다. 또한 만료일이 있는 게시물을 확인하고 관리할 수 있습니다.

[설정] 바로가기 : 페이지 관리자는 설정 화면에서 페이지의 공개 여부/접근 가능한 범위는 물론 메뉴의 구성 관리, 페이지 앱 설정, 새로운 페이지 관리자 설정까지 페이지에 대한 거의 모든 관리 정보를 설정할 수 있습니다.

하위 분류	주요 기능
일반	페이지 공개 및 방문자 게시물 허용 여부, 게시물의 공개 타겟 설정, 게시물 만료 여부 설정, 메시지 기능 활성화, 태그 권한, 접근 가능 국가/연령 제한, 단어 제한/비속어 필터, 페이지 추천 여부, 댓글의 표시 순서, 페이지 삭제 등
메시지	메시지 응답 시간 표시 옵션 및 빠른 답장 설정
페이지 관리	기본 템플릿 선택, 행동유도 버튼과 탭 메뉴 구성 일반/쇼핑/비즈니스/장소/비영리단체/정치인/서비스/음식점 및 까페
게시물 작성자 표시	페이지의 기본 게시 속성 설정(페이지 이름/개인 프로필 이름)
알림	페이지 업데이트 매체별 알림 옵션 설정
Messenger 플랫폼	Messenger의 둘러보기 섹션에 근처 장소/비즈니스를 검색할 수 있도록 하는 옵션
페이지 역할	페이지 관리자 추가/삭제, 페이지 관리자의 역할 수정
사람 및 다른 페이지	[좋아요]한 사람/페이지 및 차단한 사용자 목록
기본 페이지 공개 대상	페이지 게시물의 공개 대상 정보(위치, 연령, 성별, 관심사, 언어)
파트너 앱 및 서비스	페이지에 예약, 견적보기 등의 서비스를 간편하게 이용할 수 있도록 하는 외부 앱/서비스 추가 기능, 앱의 추가/확인/수정/삭제
Instagram 광고	광고에 사용할 Instagram 계정 설정
추천	공개 관리자 설정, 페이지 이름으로 [좋아요]한 페이지 목록
교차 게시	동영상 게시를 여러페이지에 동시에 노출하고자 할 때 설정
페이지 지원 관련 메시지함	페이지를 관리하기 위하여 페이스북에 문의/수정 요청한 사항에 대한 처리 내역 확인
활동 로그	페이스북에서 내가 활동하는 정보 확인, 활동 정보의 공개 범위 수정

설정 화면 세부 기능 살펴보기

페이지 관리자 메뉴에서 [설정] 바로가기를 클릭하면 설정 화면이 열립니다. 각 분류별 세부 기능을 알면 페이지를 좀 더 효과적으로 활용할 수 있습니다.

[일반] 분류의 옵션

바로가기 : 홈 화면에서 왼쪽 위에 나타나는 바로가기 영역에 페이지를 표시할지 여부를 결정합니다. 자주 관리해야 하는 페이지라면 바로가기에 추가하는 것이 좋습니다. 추가하지 않아도 페이지 영역에서 확인할 수 있습니다.

페이지 공개 : 비공개로 설정된 페이지는 검색되지 않습니다. 페이지 메뉴를 수정할 때 비공개로 전환하여 수정하고 다시 공개하는 식으로 활용하면 편하게 쓸 수 있습니다.

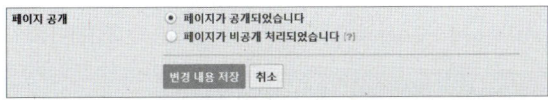

방문자 게시물 : 방문자가 페이지에 게시물을 올릴 수 있도록 허용합니다. 게시물이 페이지에 게시되기 전에 미리 검토할 수 있도록 설정할 수도 있습니다.

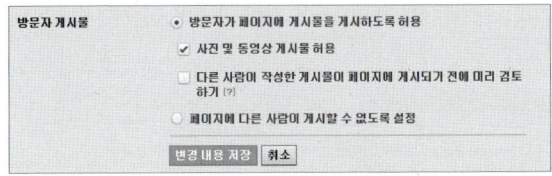

게시물 공개 범위 : 포스트 작성 영역에 공개 대상 조정 옵션이 나타나지 않을 때 게시물 공개 범위 옵션을 활성화합니다. 포스트를 작성할 때 공개 범위를 조정할 수 있는 아이콘이 활성화됩니다.

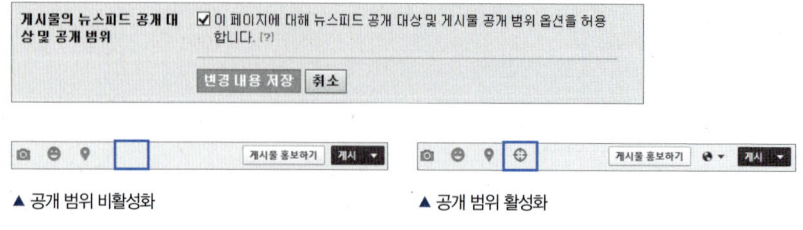

▲ 공개 범위 비활성화   ▲ 공개 범위 활성화

만료 예정 게시물 : 기간 제한이 필요한 게시물이라면 기능을 활성화합니다.

메시지 : 페이지 이름으로 사람들과 메시지를 주고받으려면 활성화합니다. 체크가 해제되어 있으면 페이지 관리자 메뉴에 [메시지] 바로가기가 표시되지 않습니다.

태그 권한 : 다른 사람들이 게시한 사진/동영상에 태그할 수 있도록 허용합니다.

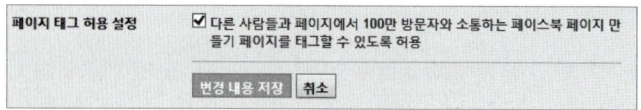

페이지 태그 허용 설정 : 다른 사람이나 페이지에서 내 페이지를 태그할 수 있도록 설정합니다.

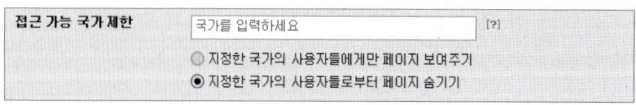

접근 가능 국가 제한 : 특정 국가의 사용자만 접속을 허용하거나 특정 국가의 사용자만 접속을 제한할 수 있습니다.

연령 제한 : 연령 제한이 필요한 콘텐츠를 게시할 때 활성화합니다. 설정한 연령보다 낮은 연령의 사용자에게는 페이지와 해당 콘텐츠가 노출되지 않습니다.

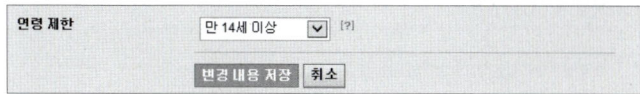

페이지 관리 : 부적절한 키워드가 포함된 댓글이나 게시물이 페이지에 추가되지 않도록 막습니다. 키워드를 10,000자까지 추가할 수 있으며, 입력한 키워드가 포함된 댓글이 게시되면 자동으로 스팸으로 분류합니다.

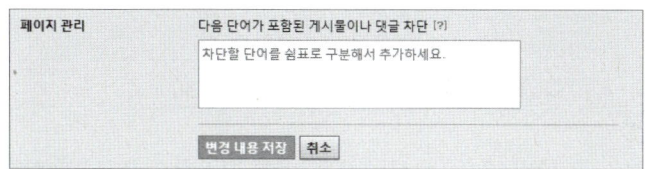

비속어 필터 : 필터는 끄기/보통/강함으로 나뉩니다. 페이스북에 신고된 비속어 기준으로 게시물에 필터를 적용할 때 활성화합니다.

유사한 페이지 추천 : 페이스북이 사용자에게 비슷한 페이지를 추천할 때 내 페이지를 노출할지 여부를 설정합니다. 노출률을 높이려면 활성화하는 것이 좋습니다.

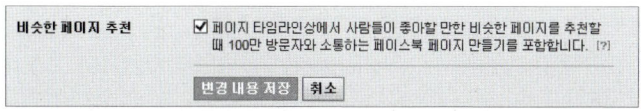

여러 언어로 게시 : 동일한 내용을 여러 언어로 작성한 후 게시할 수 있습니다. 여러 나라의 사용자와 교류할 때 사용합니다.

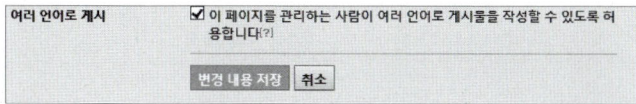

댓글 순서 : 댓글은 기본적으로 [좋아요]나 답글이 많이 달린 댓글을 우선으로 표시합니다. 다른 인증된 페이지나 프로필에서도 이 기준으로 댓글이 노출되지만 페이지에서 최근에 달린 댓글을 먼저 표시하려면 이 기능을 활성화합니다.

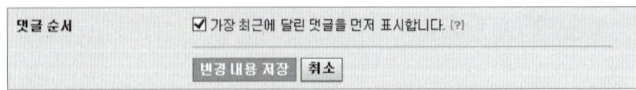

페이지 다운로드 : [다운로드 페이지]를 클릭해서 페이지의 게시물/사진/동영상을 다운로드하면 페이스북에 등록한 이메일로 받을 수 있습니다.

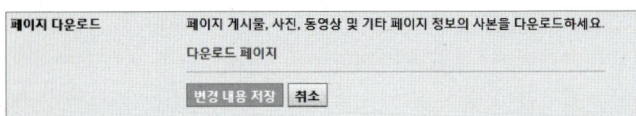

페이지 통합하기 : 관리 중인 페이지 중에서 유사한 이름 혹은 주제가 동일한 페이지를 통합할 때 사용합니다.

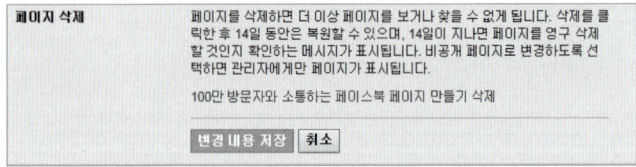

페이스북의 비밀번호 인증 후 통합하려는 페이지를 선택하여 페이지 통합하기를 진행합니다.

중복 페이지 통합

유사한 이름을 사용하거나 주제가 동일한 페이지를 여러 개 관리 중이라면 페이지를 통합하세요. 더 알아보기.

페이지 선택 ▼
페이지 선택 ▼

페이지 통합하기

페이지 삭제 : 페이지를 페이스북에서 영구적으로 삭제할 때 사용합니다.

페이지 삭제 페이지를 삭제하면 더 이상 페이지를 보거나 찾을 수 없게 됩니다. 삭제를 클릭한 후 14일 동안은 복원할 수 있으며, 14일이 지나면 페이지를 영구 삭제할 것인지 확인하는 메시지가 표시됩니다. 비공개 페이지로 변경하도록 선택하면 관리자에게만 페이지가 표시됩니다.

100만 방문자와 소통하는 페이스북 페이지 만들기 삭제

변경 내용 저장 취소

[일반] 분류를 뺀 나머지 분류의 옵션

메시지 : 페이지 정보 영역에 표시할 응답 표시 기준과 빠른 답장 옵션인 응답 도우미를 사용할 수 있습니다

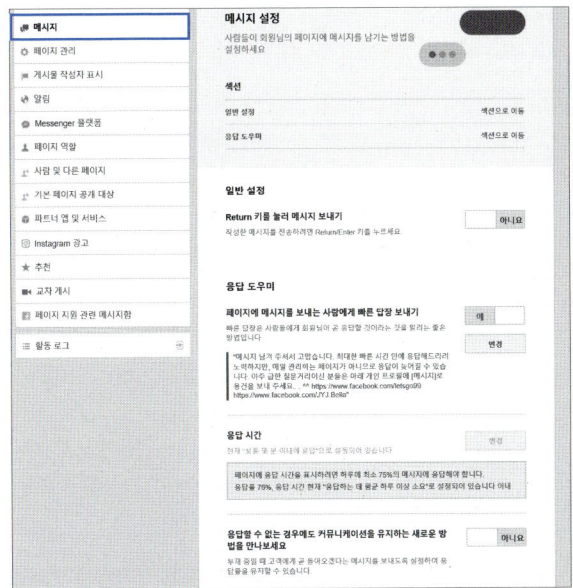

페이지 관리 : 기본 템플릿을 선택하여 행동 유도 버튼과 탭 메뉴를 구성할 수 있으며, 탭 메뉴의 표시 여부와 순서를 조정할 수 있습니다.

게시 속성 : 페이지에 접속하여 게시물을 올리거나 댓글을 달 때 기본 게시 속성을 정의합니다. 페이지 이름으로 게시되도록 설정하면 모바일/PC에서 접속하여 게시물을 관리할 때 페이지를 대표하는 페이지 이름으로 관리할 수 있습니다.

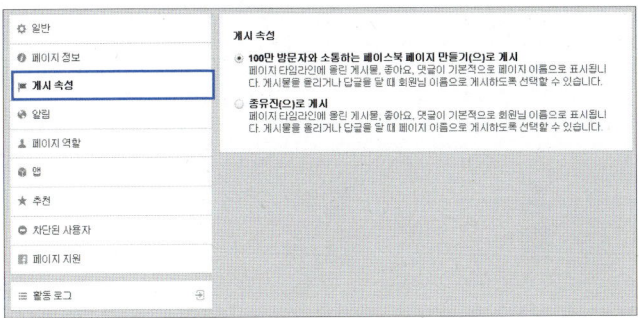

알림 : 페이스북 내의 알림, 메시지, 이메일 등의 알림 설정을 조정할 수 있습니다.

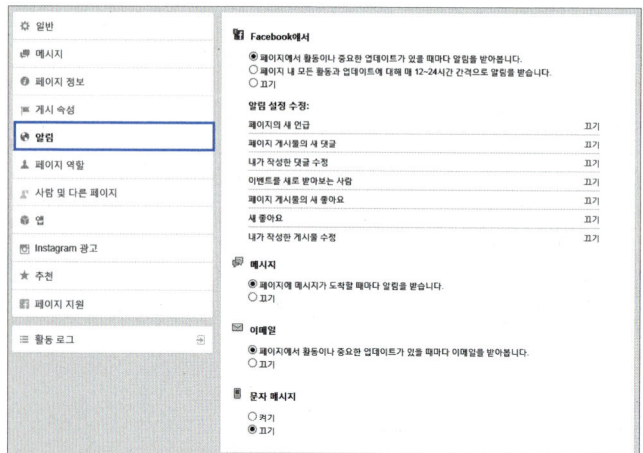

Messenger 플랫폼 : Messenger의 둘러보기 영역에 근처 장소 및 비즈니스 검색에 노출 여부를 조정할 수 있습니다

페이지 역할 : 페이지를 관리하는 관리자를 추가하거나 삭제할 수 있고, 관리자의 역할을 부여하거나 변경할 수 있습니다. 페이지에 관리자를 추가하려면 일단 내가 페이지 관리자여야 합니다.

페이지 역할 할당 및 역할별 권한

백만 **방**문자를 부르는 **팁**

페이지 역할 할당하기

친구 여부에 따라 다음 등록 방법으로 대상을 선택하며, 선택한 사용자에게 부여할 페이지 역할을 선택한 후 저장합니다. 관리자로 추가된 사람은 사용자 설정에 따라 이메일이나 알림을 받을 수 있습니다. 친구 이름을 입력하여 페이지 역할을 추가하려면 개인 프로필 이름을 사용 중이어야 합니다. 페이지 이름으로 사용 중일 때는 이메일로만 역할을 부여할 수 있습니다.

구분	등록 방법
페이스북 친구인 경우	이름 입력 → 친구 목록에서 선택
페이스북 친구가 아닌 경우	이메일 주소 입력

페이지 역할별 권한

구분	운영자	편집자	댓글 관리자	광고주	분석자	라이브 방송진행자
페이지 역할 및 설정 관리	O	X	X	X	X	X
페이지 수정 및 앱 추가	O	O	X	X	X	X
페이지 이름으로 게시물 작성 및 삭제	O	O	X	X	X	X
모바일 기기에서 페이지 이름으로 라이브진행	O	O	X	X	X	O
페이지 이름으로 메시지 전송	O	O	O	X	X	X
댓글과 게시물에 대한 대응 및 삭제	O	O	O	X	X	X
페이지에서 사용자 제거 및 차단	O	O	O	X	X	X
광고 만들기	O	O	O	O	X	X
인사이트 보기	O	O	O	O	O	X
페이지 이름으로 게시한 사람 확인	O	O	O	O	O	X

사람 및 다른 페이지 : 페이지를 좋아하는 팬의 목록을 확인할 수 있습니다. 상단 분류를 이용해서 이 페이지를 좋아하는 사람, 이 페이지를 좋아하는 페이지, 페이지 업데이트를 받아 보는 사람, 차단된 사용자 목록을 구분해서 확인할 수 있습니다.

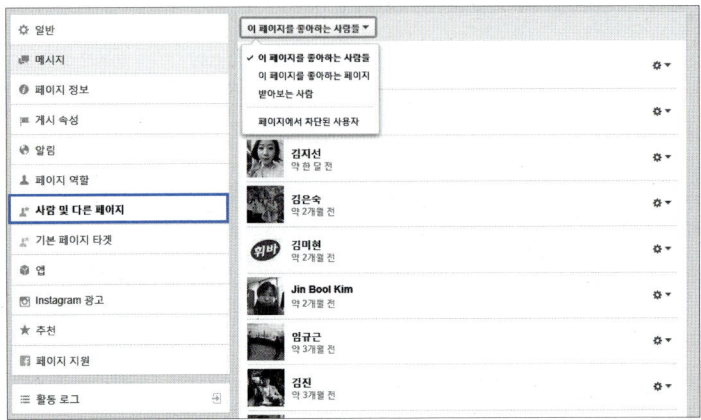

기본 페이지 공개 대상 : 페이지의 기본 타겟을 설정합니다. 광고를 집행할 때 대상을 별도로 조정하지 않으면 기본 페이지에서 설정한 타겟의 위치, 연령, 성별, 관심사가 광고 대상이 됩니다.

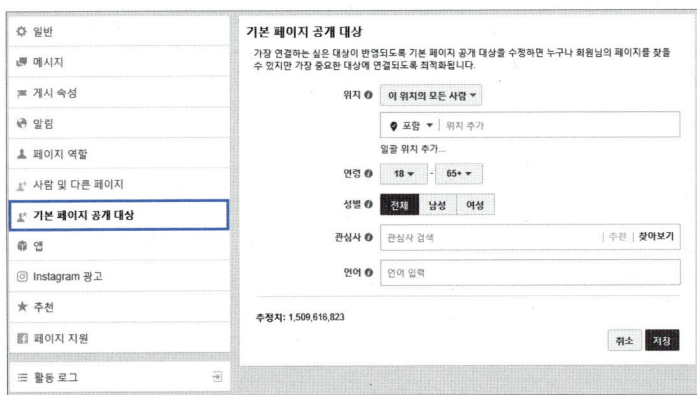

앱 : 페이지에 추가된 앱을 추가 또는 삭제하거나 설정을 변경합니다.

Instagram 광고 : 페이지에 인스타그램 계정을 연결하여 인스타그램에 광고를 합니다.

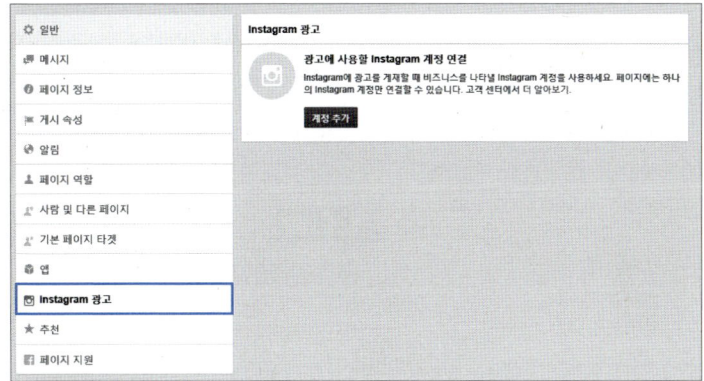

▲ 인스타그램 계정 연결

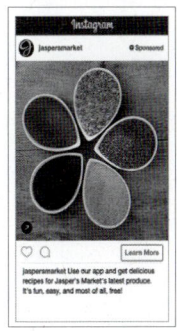

▲ 인스타그램 Sponsored 광고

[계정 추가] 버튼을 클릭하여 사용 중인 인스타그램 계정을 연결하거나 새로운 계정을 생성합니다.

추천: 페이지 이름으로 [좋아요]한 페이지(추천 페이지)와 공개 페이지 관리자를 설정할 수 있습니다. 추천 페이지는 페이지 타임라인에 다섯 개까지 표시되며, 편집 화면에서 표시할 페이지에 체크하면 표시됩니다. 추천 관리자는 페이지 관리자 중 공개 페이지 관리자로 지정할 관리자로 페이지 정보에 함께 표시됩니다.

페이지 지원 : 페이스북에 페이지 관련 변경 요청에 대한 진행 경과를 확인할 수 있습니다.

활동 로그 : 페이스북에서 페이지 이름으로 활동한 이력을 확인할 수 있으며, 공개 옵션을 수정할 수 있는 메뉴입니다. 페이지의 게시물은 기본이 전체 공개이며, 아이콘을 클릭하여 게시물을 숨기거나 삭제할 수 있습니다.

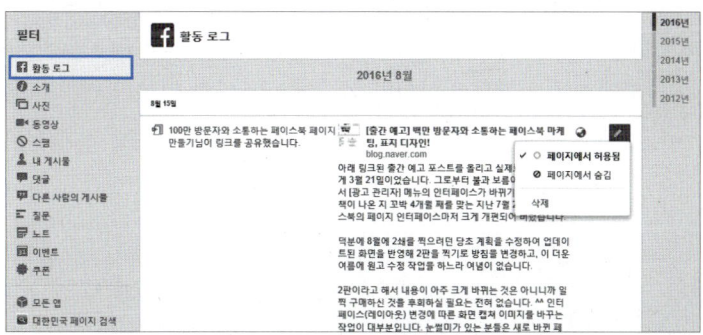

페이스북 개인 프로필 마케팅

페이스북 마케팅이란 무엇인가

'페이스북 마케팅'을 한마디로 정의하기는 어렵습니다. 어떤 사람은 '담벼락'이라고 부르는 페이스북 타임라인에서 뉴스를 공유하거나 소식을 주고받는 행동을 페이스북 마케팅이라고 여깁니다. 또 다른 사람은 페이스북 페이지에서 기업의 소식을 전파함으로써 특정 상품이나 브랜드의 인지도를 높이고 판매를 촉진하는 계획된 행동을 페이스북 마케팅이라고 이야기합니다. 또 어떤 사람은 '페이스북 광고'와 거의 유사한 의미로 좁게 해석하기도 합니다.

정의나 해석이 여러 가지로 나오는 건 페이스북이 제공하는 서비스나 기능이 그만큼 많기 때문입니다. 타임라인과 뉴스피드, 메시지와 이벤트, 그룹과 페이지, 앱과 광고에 이르기까지 일상생활을 넘어 비즈니스 업무 영역까지 페이스북이 연동되어 움직이기 때문입니다. 이 책에서는 '페이스북 마케팅'의 범위를 '페이스북에서 제공하는 여러 가지 서비스나 기능을 활용하여 여러 사람과 관계를 맺고 교류함으로써 궁극적으로 자신의 브랜드 인지도를 높이거나 상품을 알리고 나아가 잠재 고객을 발굴하여 구매에 이르게 하는 모든 행동이나 방법'이라고 정의하겠습니다.

이 책의 주요 독자는 온라인 광고나 홍보 기획 또는 프로모션이나 캠페인 활동을 업무로 진행하는 전문 마케터가 아닌 동네에서 흔히 볼 수 있는 작은 가게 혹은 소규모로 온라인 상점을 운영하거나 개인 사업을 하고 있는 소상공인이나 자영업에 종사하는 분 또는 개인기업에서 일하는 사람으로 설정하고 시작하려 합니다. 이렇게 설정한 주요 독자들의 수요나 요구에 더 초점을 맞취 책을 이끌어 나갈 것입니다. 소셜 미디어 플랫폼이야말로 기존 플랫폼에 비해 비용을 적게 들이면서도 개인의 노력과 발품에 따라 효과적이면서 장기적으로 마케팅 네트워크를 구축해 나갈 수 있는 매우 강력한 도구이기 때문입니다.

여기에서는 비즈니스용 계정으로 쓸 수 있는 '페이스북 페이지'에 대해 본격적으로 다루기에 앞서 개인 계정으로 불리는 개인 프로필 서비스에서 제공되는 다양한 기능을 마케팅 용도로 어떻게 활용할 수 있는지, 프로필 서비스를 이용할 때 유의해야 할 점이 무엇인지 먼저 짚어 보겠습니다.

페이스북 가입 약관을 들춰 보라

네이버나 다음 같은 포털 사이트에 회원으로 가입하면서 회원 약관을 처음부터 끝까지 꼼꼼하게 다 읽는 사람이 몇 명이나 될까요? 짐작하건대 거의 없을 것입니다. 설사 보는 사람이 몇 명 있다 해도 그들 역시 대충 어떤 항목이 있는지 큰 제목 정도만 보거나 내가 올린 사진이나 글에 대한 저작권이 어떠한지, 개인 정보를 어떻게 다루는지에 대한 규약 정도 보는 것이 고작입니다. 남들도 다 쓰는 서비스에 가입하는 것이므로 문제될 게 없다는 생각에 약관을 읽지 않고 습관적으로 동의를 누르고 가입하는 경우가 대부분입니다.

하지만 페이스북은 일반 포털 사이트와 달리 실명과 얼굴(사진)을 걸어 놓고 이용하는 서비스입니다. 따라서 다른 서비스를 이용할 때보다 더 개인 정보 보호나 노출에 신경 써야 합니다. 별명, 이메일 주소, 고유 ID 등 익명으로 사용할 수 있는 다른 온라인 서비스에 가입하는 것보다 훨씬 더 주의를 기울여야 한다는 말입니다. 당연히 서비스 이용에 따른 권리와 책임을 정해 놓은 약관이나 정책을 알아 둬야 합니다. 내가 올린 콘텐츠에 대한 저작권과 사용권에 대한 정의나 게시물의 공개 범위에 대한 부분은 더 주의 깊게 살펴봐야 합니다. 더불어 계정 유지 관리에 관한 규칙과 타인이 올린 게시물에 대한 보호 규칙 역시 빠뜨리지 말고 살펴봐야 합니다.

다음 화면은 2016년 7월 1일 현재 페이스북이 게시한 〈Facebook 권리 및 책임에 관한 정책(약관)〉의 앞부분입니다.

▲ 페이스북 약관 1, 2조(출처 : https://www.facebook.com/legal/terms)

2조 1항을 보면 다음과 같이 규정되어 있습니다.

> 사진이나 동영상과 같은 지적 재산권이 적용되는 콘텐츠(이하 "IP 콘텐츠"라 함)에 대해서는 공개 범위 및 앱 설정에 따라 다음과 같은 권한이 Facebook에 부여됩니다. 즉, 회원님은 Facebook에 게시하거나 이와 관련하여 게시하는 IP 콘텐츠를 사용할 수 있는 비독점, 양도성, 재허가 가능, 로열티 무료, 전 세계 라이선스(이하 "IP 라이선스"라 함)를 Facebook에 부여합니다. 본 IP 라이선스는 회원님이 본인의 IP 콘텐츠나 계정을 삭제할 때 종료됩니다. 단, 회원님의 콘텐츠를 공유한 타인이 해당 콘텐츠를 삭제하지 않았을 경우는 예외로 합니다.

내가 올린 게시물에 대한 저작권은 내가 스스로 삭제하기 전까지는 나에게 있지만, 이 게시물에 대한 대부분의 전면적인 사용권은 페이스북이 갖는다는 내용을 담고 있습니다. 단, 내가 해당 콘텐츠나 계정을 삭제하더라도 다른 사람들이 퍼가서 공유한 콘텐츠가 삭제되지 않는 경우에는 저작권이나 책임을 예외로 한다는 규정이 보입니다. 이 말은 페이스북에 한 번 게시한 글을 누군가가 퍼가서 공유하면 해당 글을 실질적으로 내가 제어할 방법은 사라지며, 페이스북은 해당 글을 삭제해 줄 의무나 책임이 없다는 의미입니다. 한마디로 한번 올려서 공개한 글로 인해 생길 수 있는 모든 문제는 내가 책임져야 하며, 공유되어 삭제되지 않아 생기는 문제 역시 내가 책임져야 한다는 뜻입니다.

2조 3항에서는 앱을 사용하면 앱에서 다른 사람이 공유한 콘텐츠 및 정보와 함께 사용자의 콘텐츠 및 정보에 대한 접근 권한을 요청할 수 있다고 규정합니다. 이어서 2조 4항에서는 다음과 같이 규정하고 있습니다.

> 회원님이 "전체 공개" 설정으로 콘텐츠나 정보를 게시하면 Facebook 비회원을 비롯해 모든 사람이 이 정보를 보고 이용할 수 있으며, 이 정보를 회원님(즉, 회원님의 이름과 프로필 사진)과 연결할 수 있습니다.

[전체 공개]로 설정하여 올린 글은 페이스북 회원이 아닌 사람, 즉 인터넷 사용자 누구에게나 공개된다는 의미입니다. 다르게 말하면 페이스북 사용자는 물론 구글의 웹 검색 로봇들도 게시글이나 사진 등을 긁어갈 수 있다는 의미입니다. 앞서 살펴본 조항을 종합해서 해석하면 페이스북에 어떤 게시물을 [전체 공개]로 올리는 것은 말할 것도 없거니와 올린 글을 누군가 퍼가서(인용하여) 외부에 [전체 공개] 설정으로 퍼트리면 인터넷 사용자 만인에게 공개된다는 말입니다. 결과적으로 페이스북에 올린 글을 [나만 보기] 설정으로 제한해 놓은 경우가 아니라면 어떤 경로로든 전체 웹에 공개되어 유출될 수 있다는 말입니다. 그만큼 페이스북은 공개된 매체이므로 홍보 마케팅을 목적으로 사용할 경우 적극적으로 활용할 수 있는 미디어 채널이라는 의미이기도 합니다.

개인 프로필 계정을 상호나 기관 이름으로 짓지 말라

"내 프로필 계정이 차단되어 접속이 되지 않는다"며 급하게 도움을 요청하는 분들을 자주 만납니다. 페이스북에서 금지하고 있는 스팸성 행위를 한 것도 아닌데 계정이 차단당했다면 대부분은 개인 프로필 계정을 상업적인 용도로 사용했다는 의심을 받았기 때문입니다. 페이스북 약관을 보면 4조 [가입 및 계정 보안]에서 다음과 같이 규정하고 있습니다.

▲ 페이스북 약관 4조(출처 : https://www.facebook.com/policies)

타임라인에 올리는 게시물의 공개 범위를 제한하려면? | 백만 방문자를 부르는 팁

페이스북 개인 타임라인에는 포스트를 게시하기 전에 해당 포스트를 누구에게 보일 것인지 포스트별로 옵션을 설정할 수 있습니다. 공개 설정 버튼을 클릭하여 공개 대상 옵션을 선택합니다. 이때 [더 보기] 링크를 클릭해서 이미 만들어 놓은 개별 그룹을 선택하거나 [사용자 지정]을 선택하여 특정인만 선별적으로 지정할 수 있습니다. 공개 대상을 제한하여 올린 글은 지정된 공개 대상 이외의 사람에게는 보이지 않습니다. 설령 그 포스트의 링크 주소를 누군가 다른 사람에게 공유하더라도 공개 대상에 들어 있지 않은 사람이 클릭하면 [없는 게시물이거나 볼 권한이 없다]는 경고 메시지만 나타납니다.

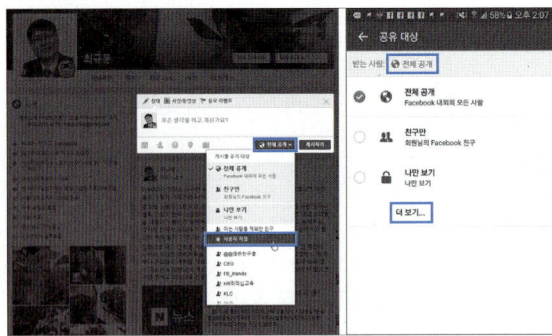

▲ 페이스북 게시물 공개 옵션 설정 화면

> Facebook 사용자는 실제 생활에서 사용하는 이름과 실제 정보를 제공해야 하며, 이 같은 방식을 유지하기 위해서는 회원님의 도움이 필요합니다. 계정을 등록하고 계정의 보안을 유지하는 것과 관련해 회원님이 준수해야 할 약정은 다음과 같습니다.

이어지는 1~2항에서는 허위 정보로 계정을 만들지 말 것, 타인의 계정을 무단으로 쓰지 말 것, 개인은 계정을 두 개 이상 만들지 말 것 등을 규정하고 있습니다. 4항에서는 '상업적 이득을 주된 목적으로 개인 타임라인을 이용할 수 없으며, 상업적인 목적으로 Facebook을 사용하려는 경우 Facebook 페이지를 이용해야 합니다'라고 규정하고 있습니다. 즉, 개인 계정을 비즈니스 목적으로 사용하는 것을 금지한 셈입니다. 여기서 '상업적인 목적'은 우리가 생각한 것 이상으로 범위가 넓습니다. 기업들이 상품이나 브랜드를 홍보하거나 광고하기 위해 기업 상호나 상품명으로 개인 계정을 만드는 경우는 물론이거니와 학교, 기관, 법인, 단체에서 조직명이나 법인명으로 개인 계정을 개설하는 행위까지 포함합니다.

회사명, 상품명, 상점명(쇼핑몰 이름)은 물론 관공서, 지방자치단체, 사회단체, 협회 등에서 단체명으로 개인 계정을 만들어 활동하는 일체의 행동을 목적의 순수성과 상관없이 규제하며 금지하고 있습니다. 이 규정을 어겼다고 판단되면 페이스북에서는 불시에 해당 계정을 비활성화(사용 금지, 계정 접속 차단)시킬 수 있습니다. 비활성화되면 아무리 많은 친구를 맺고 포스트를 많이 게시했더라도 하루아침에 해당 계정을 잃을 수 있으니 각별히 주의해야 합니다.

흔히 기업, 기관, 단체에서 대행사 등에 홍보를 의뢰하면 이런 약관 규정을 잘 모르거나 알면서도 더 많은 친구를 팬으로 확보하기 위해 의도적으로 단체나 상호명으로 개인 계정을 개설하여 친구 맺기를 시도하곤 합니다. 그러다 일정 규모 이상의 친구가 모이면 해당 프로필 계정을 페이지로 변경하여 친구를 팬으로 전환하는 편법을 쓰기도 합니다. 이러한 행위 역시 페이스북에서 지속적으로 감시하고 있으니 주의해야 합니다.

물론 페이스북의 약관을 몰라 상호명으로 개인 계정을 만들어 운영하는 경우도 많습니다. 페이스북은 이런 경우에는 친구 맺기를 해온 계정을 완전히 없애는 대신 해당 계정을 페이지로 전환하는 일종의 구제책을 제공합니다. 조직명(상호명)으로 만든 계정 이름을 그대로 사용할 수 있도록 하는 대신 프로필을 페이지로 전환시키고 그동안 친구 관계를 맺은 사람들을 팬으로 전환해 버립니다. 그동안 올린 모든 게시물은 타임라인에서 사라지도록 만들기 때문에 포스팅 활동은 새롭게 시작해야 합니다.

조직명, 상호명으로 사용하던 프로필 계정을 페이지로 전환하려면?   **백**만 **방**문자를 부르는 **팁**

다음 링크에 접속하여 원하는 카테고리의 페이지로 변경할 수 있습니다. 단 친구 명단 이외에 사진이나 글 같은 포스트 콘텐츠는 이전되지 않습니다.

https://www.facebook.com/pages/create.php?migrate

▲ 개인 프로필을 페이지로 변경하기

페이스북 고객 센터(https://www.facebook.com/help/)에 들어가 보면 약관 내용을 제대로 알지 못하고 사용하다 계정이 차단당했다며 차단된 계정을 풀어 달라고 호소하는 글을 심심찮게 볼 수 있습니다. 그러나 이렇게 수많은 호소에도 불구하고 페이스북은 개인의 실명 계정임을 증명하기 전까지 사용 권한을 돌려주지 않습니다. 차단당한 개인 계정의 주소를 눌렀을 때 다음과 같이 썰렁한 안내 화면만 표시할 뿐입니다.

▲ 삭제된 콘텐츠나 계정을 클릭했을 때 나타나는 안내 화면

페이스북을 가입할 때 약관의 내용을 충분히 살피지 않고 개인의 실명이 아닌 이름으로 활동을 한 것이므로 억울하고 아쉽더라도 페이지로 전환하여 새롭게 계정 활동을 시작하길 권합니다.

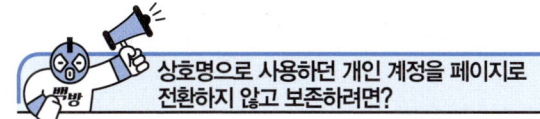

상호명으로 사용하던 개인 계정을 페이지로 전환하지 않고 보존하려면?

개인 계정이 조직이나 단체 계정으로 적발되어 차단당하고 페이지로 강제 전환된다는 안내를 받았다면 어떻게 해야 할까요? 상업성이 강하지 않고 그동안 올린 포스트 내용을 반드시 보존해야 한다면 페이스북에 약관 내용을 미처 몰랐다는 사실을 알리고, 상업적인 용도가 아니었음을 적극 해명하고, 지금부터라도 개인 이름으로 변경하여 사용하겠다는 조건을 걸고 계정을 부활시켜 달라고 요구해야 합니다. 부활될 가능성이 낮지만 손 놓고 있는 것보다는 낫습니다. 이 경우 그동안 사용하던 조직 이름 대신 조직 대표의 이름 혹은 계정을 관리하는 관리자 개인 이름으로 변경해

개인 계정이 조직이나 단체 계정으로 적발되어 차단당하고 페이지로 강제 전환된다는 안내를 받았다면 어떻게 해야 할까요? 상업성이 강하지 않고 그동안 올린 포스트 내용을 반드시 보존해야 한다면 페이스북에 약관 내용을 미처 몰랐다는 사실을 알리고, 상업적인 용도가 아니었음을 적극 해명하고, 지금부터라도 개인 이름으로 변경하여 사용하겠다는 조건을 걸고 계정을 부활시켜 달라고 요구해야 합니다. 부활될 가능성이 낮지만 손 놓고 있는 것보다는 낫습니다. 이 경우 그동안

사용하던 조직 이름 대신 조직 대표의 이름 혹은 계정을 관리하는 관리자 개인 이름으로 변경해야 합니다. 이때도 페이스북에서는 1인 1계정 정책을 원칙으로 하므로 중복되지 않는 사람의 이름을 사용하길 권합니다.

이렇게 상호명으로 사용하던 개인 계정을 실명으로 전환하면 계정의 개인 이름 뒤에 그동안 사용하던 상호명이나 단체명을 괄호로 표기해서 기존 계정과의 연결성을 유추할 수 있도록 하는 것이 좋습니다.

페이스북 개인 계정에서 메뉴 팝업 단추를 클릭한 후 [설정]을 클릭하고 이름 옵션의 [수정] 링크를 클릭합니다. 이어서 [다른 이름 추가] 링크를 클릭하면 자세한 내 소개 화면으로 넘어갑니다. 여기에서 [+ 별명, 본명 등을 추가하세요] 링크를 클릭하여 상호명이나 이전 계정과 연관된 이름을 입력하면 됩니다. 그러면 다음과 같이 타임라인의 이름 아래 추가한 이름이 괄호로 표시됩니다.

▲ 다른 이름 추가 사례

동의 없이 남의 사진에 태그를 걸지 말라

페이스북을 사용하다 보면 친구나 지인들 사이에서 불편한 언쟁이 심심치 않게 발생합니다. 가장 흔한 경우는 올려진 글이나 사진에 원하지 않는 태그를 붙여 내가 알지도 못하는 사람들에게 내 사진이 노출된 경우입니다. 어떨 때는 내 타임라인에 나와 아무런 연관이 없는 엉뚱한 사진이 올라 오기도 하고, 심지어 광고 상품 사진이 떡하니 올라오기도 합니다. 누군가 내 이름을 허락 없이 임의로 태그를 걸어 내 타임라인을 홍보성 게시물로 어지럽히면 누구라도 화가 날 수 있고 실랑이로 번질 수 있습니다.

이런 상황은 페이스북 약관 5조에 규정된 [타인의 권리 보호]를 충분히 인지하지 못했거나 알고 있더라도 실효성이 약하므로 관행상 무시해도 된다고 대수롭지 않게 여겼을 때 생기는 문제입니다. 약관 5조 6~7항에는 페이스북의 공식 브랜드(페이스북 f 로고나 Facebook이라는 상표 이름 자체)를 사전 서면 허가 없이 사용할 수 없도록 규정하고 있으며, 다음과 같이 타인의 권리 보호를 규정하고 있습니다.

> **5. 타인의 권리 보호**
> Facebook은 모든 사람의 권리를 존중하며, 모든 사용자는 서로의 권리를 존중해야 합니다.
> 1. 회원님은 타인의 권리를 침해 또는 위반하거나 법률을 위반하는 콘텐츠를 Facebook에 게시하거나 그러한 행동을 Facebook에서 할 수 없습니다.
> 2. Facebook은 본 정책에 위배된다고 판단되는 경우 회원님이 Facebook에 게시하는 콘텐츠나 정보를 삭제할 수 있습니다.
> 3. Facebook은 회원님의 지적 재산권을 보호하는 데 도움이 되는 도구를 제공합니다. 자세히 알아보려면 지적 재산권 침해를 신고하는 방법 페이지를 참조하세요.
> 4. Facebook이 타인의 저작권을 이유로 삭제한 회원님의 콘텐츠가 실수로 인해 것이라고 판단되면 경우 재고를 요청할 기회를 제공합니다.
> 5. 상습적으로 타인의 지적 재산권을 침해하는 경우 회원님 계정이 비활성화될 수 있습니다.
> 6. 회원님은 저희 브랜드 사용 가이드라인이나 사전 서면 허가를 통해 명백하게 허가를 받은 경우 외에는 저희 저작권이나 상표 또는 혼동을 일으킬 수 있는 비슷한 상표를 사용할 수 없습니다.
> 7. 다른 사용자로부터 정보를 수집하는 경우, 당사자의 동의를 구하고 정보를 수집하는 주체가 Facebook이 아닌 회원님임을 분명히 밝히며 회원님이 어떤 정보를 수집하고 어떻게 이용할 것인지를 설명하는 개인정보취급방침을 게시해야 합니다.
> 8. 회원님은 타인의 신분증이나 기밀 금융 정보를 Facebook에 게시할 수 없습니다.
> 9. 동의 없이 사용자를 태그하거나 비회원들에게 이메일 초대장을 전송할 수 없습니다. Facebook은 사용자들이 태그 달기에 관한 의견을 제공할 수 있도록 소셜 신고 도구를 제공합니다.

▲ 페이스북 약관 5조(출처: https://www.facebook.com/policies)

> 다른 사용자로부터 정보를 수집하는 경우, 당사자의 동의를 구하고 정보를 수집하는 주체가 Facebook이 아닌 회원님임을 분명히 밝히며 회원님이 어떤 정보를 수집하고 어떻게 이용할 것인지를 설명하는 개인 정보 취급 방침을 게시해야 합니다.

아울러 5조 9항에서는 '동의 없이 사용자를 태그하거나 비회원들에게 이메일 초대장을 전송할 수 없다'고 명시하고 있습니다. 이 말은 페이스북 타임라인에 공개되어 있는 개인 정보나 사진이라도 사전에 용도를 밝히지 않거나 상대방의 동의 없이 함부로 수집하지 말라는 뜻입니다. 또한 남이 올린 사진에 동의를 얻지 않고 자신이나 다른 사람을 태그하지 말라는 뜻이며, 페이스북 가입 이용자가 아닌 사람들에게 초대장 링크를 함부로 전송하지 말라는 뜻입니다. 이런 제한 규정에 대해 이야기하면 개인 정보 보호에 둔감한 사람은 그런 규정까지 어떻게 하나하나 지켜가며 페이스북을 운영하느냐며 대수롭지 않게 여기고 무시하곤 합니다. "친구와 함께 찍은 사진에 친구 이름을 태그해서 공유하는 것이 그 친구의 수고를 덜어주는 일인데 일일이 사전 동의를 받고서 태그하는 게 말이 되냐"며 반박하는 사람도 있고, "포스트에 버젓이 이메일과 전화번호 등이 올려져 있는데 그렇게 스스로 공개한 정보를 모아서 쓰는 것이 무슨 문제가 되느냐"며 항변하기도 합니다.

하지만 페이스북이 개인 정보를 사용하는 부분에 대해 이렇게까지 세부적으로 명시해 놓은 이유가 무엇일까요? 바로 관행적으로 규칙을 무시하면서 페이스북을 이용하다 친구 관계가 손상되어 분란으로 이어지는 경우가 많기 때

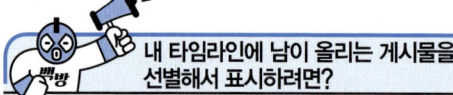

페이스북 타임라인은 기본적으로 계정의 주인이 관리할 수 있는 개인 게시판 영역입니다. 따라서 남들이 임의로 올리는 글이나 사진을 게시할지 여부를 직접 정할 수 있습니다. [설정] 메뉴를 선택한 후 [타임라인과 태그 달기] 분류에서 제공하는 옵션 중에서 [친구가 나를 태그한 게시물이 타임라인에 표시되기 전에 미리 검토하시겠어요?] 옵션을 활성화해서 [켜짐]으로 설정하면 남들이 내 이름을 태그하거나 내 타임라인에 작성한 게시글이 사람들에게 노출되도록 할지 여부를 사전에 검토할 수 있습니다. 또 [친구들이 회원님의 게시물에 추가한 태그를 Facebook에 표시하기 전에 검토하시겠어요?] 옵션을 [켜짐]으로 설정하면 내가 올린 게시물에 다른 누군가가 태그를 추가해서 자신이나 타인과 공유하려 할 때 사전에 검토할 수 있습니다. 옵션에서 설정한 상황이 발생하면 개인 타임라인에서 [활동 로그 보기] 버튼을 클릭한 후 왼쪽 필터 영역에서 [타임라인 검토]와 [태그 검토] 항목을 클릭해 공개 여부를 선택합니다.

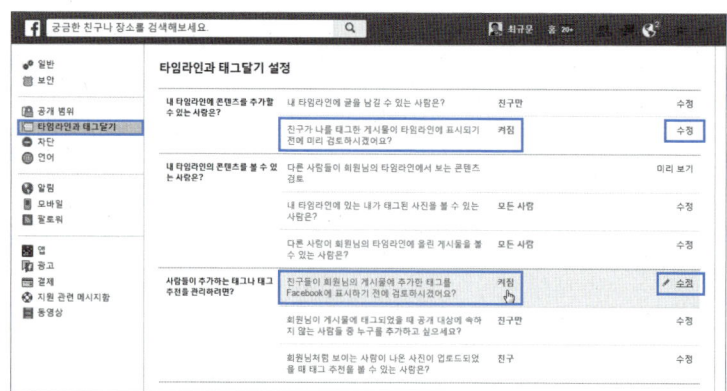

▲ 내 타임라인과 태그된 게시물 공개 검토 설정 옵션

문으로 해석할 수 있습니다. 분란이 법률적인 다툼으로 번지는 사례가 드물다고는 해도 누군가의 개인 정보나 개인이 올린 글이나 사진에 함부로 태그를 걸어서 당사자가 원치 않는 곳에 노출되는 행동은 엄밀히 말해 페이스북 약관을 어기는 행위입니다. 이 점을 꼭 인지하고 특정한 사진이나 글에 자기 자신이나 상대방 또는 제3자의 이름을 태그하여 임의로 포스트를 노출하거나 강제로 전파할 때는 각별히 유의하고 조심해야 합니다.

특히 글을 확산시킬 목적으로 친구들의 이름을 집단적으로 태그하고 포스트를 유포하거나 댓글에 친구 이름을 마구잡이로 태그해서 소환(호출)하는 기능 또한 무분별하게 사용해서는 안 될 행동입니다. 페이스북뿐만 아니라 소셜미디어 서비스를 이용하는 에티켓에도 어긋나는 행동입니다.

프로필 사진은 얼굴 사진을, 이름은 실명을 사용하라

페이스북 규정을 떠나 개인 계정을 사용하면서 자신의 얼굴 사진을 숨기거나 실명이 아닌 예명이나 아이디를 이름으로 쓰는 사용자가 있습니다. 남들에게 자신의 얼굴을 내보이는 것이 쑥스럽고 부끄럽다는 이유로 캐릭터 이미지나 자연물 사진을 얼굴 사진을 대신하여 쓰기도 합니다.

▲ 얼굴 사진과 실명을 사용한 개인 프로필

실명을 사용하지 않는 이유 역시 다양합니다. 실명이 촌스럽고 세련되지 않다는 이유로 예명을 쓰기도 하고 오랫동안 블로그나 카페 등에서 사용한 별명이 사람들에게 더 익숙하고 더 잘 알려져 있다는 이유로 별명을 쓰기도 합니다. 대기업이나 공공기관 등 사회 조직에 속한 사람 중 개인 이름으로 발언을 남기거나 활동을 하여 흔적을 남기면 조직의 명예나 이미지에 좋지 않은 영향을 끼칠 수 있다는 이유로 얼굴을 숨기고 가명을 쓰기도 합니다.

이유가 어찌 되었건 피치 못할 상황이 아니라면 얼굴 사진과 실명을 사용하길 권합니다. 페이스북을 단순히 친구들과 일상을 나누는 장이나 개인 일기장 정도로만 쓰는 경우가 아니라면 얼굴 사진과 실명은 필수입니다. 사회생활을 하면서 다양하게 맺은 네트워크를 통해 직간접적으로 자신을 브랜딩하고 자신이 하고 있는 비즈니스에 도움을 얻고자 한다면 반드시 얼굴 사진과 실명을 쓰길 권합니다.

얼마나 공감할지 모르지만 '페이스북 마케팅'은 자신의 얼굴 사진을 프로필 사진으로 내걸고 자신의 실명을 떳떳하게 드러내는 행동에서부터 시작된다고 단언해도 결코 과언이 아닙니다.

얼굴 사진과 실명은 신뢰의 싹을 틔우는 주춧돌이다

모든 비즈니스는 본질적으로 어떤 상품이나 서비스가 필요할 때 그것을 얻는 대신 대가를 지불하는 상행위 관계를 맺는 일입니다. 예나 지금이나 이런 상행위의 기초는 서로에 대한 신뢰를 바탕으로 합니다. 내가 직접 상점에 가서 물건을 사는 경우는 덜하지만 인터넷으로 상품을 주문하는 경우라면 내 손으로 받아 보는 데까지 시간 차가 생깁니다. 카탈로그에서는 좋아 보여도 내 눈으로 보고 내 손으로 만져 보지 못하므로 재질, 디자인, 색상 등을 확신하지 못할 수도 있습니다. 이럴 때 판매자는 고객에게 원하는 시간까지 물건을 받아 볼 수 있으며, 받을 물건이 카탈로그 설명과 일치할 거라는 확신을 줘야 합니다. 확신을 주지 못하면 물건을 팔 수 없습니다. 이처럼 물건 하나를 사고파는 데도 신뢰가 전제되어야 하는데 비즈니스 파트너로 상호관계를 맺는 경우라면 더 말할 것도 없습니다. 신뢰의 바탕에는 진정성과 진실성이 담겨야 하는데, 진실성의 시작이 얼굴 사진과 실명 공개입니다.

프로필 사진을 공개하는 것은 온라인 명함을 전하는 것과 같다

페이스북에서 프로필 사진이 하는 역할과 힘은 오프라인 비즈니스 관계에서 명함과 맞먹습니다. 비즈니스 일선에서 뛰는 영업사원에게 명함은 비즈니스 관계를 맺는 첫 도구이자 기본 수단입니다. "저는 아무개라고 합니다. 만나서 반갑습니다"라고 첫인사를 건네는 순간 서로 나누는 것이 명함인 것처럼 페이스북이라는 잠재적인 비즈니스 관계망에서는 자신의 프로필 사진을 공개하는 것이 내 타임라인을 찾은 누군가에게 "저는 이런 사람입니다"라고 첫인사를 건네고 온라인 명함을 건네는 행동과 맞먹습니다.

프로필 사진에 본인 사진을 공개하지 않거나, 동식물이나 사물, 풍경 사진, 선글라스나 카메라 또는 가면 등으로 얼굴을 가린 사진, 얼굴이 너무 작게 나와 표정을 읽을 수 없는 사진을 내거는 것은 비즈니스나 마케팅용으로 페이스북을 이용할 생각을 갖고 있는 사용자라면 절대 하지 말아야 할 행동입니다.

소규모 가게나 점포를 운영하는 소상공인이나 그룹이나 단체를 운영하는 사용자일수록 어떻게든 상점이나 단체를 알리고 싶은 마음이 앞서 개인 계정의 이름을 상호명이나 단체명으로 적고 친구 맺기를 시도하곤 합니다. 또 프로필 사진에 자신의 얼굴 대신 가게 상표나 로고, 심지어는 상품 사진을 올려놓는 경우도 자주 눈에 띕니다. 이것은 페이스북이 애초 대학생들의 인명록 서비스로 시작된 프로필 공유 사이트이며 결코 상업적 서비스가 아니라는 점을 잊어버려서 생기는 현상입니다. 페이스북 개인 계정은 지금도 여전히 친구나 지인들 사이에서 '일상적인 소식과 정보를 나누는 친교와 나눔의 도구'로 쓰인다는 사실을 잊지 말아야 합니다. 페이스북에서 '상업적인 목적으로 Facebook을 사용하려는 경우 Facebook 페이지를 이용해야 한다'는 약관 4조 4항을 명시하여 강조하고 있는 이유도 페이스북 서비스가 원래 가지고 있던 속성과 가치를 손상시키지 않으려는 의지입니다.

페이스북 커버 사진은 무엇을 사용하고 얼마나 자주 바꾸어야 할까?

백만 방문자를 부르는 **팁**

페이스북 프로필 사진과 더불어 개인의 정체성이나 브랜드 이미지를 가장 쉽고 빠르게 드러낼 수 있는 도구가 커버 사진입니다. 명함 역할을 하는 프로필 사진의 배경으로 사용되며 프로필 사진보다 훨씬 크고 넓기 때문에 비즈니스 성격을 보여 주기에도 좋습니다.

예를 들어 강연이나 저술을 하는 사람이라면 많은 청중을 거느린 강의 현장 사진이나 자신이 쓴 책의 표지 등을 쓸 수 있습니다. 음식점이나 제과점 운영자라면 요리사 복장을 하고 음식을 만드는 모습을 사진에 담아 보여 줄 수 있고, 옷 가게 운영자라면 세련된 의상으로 멋지게 디스플레이된 매대 사진을 찍어 보여 주는 것도 좋습니다. 개인 프로필 사진에 담긴 주인장이 대강 어떤 일을 하며, 어떤 성격을 가진 사람인지 바로 알아볼 수 있도록 상징적인 이미지를 사용하는 것이 좋습니다.

계절이 바뀌면 적절한 주기로 사진을 바꿔 활력을 불어넣는 것이 좋습니다. 가끔은 시의성이 있는 사건이 생겼을 때 자신의 생각을 대변할 수 있는 사진을 넣어 적극성을 보여 주거나 비즈니스나 직업과 무관한 풍경 사진 등으로 개인적인 감성을 전해도 괜찮습니다. 그럼에도 불구하고 개인 계정을 마케팅 도구로 쓸 목적이라면 자신이 하고 있는 비즈니스 속성이 잘 드러나는 사진이나 이미지를 중심으로 최대한 세련된 커버 사진을 사용하기 바랍니다.

페이스북 마케팅은 얼굴 사진과 실명 공개에서 시작된다

페이스북 개인 계정은 기본적으로 가게나 브랜드 이름으로 관계를 맺는 용도가 아니라 그 상호의 대표자나 구성원 개인의 실명으로 사람들과 관계를 맺기 위한 것입니다. 그러므로 개인의 실명과 얼굴 사진으로 온라인 명함을 진실하게 공개하는 것이야말로 비즈니스 신뢰 관계를 만드는 주춧돌을 놓는 일이고 '온라인 명함'을 만드는 일입니다. 그렇게 보면 가명이나 필명(예명) 대신 실명을 써야 하는 이유 또한 자연스럽게 유추할 수 있습니다. 비즈니스를 하자고 들면서 자신의 이름이나 정체를 숨기면 시작부터 진의를 의심받게 될 것이고, 비즈니스 관계의 기초라 할 수 있는 믿음의 싹을 틔우기 어렵습니다. 거듭 강조하자면, 페이스북 마케팅의 시작은 얼굴 사진과 실명을 공개하는 '온라인 명함' 만들기부터 시작된다는 점을 잊지 않길 바랍니다.

친구 요청 시에는 반드시 인사 메시지를 함께 보내라

페이스북은 온라인 공간에서 지속적으로 대화를 나눌 수 있는 소통 창구입니다. 오프라인에서 만나 인사를 나눈 사람과는 지속적으로 관계를 유지하기 위해 사용할 수 있습니다. 또한 직접 만난 적은 없지만 페이스북에 게시한 글과 사진 또는 동영상 등의 콘텐츠가 공감이 가고 마음이 통할 것 같은 사람이라면 언제든지 [친구 추가] 버튼을 클릭해 새로운 관계를 맺을 수 있습니다. [친구 추가] 버튼을 클릭할 때는 인사 메시지를 함께 남기길 권합니다. 버튼만 눌러도 친구 요청이 되지만 이에 대해 상대방은 무례까지는 아니더라도 성의 없다고 느낄 수 있기 때문입니다.

오프라인에서 새로운 사람을 만난다고 가정해 보면 쉽게 이해할 수 있습니다. 길을 걷다 우연히 마주친 사람에게 다가가 느닷없이 "우리 친구합시다"라고 말하면 상대방은 십중팔구 당혹스러워합니다. 한 번도 본 적이 없고 누가 소개한 것도 아닌데 난데없이 친구하자고 달려들면 이상하게 보는 게 정상입니다. '도대체 이 사람이 누군데 나랑 친구를 하자고 하는지' 의도를 알 수 없으니 경계하는 게 당연한 겁니다.

페이스북에서도 마찬가지입니다. 아무리 관계를 맺고 소통하는 서비스라 하더라도 처음 본 사람에게 다짜고짜 친구를 맺자고 요청하면서 상대방이 요청을 수락하든 말든 선택하라는 투로 놔두는 것은 절대 친구를 맺고 싶어 하는 사람의 자세가 아닙니다. 나이나 사회적 지위가 높고 낮음을 떠나 사람과 사람이 관계를 맺고자 할 때는 먼저 정중하게 자기소개를 건네는 것이 최소한의 예의입니다.

"저는 아무개라 합니다. 페이스북에서 우연히 보게 된 선생님의 글에 공감하게 되어 알고 지내면 좋겠다는 마음이 들어서 친구 요청을 합니다" 혹은 "어느 친구의 소개로 우연히 선생님의 타임라인에 뜬 사진을 봤는데 정말 멋있었습니다. 앞으로도 자주 보고 싶은 마음에 친구 맺기를 희망합니다"와 같이 친구를 맺고자 하는 계기와 이유를 명확히 밝히는 것이 좋습니다. 비즈니스 관계 확장을 위해 페이스북을 한다면 친구 요청이야말로 첫인상을 심어 주는 일이기 때문에 [친구 추가] 버튼을 클릭할 때는 특히 더 주의해야 합니다.

다행히 페이스북에서는 친구 관계를 맺지 않았더라도 메시지 기능을 이용해서 누구에게라도 먼저 말을 걸 수 있도록 허용하고 있습니다. 그러므로 누군가에게 친구 맺기를 요청할 때는 항상 [메시지] 버튼을 클릭하여 짧게라도 자기소개를 포함하여 친구 맺기를 요청한 이유와 목적을 밝히기를 권합니다. 정중히 자기소개를 하고 친구 맺기를 요청하는 사람에게는 없는 자리라도 만들어 관계를 맺어 주는 것이 인지상정이라는 걸 기억하기 바랍니다.

생일을 맞는 친구에게 보내는 축하 인사는 타임라인과 메시지 중 어느 곳에 남기는 것이 좋을까? | 백만 방문자를 부르는 팁

페이스북에서 관계를 맺고 교류하다 보면 친구들이 하나둘 늘어나면서 일 년이 지나도록 대화 한 번 못하고 지내는 '무늬만 친구'인 관계도 늘어집니다. 친구에 대한 최소한의 도리로 일 년에 한 번 맞는 생일날만이라도 축하 인사 한마디를 살갑게 챙기는 노력이 필요합니다. 이러한 노력을 돕기 위해 페이스북은 생일을 맞는 친구 목록을 알림 메시지로 보내 줍니다. 생일을 맞는 사람의 명단과 함께 축하 메시지를 보내라고 안내가 나타나는데 여기에 축하 글을 작성하면 누구나 볼 수 있도록 상대방의 타임라인에 남겨집니다. 이런 경우 생일 당사자는 수많은 축하 글에 감사 댓글을 일일이 남겨야 해서 번거로울 수 있고, 축하 글을 남긴 사람은 본인의 글에만 감사 댓글이 누락되는 경우 서운할 수 있습니다. 이런 번거로움이나 서운함이 생기지 않도록 메시지를 이용하는 것이 좋습니다. 다른 사람은 확인할 수 없으니 바빠서 실수로 답변을 하지 않더라도 소외되었다는 느낌을 덜 줄 수 있습니다. 사소해 보일 수도 있지만 이처럼 작은 배려가 페이스북 생활을 더욱 즐겁게 만들어 주며 친구 사이의 정을 두텁게 만듭니다. 이런 이유로 생일 축하 인사는 가급적 메시지를 이용해 남기길 권합니다.

그룹에 초대할 때는 강제 보쌈을 자제하라

페이스북에서 제공하는 그룹 기능은 공개 옵션에 따라 공개 그룹, 비공개 그룹, 비밀 그룹으로 나눌 수 있습니다. 공개 그룹은 말 그대로 누구에게나 개방된 그룹으로 해당 그룹의 이름과 그룹 멤버 구성원이 모두 공개되는 것은 물론 그룹 멤버 사이에 오고 간 대화까지 모두 공개됩니다. 따라서 해당 그룹에 가입하지 않은 비회원이라도 해당 그룹에서 어떤 대화나 정보가 오고 갔는지 살펴본 다음 가입 여부를 결정할 수 있습니다. 이처럼 가입과 탈퇴가 자유롭기 때문에 초대하는 사람이나 초대받는 사람 모두 부담 없이 이용할 수 있습니다.

공개 그룹에는 친구 관계에 있는 사람을 내가 만들거나 가입한 그룹에 강제로(임의로) 초대할 수 있는 '보쌈' 기능이 있습니다. 젊은층에서 유행하는 댓글 소환 기능과 유사합니다. 좋게 생각하면 친구나 지인이 좋은 그룹에 함께 할 수 있도록 기회를 제공한 것이니 감사나 칭찬을 들을 수 있지만, 친절이 지나치면 화가 되듯 괜한 초대로 불편해져 친구 관계가 깨질 수도 있습니다. 페이스북 초창기에는 새로운 그룹에 초대받는 것이 새로운 사람을 사귈 수 있는 기회와 정보를 제공받는 것이므로 매우 긍정적으로 받아들였다면, 요즘 같은 페이스북 성숙기에는 수없이 많은 이벤트 초대장과 페이지 좋아요 요청을 받으며 이 와중에 그룹 가입 요구까지 쉬지 않고 이어지므로 가입 요구가 마냥 반갑지 만은 않습니다.

특히 동호인 문화가 발달한 한국에서는 각종 카페나 커뮤니티 활동, 밴드, 단체 카카오톡 대화방, 카카오 그룹 등이 넘치다 보니 그룹 초대가 공해 수준에 이르렀습니다. 이런 마당에 페이스북에서도 그룹에 강제로 초대받으면 아무리 친구라 해도 고맙게 여기기보다는 피곤하다고 생각하기 쉽습니다.

좋은 사람들과 교류하거나 좋은 정보를 얻을 수 있는 그룹이라고 여겨져 친구에게 알리고 싶다면 강제 보쌈보다는 그룹 링크를 보내 직접 판단하고 자발적으로 가입하도록 유도하는 것이 바람직합니다.

그룹에서 제공하는 강력한 기능을 활용하라

페이스북 개인 계정에서 제공하는 여러 가지 기능과 메뉴 중에서 비즈니스 마케팅 용도로 유용하게 사용할 수 있는 기능이 그룹 관리입니다. 페이지를 만들면 별도의 계정이 추가되지만 그룹은 사람들의 모임이므로 개인 계정으로만 활동할 수 있습니다. 이러한 그룹에는 마케팅 용도로 활용할 수 있는 강력한 기능이 포함되어 있습니다.

그룹 이벤트의 [모든 멤버 초대] 옵션

페이스북에서 마케팅을 목적으로 사용할 수 있는 기능 중 하나가 이벤트 기능입니다. 페이스북에서 제공하는 이벤트는 흔히 말하는 '기념 선물 잔치나 행사'의 뜻보다 초대장의 의미가 강합니다. '어느 날 어느 시간에 어디에서 무슨 모임이나 행사가 있으니 오세요'라는 메시지를 담고 있으며, 참석할 것인지 여부를 묻는 [RSVP] 버튼이 포함되어 있습니다(RSVP는 프랑스어인 répondez s'il vous plaît의 약어로 회답을 바란다는 의미를 담고 있습니다). 페이스북 이벤트는 개인 타임라인 포스트뿐만 아니라 그룹이나 페이지에서도 제공되는 기능입니다. 특히 오프라인 모임 행사나 일정 기간 지속되는 온라인 캠페인 등을 공지할 때 많이 쓰이는 기능으로 그룹에서도 활용도가 높

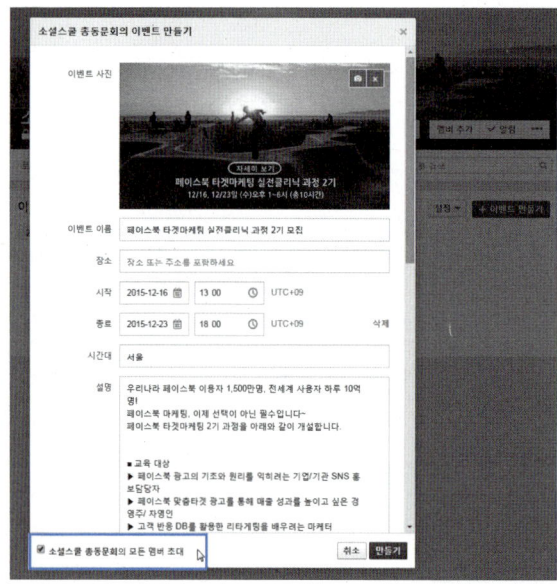

▲ 그룹 이벤트 [모든 멤버 초대] 옵션

습니다. 특히 페이스북 초기에는 그룹 멤버 수에 관계없이 [모든 멤버 초대] 옵션을 체크하면 몇 천이든 몇 만이든 그룹의 모든 구성원에게 이벤트 알림을 전송할 수 있었습니다.

초기에는 적지 않은 마케터가 그룹을 개설하고 강제 가입 기능을 이용해서 친구 관계인 사람들을 무작위로 그룹에 초대한 후 [모든 멤버 초대] 옵션을 체크해 광고성 메시지를 이벤트 알림으로 전송하곤 했습니다. 이처럼 그룹 이벤트의 전체 멤버 초대 기능이 광고 유포 수단으로 변질되면서 페이스북은 일정 규모 이상의 구성원을 가진 그룹에서는 [모든 멤버 초대] 옵션을 제한하고 있습니다.

일정 규모 이상이 구성원으로 활동하고 있다면 이벤트를 생성할 때 초대할 사람을 일일이 선택해야 합니다. 페이스북은 그룹 이벤트의 초대 가능 인원 수에 대해 정해 놓은 기준을 구체적으로 공개하지 않고, '손님이 반응하고 참석할 가능성에 따라 달라진다'고만 밝히고 있습니다. 실험적으로 확인해 보면 대략 250명 내외의 구성원이 활동하는 그룹까지는 [모든 멤버 초대] 옵션을 제공하며, 500명이 넘는 구성원이 활동하는 그룹에게는 해당 옵션을 대부분 제공하지 않는 것으로 파악됩니다.

▲ 그룹 이벤트 초대 인원 제한 규칙(출처: https://www.facebook.com/help/202545109787461)

그룹 이벤트는 멤버만 초대할 수 있으므로 이벤트 행사의 초대 범위에 제한을 두고 싶지 않다면 개인 타임라인이나 모두에게 공개되는 페이지 타임라인에 이벤트를 만들어 공유하길 권합니다. 이벤트 초대는 어떤 성격의 초대 알림이라도 광고성 메시지를 담고 있다면 환영받지 못하며, 비즈니스 관계를 심화하는 데 역효과를 낼 수 있다는 점을 명심하고 작성하길 바랍니다.

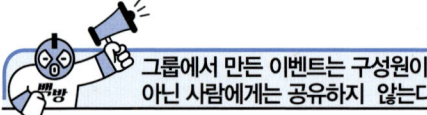

> 비밀 그룹이나 비공개 그룹에서 만든 이벤트는 해당 그룹의 구성원을 위한 이벤트입니다. 즉, 비밀/비공개 그룹에서 만든 이벤트는 기본적으로 최대 확산 범위가 해당 그룹 가입자로 제한된다는 점을 유의해야 합니다. 설령 이벤트 링크를 복사해 메시지나 다른 공개 타임라인에 올려도 해당 그룹의 멤버가 아니면 제대로 내용을 확인할 수 없습니다. 그룹 구성원에게는 멀쩡히 잘 보이더라도 구성원이 아닌 사람이 해당 링크를 클릭하면 접속이 허용되지 않습니다.

그룹 채팅 기능을 이용한 단체 메시지

이벤트 만들기와 더불어 페이스북 그룹에서 마케팅을 위해 사용할 수 있는 강력한 기능 중 하나가 단체 대화방입니다. 카카오톡의 대중화로 낯설지 않은 용어가 되어 버린 '단톡방'은 여럿이 함께 모여 대화를 나눌 수 있는 실시간 단체 채팅방을 의미합니다. 여러 사람에게 한꺼번에 메시지를 보내고 공유할 수 있으므로 같은 메시지를 여러 사람에게 여러 번 보내는 수고를 덜 수 있습니다.

페이스북은 카카오톡 단톡방과 유사한 그룹 채팅 기능을 제공합니다. 그룹 구성원 간에 단체 대화방을 생성할 수 있어 유용하지만 광고성으로 여겨지지 않도록 주의해야 합니다. 일부 구성원에게만 알리면 되는 내용을 아무 관련 없는 구성원을 포함하여 전달하면 관련 없는 사람은 해당 알림이 광고로 느껴져 불편할 수 있습니다. 그룹 채팅 공간에서는 전체 구성원이 공통적으로 알아야 할 공지사항이나 유용한 정보만을 최대한 간결하고 명확하게 전달해야 합니다. 통상 30명만 넘어도 누군가에게는 유용한 내용이 누군가에게는 무용할 수 있고 불쾌함을 불러 일으킬 수 있습니다.

▲ 페이스북 그룹 멤버 수에 따른 그룹 채팅 기능 제공 여부

이런 이유에서인지 페이스북에서는 그룹 채팅 인원수를 제한하고 있습니다. 그룹 멤버 수가 50명이 넘으면 그룹 채팅 기능이 사라집니다. 그룹 채팅이 광고용으로 남용되어 구성원들에게 불쾌함을 줄 경우 이탈하는 구성원이 생기는 것을 막기 위한 장치로 보입니다. 그룹 채팅이 허용되는 규모의 소그룹이라면 그룹 내에 있는 [새 채팅 시작] 버튼을 클릭해서 그룹 구성원에게 긴급한 소식이나 번개 모임, 개최일이 임박한 행사 일정 등을 확인 고지할 때 유용하게 사용할 수 있습니다.

@ 태그를 이용하여 포스트와 사진을 공유하라

페이스북 약관의 [타인의 권리 보호] 항목에서 태그하기에 관한 내용이 자주 나오는 이유는 포스트에 사용할 수 있는 @ 태그(골뱅이 태그) 때문입니다. 포스트나 댓글을 작성할 때 사람 이름 앞에 @ 태그를 먼저 입력하면 해당 이름으로 친구를 맺고 있는 사람이나 그 글에 댓글을 남긴 사람 목록이 표시됩니다. 이 중에 태그할 사람을 클릭해서 선택하면 그 사람의 개인 타임라인으로 이동하는 하이퍼링크가 추가됩니다.

@ 태그는 포스트 본문뿐만 아니라 사진에도 붙일 수 있습니다. 본문 포스트 또는 사진 안에 @ 태그를 사용하면 게시한 글이나 사진이 내 타임라인뿐

만 아니라 태그로 소환된 사용자의 타임라인에도 동시에 게시됩니다. 따라서 친구나 지인들이 꼭 보았으면 하는 성격의 글이라면 그 사람의 이름이나 첨부한 사진에 @ 태그를 사용할 수 있습니다.

@ 태그를 달 때는 한 번 더 생각하라

@ 태그로 다른 사람을 언급할 때는 게시하는 사진에 태그할 사람이 포함되어 있거나 포스트 내용이 태그할 사람과 밀접하게 연관성이 있을 때로 한정해서 사용해야 합니다. 또한 태그할 상대방이 자신의 타임라인에 해당 글이나 사진이 노출되는 것을 꺼릴 가능성이 있거나 그로 인해 사생활 침해나 명예를 훼손할 여지가 조금이라도 있다면 함부로 태그하지 않도록 주의해야 합니다.

흔히 단체 사진을 올릴 때 한 명 한 명에게 동의를 구하기 번거롭기도 하거니와 친한 사이니 괜찮다는 생각에 동의를 구하지 않고 일괄적으로 태그를 사용하는 경우가 많은데, 태그 노출을 원하지 않는 사람 입장에서는 이러한 행동을 페이스북 약관에 위배되는 행위로 간주할 수 있습니다. 따라서 @ 태그를 이용하여 포스트나 사진을 여러 사람에게 공유하고자 할 때 직접 태그를 추가하는 행동은 각별히 유의해야 합니다.

일괄 태그로 벌어질 수 있는 실랑이를 막는 가장 좋은 방법은 각자가 스스로 태그를 달게 하는 것입니다. 개인 메시지를 보내 사진을 게시하려 하니 태그를 달아 달라고 요청하거나 사진을 찍을 당시에 미리 태그를 달아도 되는지 양해를 구하는 것이 안전합니다.

인물 사진을 전체 공개할 때는 초상권을 고려하라

사람에 따라서는 단체 사진 속에 자신의 모습이 노출되는 것조차 꺼릴 수 있으므로 얼굴이 노출되는 전면 사진을 [전체 공개]로 설정할 때는 초상권도 고려해야 합니다. 비공개/비밀 그룹에서 진행된 구성원 간의 모임 사진이라면 공개 영역을 해당 그룹의 타임라인으로 한정하여 게시합니다.

@ 태그를 사용할 때 가장 문제가 되는 부분은 상대방과 직접적인 연관도 없는 글이나 사진에 @ 태그를 다는 경우입니다. 상품을 광고하고 행사를 안내할 목적으로 상품 사진이나 포스터 등에 @ 태그를 사용하는 것은 친구 관계를 이용해서 친구의 타임라인을 광고 게시판으로 전용하는 행위입니다. 자칫 친구의 감정을 상하게 할 수 있고 친구 끊기로 이어질 수 있으니 각별히 주의해야 합니다.

아무리 좋은 약도 잘못 쓰면 독이 될 수 있습니다. 마찬가지로 아무리 좋은 기능도 잘못 사용하면 독이 될 수 있습니다. 페이스북의 @ 태그도 마찬가지입니다. @ 태그는 무엇인가 홍보해야 하는 입장에서 콘텐츠를 더 널리 알릴 수 있는 매우 쉽고 간편한 도구입니다. 경험적으로 볼 때 보통 한 명이 포스트를 공유하면 적게는 50명에서 많게는 100명 이상의 도달을 일으킵니다. 마음만 먹으면 자신이 맺은 친구 관계를 이용해 콘텐츠를 강제로 확산시킬 수 있는 매우 강력한 도구입니다. 그럼에도 불구하고 @ 태그는 남용하면 친구 관계를 깨고 신뢰를 무너트리는 도구로 변할 수 있습니다. 한 번 깨진 우정이나 신뢰는 되돌리기 어렵다는 걸 잊지 않길 바랍니다.

태그로 인스타그램 통합 검색을 활용하라

페이스북은 2004년에 서비스를 개시한 후 어느덧 13년 차에 접어든 서비스로 전 세계 15억 명이 넘는 가입자와 매일 10억 명이 넘는 사용자가 드나드는 지구촌 최대의 단일 커뮤니티입니다. 향후 어떤 서비스도 아성을 무너뜨리기 힘들만큼 엄청난 세력으로 전무후무한 역사를 써내려 가고 있습니다. 이미 1만 명이 넘는 직원이 전 세계를 상대로 커뮤니티를 활용한 광고와 비즈니스 연계 모델을 새롭게 만들고 장착해 나가고 있습니다. 이처럼 페이스북은 끊임없이 진화하고 성장하면서 거대 플랫폼으로 변화하고 있습니다.

구체적으로 페이스북은 2013년 말부터 그래프 서치 기능과 연동하여 맞춤 타겟이라는 기능을 제공하였습니다. 특정한 관심사에 [좋아요]를 누른 사용자들의 행동 특성에 기반을 둔 맞춤 광고 시스템으로 광고 타겟을 실명의 개인 단위로 확장시켰습니다. 모바일 기기와 연동하여 메신저를 이용한 1:1 송금이 가능해짐으로써 은행을 경유할 필요가 없는 시대를 열기도 했습니다. 이러한 페이스북의 향후 서비스 모델 중의 하나가 '소셜 검색'이 될 것이라는 것은 웬만한 사람이라면 모두 알고 있는 이야기입니다.

소셜 검색의 중심에는 페이스북이 있다

소셜 검색이란 키워드 검색 결과에 각 개인들에 대한 사회적 평판과 관계 지수를 추가한 검색입니다. 지금 네이버나 다음에 가서 '강남 맛집'을 검색하면 강남에 있는 진짜 맛있는 집 정보가 아니라 해당 키워드에 가장 비싼 광고료를 지불한 업체의 광고 링크가 상위에 검색 결과로 표시됩니다. 이러한 검색 결과는 진정성을 의심받을 수밖에 없고, 사실상 광고 검색 결과를 보고 반신반의하는 사회적 비용을 치르게 됩니다.

반면 소셜 검색이 통용되면 '강남 맛집'이라는 키워드로 검색했을 때 내가 믿을 수 있는 친구 혹은 이미 사회적으로 평판을 인정받은 누군가가 자신의 이름과 명성을 걸고 추천하는 강남 맛집을 찾을 수 있습니다. 즉 요리 전문가 아무개가 자주 찾는 강남 맛집이나 내 친구 누가 즐겨 찾는 강남 맛집을 검색할 수 있는 시대가 오는 것입니다. 적어도 지금까지는 페이스북만큼 소셜 검색을 현실에서 잘 구현해 낼 수 있는 서비스는 없습니다. 더욱이 2016년 7월부터 본격화된 [게시물 검색] 기능으로 페이스북 페이지가 블로그나 커뮤니티형 홈페이지를 대체할 가능성이 한층 높아졌습니다(http://trendw.kr/marketing/16-080301.t1m 참조).

태그를 활용하여 검색 노출률을 높여라

다만 그래프 서치가 적용되지 않는 지역이나 언어 환경에서도 특정 단어 앞에 #을 붙여 해당 단어가 들어간 전체 공개 옵션의 포스트를 최신 업로드 순으로 검색해서 보여 주는 기능을 제공하고 있습니다. 이른바 # 태그(해시 태그)를 활용한 키워드 검색입니다. # 태그는 트위터에서 별도의 검색 기능을 제공하지 않던 시절에 사용자들 스스로 특정한 키워드를 약속해 놓고 해당 주제에 연관된 포스트를 쓸 때마다 미리 정한 키워드 앞에 #을 붙여 쓰자고 약속하면서 만들어진 자연 발생적 검색 장치입니다. # 태그를 활용하면 특정 주제어로 검색하는 사람들에게 특정한 포스트를 일시적으로나마 우연히 눈에 띄게 할 수 있습니다.

특히 페이스북 [게시물 검색] 기능을 이용하면 해시 태그에 삽입한 단어를 포함하고 있는 글들이 모두 검색 결과로 나오기 때문에 스팸성 해시 태그가 남용되지 않을까 염려되는 상황입니다.

인스타그램과 연동하면 # 태그가 더욱 강력해진다

태그 검색을 마케팅 관점에서 염두에 두어야 하는 이유는 인스타그램에서 사진을 올릴 때 페이스북 타임라인에도 동시에 올리도록 환경을 설정하는 사람이 늘고 있기 때문입니다. 페이스북의 자매 서비스라 할 수 있는 인스타그램에는 # 태그를 사용하는 문화가 자연스럽게 자리 잡았습니다. 인스타그램은 사진 이미지 콘텐츠를 공유하는 서비스입니다. 따라서 사용자가 직접 주제 키워드를 붙이지 않으면 컴퓨터에서 스스로 분류하고 해석하는 데 한계를 가질 수밖에 없습니다. 이러한 이유로 검색이나 분류를 위해 # 태그가 자연스럽게 자리 잡은 것입니다.

인스타그램에 올릴 사진 콘텐츠를 페이스북 타임라인에도 포스팅할 때는 검색할 때 자주 쓰는 키워드를 붙이고 # 태그를 달면 해당 콘텐츠가 살아 유통되는 시간만큼 검색자들에게 더 많이 노출될 수 있습니다. 물론 페이스북은 콘텐츠 양이 많고 유통 속도가 워낙 빨라 지속적으로 검색 결과로 나타나기 어려울 수는 있습니다. 하지만 모든 포스트가 다 검색 대상이 되는 것이 아니고 나와 팔로우 관계를 맺고 있는 사람이 올리는 글이나 사진부터 검색됩니다. 따라서 친구 관계를 맺고 있는 사용자에게 우선적으로 내 아이템을 노출할 수 있어 홍보 수단으로 자연스럽게 쓸 수 있습니다.

특정한 시기, 특정한 시점에 집중적으로 발생할 수 있는 검색 키워드 수요가 있다면 그때 해당 키워드에 # 태그를 붙여 포스트 노출을 꾀할 수 있습니다.

▲ 인스타그램과 연동한 # 태그 검색

지금까지 페이스북 개인 계정에서 제공하는 여러 가지 기능을 활용해 홍보하고 마케팅하는 방법을 살펴보았습니다. [페이스북 광고의 모든 것 03]에서는 페이스북 마케팅의 핵심이자 꽃이라 할 수 있는 페이스북 브랜드 페이지를 활용하여 마케팅하는 방법을 알아보겠습니다. 게임은 지금부터 시작입니다!

친구 찾기를 쉽게 하려면 이름 대신 휴대폰 번호로 찾을 수 있도록 허용하라

백만 방문자를 부르는 팁

페이스북에서 누군가를 찾을 때 이름으로 검색하는 것보다 그 사람의 휴대폰 번호로 검색을 하는 것이 훨씬 빠릅니다. 페이스북 초기에는 아이디를 이메일로 써서 가입하도록 권했지만, 지금은 프로필 정보에 입력한 개인 휴대폰 번호를 접속 아이디 대용으로 쓸 수 있고 개인 인증도 휴대폰 번호로 가능하게 만들었기 때문입니다. 이름으로 찾으면 동명이인 목록이 끝없이 나와 누가 누구인지 찾기 어렵지만, 휴대폰 번호는 '1인 1번호' 방식이라 빠르고 쉽게 원하는 사람을 찾을 수 있습니다.

휴대폰 번호를 입력해도 보이지 않는다면 찾는 사람이 페이스북에 가입할 때 휴대폰 정보를 입력하지 않았거나 입력했더라도 자신을 찾을 때 휴대폰 번호를 이용하지 못하도록 설정해 놓았기 때문입니다. 이런 경우에는 정보를 입력하거나 휴대폰 번호로 찾을 수 있도록 옵션을 변경하라고 알려주는 것이 좋습니다. 다른 사람이 나를 더 쉽고 편하게 찾을 수 있도록 배려하는 것도 비즈니스 세계에서는 기본 예절이기 때문입니다.

[설정]-[공개 범위] 탭 메뉴 중 [내가 제공한 전화번호를 사용하여 나를 찾을 수 있는 사람은?] 질문에 붙은 [수정] 링크를 클릭하고 [모든 사람]으로 지정하면 됩니다.

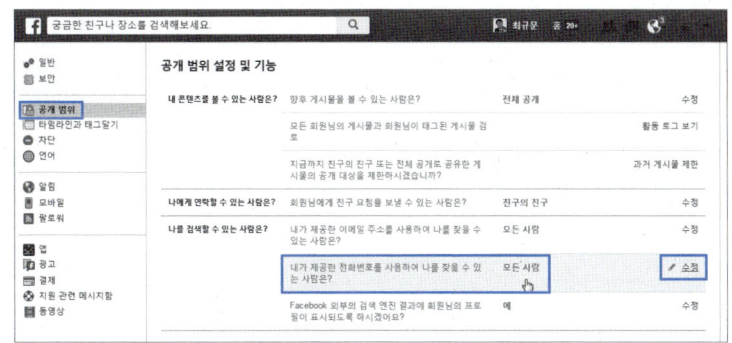

▲ [공개 범위]에서 전화번호로 나를 검색할 수 있도록 설정하기

CHAPTER 03

방문자와 소통하는
페이지 구축 TIP

페이스북 페이지가 유용할 것 같아 만들긴 했는데 막상 어떻게
써야 제대로 쓰는 것인지 궁금해졌을 것입니다.
페이스북 페이지를 제대로 활용하려면 가장 먼저 팬을 확보해야 합니다.
CHAPTER 03에서는 개설된 페이지를 활용하여 내 팬들과
교류하는 방법, 다른 SNS와 연계하여 좀더 효과적으로
소통하는 방법, 웹과 페이스북을 연결하는 위젯과 소셜 플러그인을
활용한 실시간 쌍방향 소통 등에 대해 살펴보겠습니다.

CHAPTER 03
SECTION 01

페이지에 기본 콘텐츠 채워 넣기

페이스북 페이지를 개설했다면 페이지를 활용하여 페이스북 사용자와 효과적으로 소통할 수 있어야 합니다. 목적에 맞는 콘텐츠를 생성하고, 반응이 많이 일어날 수 있는 유형의 게시물을 팬들이 페이스북에서 가장 활발히 움직이는 시간대에 정기적으로 업데이트하여 관심과 참여를 유도해야 합니다. 더 많은 참여를 끌어낼 수 있는 이벤트를 열거나 쿠폰을 발행하여 참여한 사용자에게 혜택을 부여하는 방식으로 업데이트할 수도 있습니다.

페이지 이름으로 업데이트하기

페이지에 관리자 역할을 부여받았거나 비즈니스 관리자 역할이 있는지 여부에 따라서 포스트 작성 영역에 게시할 이름을 선택할 수 있는 창이 다르게 표시됩니다. 비즈니스 관리자에 대해서는 페이스북 광고의 모든 것 [05 파워에디터와 비즈니스 관리자]에서 자세히 소개합니다.

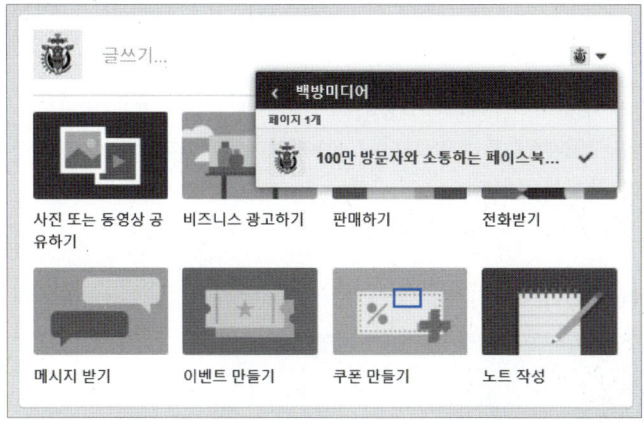

▲ 비즈니스 관리자일 때 포스트 작성 영역

비즈니스 관리자일 때 해당 페이지에 접속하면 비즈니스 관리자 이름으로 표시되며, 페이지 관리자일 때 페이지에 접속하면 개인 프로필 이름과 관리 중인 페이지 이름, 비즈니스 관리자로 있는 페이지 목록이 표시되며, 게시할 이름을 선택할 수 있습니다.

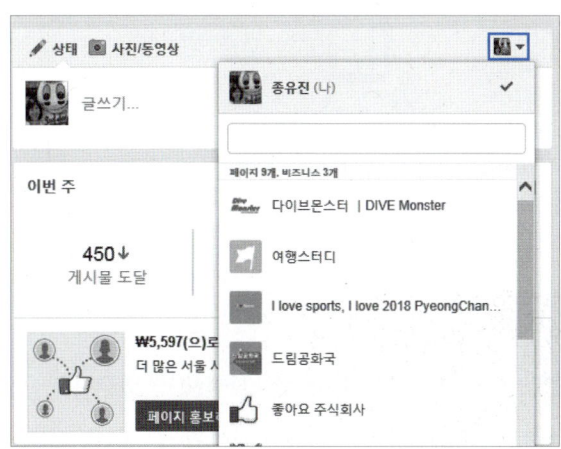

▲ 페이지 관리자일 때 포스트 작성 영역

페이지 이름으로 다른 페이지를 [좋아요]하는 방법 | 백만 방문자를 부르는 팁

개인 프로필 이름을 사용하다 다른 페이지의 타임라인에서 [좋아요]를 클릭하면 개인 프로필 이름으로 [좋아요]가 실행됩니다. 이럴 때 사용자 이름을 바꾸지 않고 바로 페이지 이름으로 [좋아요]를 실행하는 방법을 살펴보겠습니다.

[01] [좋아요]할 페이지의 타임라인에 접수한 후 커버 사진 아래에 있는 [더 보기] 버튼을 클릭합니다. 팝업 메뉴에서 [페이지 이름으로 좋아요 설정]을 선택합니다.

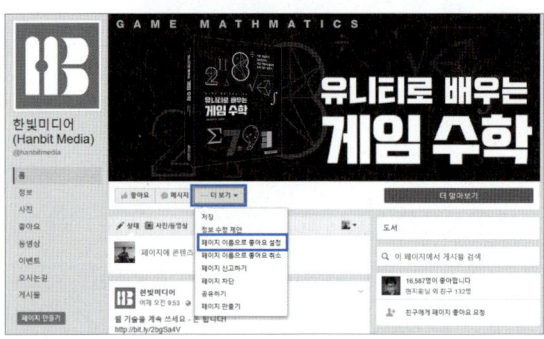

[02] 팝업 창이 나타나면 사용할 페이지 이름을 선택하고 [제출] 버튼을 클릭합니다. 선택한 페이지 이름으로 [좋아요]가 실행됩니다.

포스트 업데이트 메뉴 살펴보기

포스트를 업데이트할 때는 두 가지 방법 중 하나를 선택할 수 있습니다. 첫 번째는 관리자 메뉴에 있는 [게시 도구] 바로가기를 클릭한 후 게시 도구 화면에서 [만들기] 버튼을 이용하는 방법이고, 두 번째는 페이지 타임라인에 있는 포스트 작성 영역을 이용하는 방법입니다.

메뉴 위치	메뉴
게시 도구	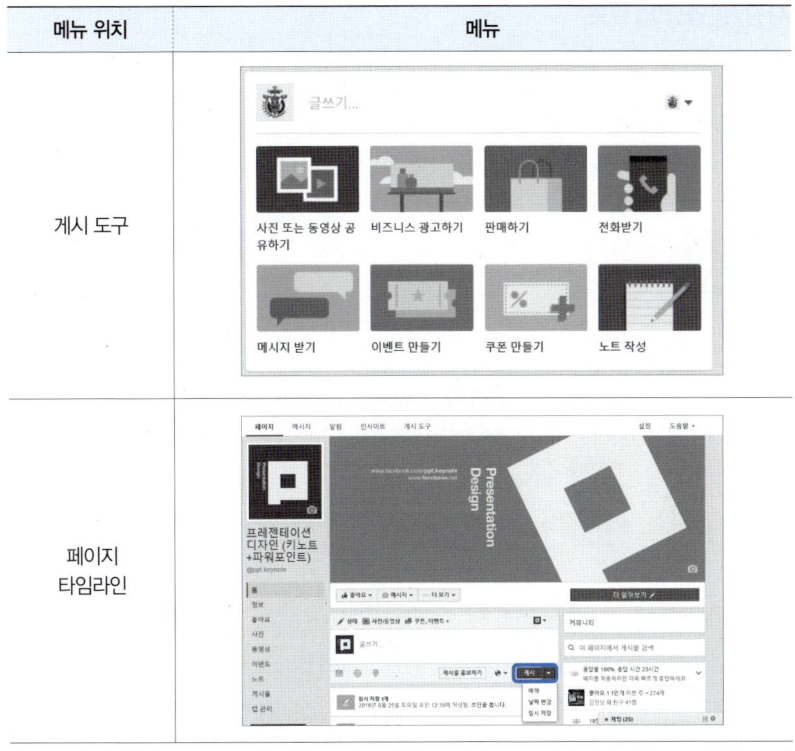
페이지 타임라인	

두 가지 방법 중 게시 도구 화면에는 작성한 포스트를 바로 홍보할 있는 메뉴가 생략되어 있으며, 부분적으로 게시물의 임시 저장/예약 기능이 비활성화됩니다. 이 책에서는 모든 기능을 포함하고 있는 페이지 타임라인에 있는 포스트 작성 영역을 기준으로 설명하겠습니다.

상태 업데이트

현재 자신의 상태나 외부 URL 링크를 업데이트하려면 포스트 작성 영역에서 [상태] 업데이트 창에 내용을 입력하고 [게시] 버튼을 클릭하여 게시합니다.

사진/동영상 업로드

[사진 또는 동영상 공유하기]를 클릭하면 다음과 같이 간단한 사진이나 동영상을 업로드하는 것 이외에도 사진첩을 만들거나 사진 슬라이드, 슬라이드 쇼, 캔버스형 게시물을 만들고 게시할 수 있습니다.

사진/동영상 업로드 : 사진과 마찬가지로 동영상을 업로드할 때는 타인의 저작권을 침해하지 않는지 각별히 신경 써야 합니다. 예를 들어 직접 제작한 동영상이라 해도 유명 곡이나 유명 가수의 곡을 배경 음악으로 쓰면 저작권법에 위반될 수 있습니다. 저작권법을 저촉하지 않는다면 1,024메가바이트 혹은 20분 이하의 동영상만 업로드할 수 있습니다.

사진첩 만들기 : [사진첩 만들기]를 클릭하여 업로드할 사진을 선택합니다. 사진첩 만들기 팝업 창에서 사진첩 제목을 입력하고 [사진 추가]를 클릭하여 추가로 사진을 업로드할 수 있습니다. 각 사진의 오른쪽 아래에 있는 설정 아이콘을 클릭하여 위치와 날짜를 변경할 수 있습니다.

사진 슬라이드 만들기 : 랜딩 페이지의 대표 이미지와 함께 추가로 이미지를 업로드하여 좌우로 넘기면서 볼 수 있는 사진 슬라이드를 만듭니다. 자세한 사용 방법은 117쪽을 참고합니다.

슬라이드쇼 만들기 : 사진을 슬라이드쇼 형식의 동영상으로 만들어 게시할 수 있습니다. 최소 3장에서 최대 7장까지 사진을 업로드한 후 드래그하여 사진의 순서를 조절하고, [게시] 버튼을 클릭하면 동영상 처리 절차를 거쳐 게시됩니다. 이때 [동영상 편집] 버튼을 클릭하여 슬라이드쇼의 제목, 섬네일, 장소, 날짜 등을 추가할 수 있습니다.

캔버스 만들기 : 게시물에 이미지와 동영상을 함께 추가하여 스토리형 게시물을 작성할 때 좋습니다. 모바일에 최적화된 게시물로 모바일에서 전체 화면으로 실행됩니다.

이벤트 만들기

[이벤트 만들기] 이미지 버튼을 클릭합니다. 팝업 창에서 이벤트 사진, 이름, 장소, 날짜/시간, 타겟 URL, 설명 등을 입력하고 [게시] 버튼을 클릭합니다.

이벤트 만들기

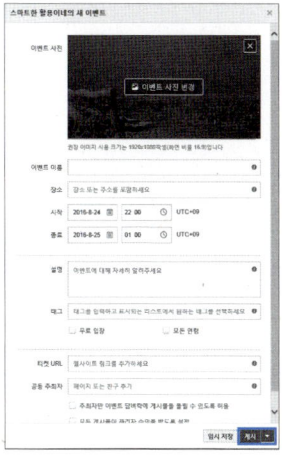

TIP 페이지를 개설할 때 선택한 카테고리에 따라 [쿠폰, 이벤트] 대신 [이벤트, 마일스톤] 이 표시될 수 있습니다.

별도의 이벤트 화면이 나타납니다. 화면에서는 이벤트 정보 관리는 물론 이벤트 홍보, 관련 정보 등을 게시할 수 있습니다. 또한 친구에게 초대를 보낼 수 있고 초대한 손님의 참여 여부도 바로 확인할 수 있습니다.

TIP 생성한 이벤트에 친구를 초대하려면 페이지 관리자로 등록된 프로필 이름을 사용 중이어야 합니다.

마일스톤 업데이트하기

마일스톤은 페이지와 관련된 중요한 시점을 입력하는 기능입니다. 기업이나 브랜드 홍보용 페이지라면 비즈니스를 할 때 중요한 순간을 마일스톤으로 게시합니다. 타임라인에 시간순으로 노출되어 기업의 히스토리나 제품의 변천사를 표현하는 데 유용합니다. [🎟 쿠폰, 이벤트 +]를 클릭하고 🚩마일스톤 을 클릭하여 게시할 수 있습니다.

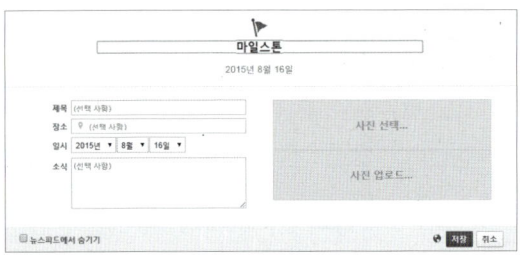

업데이트한 포스트 수정하기

포스트를 작성했다면 포스트 오른쪽 위에 있는 ⌄를 클릭합니다. 게시물에 대한 내용 혹은 게시일을 수정하거나 노출 위치를 타임라인 맨 위에 고정하는 등의 관련 메뉴가 나타납니다.

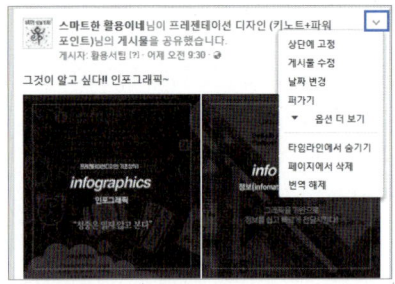

- **상단에 고정** : 다른 게시물을 추가로 업데이트하더라도 항상 타임라인 맨 위에 노출되도록 고정합니다.
- **게시물 수정** : 게시물의 본문을 수정할 수 있습니다.
- **날짜 변경** : 게시한 날짜나 시간을 바꿀 수 있습니다. 게시일을 바꾸면 게시물의 위치도 날짜나 시간에 맞춰 이동합니다.

- 퍼가기 : 게시물을 외부에 삽입할 수 있도록 코드를 생성합니다.
- 옵션 더 보기 〉 이 게시물에 대한 알림 해제/설정 : 게시물의 댓글, 좋아요 등의 반응에 대한 알림을 끄거나 켭니다.
- 타임라인에서 숨기기 : 페이지 방문자에게는 보이지 않지만 관리자는 활동 로그에서 볼 수 있으며 다시 게시되도록 설정할 수 있습니다.
- 페이지에서 삭제 : 선택한 게시글을 페이지에서 완전히 삭제합니다.

[사진 슬라이드 만들기]로 사진 슬라이드 업데이트하기

포스트 업데이트 메뉴에 있는 [사진/동영상]을 클릭한 후 [사진 슬라이드 만들기]를 선택하면 사진을 다섯 장까지 슬라이드로 볼 수 있는 콘텐츠를 업데이트할 수 있습니다. 슬라이드 사진 콘텐츠를 활용하면 게시물 하나에 제품이나 브랜드를 여러 개 홍보할 수 있고 스토리가 있는 콘텐츠를 제작할 수 있습니다.

슬라이드 콘텐츠는 각 사진마다 서로 다른 링크를 설정하여 사진을 클릭했을 때 지정한 웹페이지로 이동하도록 추가 행동을 유도할 수 있습니다. 사진 슬라이드 콘텐츠는 기획 단계를 충분히 거쳐 사용할 이미지와 링크를 결정한 후 게시해야 합니다. 사진 슬라이드는 페이지 타임라인에서만 게시할 수 있습니다.

[01] 사진 슬라이드 콘텐츠에 대한 계획을 세운 다음 타임라인에서 [사진/동영상]을 클릭합니다. 사진/동영상 콘텐츠 업로드 형식 항목이 표시되면 [사진 슬라이드 만들기]를 선택합니다.

[02] 사진 슬라이드를 만들 랜딩 페이지 URL을 입력하고 ➡ 아이콘을 클릭합니다. 랜딩 페이지 URL에는 업데이트할 사진 슬라이드의 대표 웹사이트 주소를 입력합니다. 여기에서는 한빛미디어에서 출간한 도서 목록을 소개하는 사진 슬라이드를 업데이트할 것이므로 한빛미디어 웹사이트 주소를 입력하였습니다.

[03] 입력한 URL에 맞춰 사용할 수 있는 이미지가 자동으로 추가됩니다. 내용에 맞는 적당한 사진을 넣어야 하므로 [+]를 클릭합니다.

[04] 원하는 사진을 최대 다섯 장까지 넣습니다. 이미지 목록에 사진이 표시되면 클릭&드래그하여 사용 여부와 배치 순서를 결정합니다. 상태 입력란에는 사진 슬라이드와 관련된 내용을 입력합니다. 각 사진마다 제목과 랜딩 페이지 URL을 다르게 넣을 수 있습니다. 사진 제목 부분을 클릭하여 사진에 맞는 제목을 입력하고 링크 아이콘을 클릭합니다.

[05] 랜딩 페이지 URL 수정 팝업 창이 나타나면 선택한 사진의 랜딩 페이지 URL을 입력하고 [확인] 버튼을 클릭합니다. 같은 방법으로 각 사진의 제목과 랜딩 페이지를 수정합니다.

[06] 사진 제목과 랜딩 페이지 URL을 모두 수정했다면 [게시] 버튼을 클릭합니다. 다음과 같이 사진 슬라이드가 게시되면 사진을 클릭할 때마다 설정한 랜딩 페이지로 이동합니다.

기본 기능으로
페이지 홍보하기

CHAPTER 03
SECTION 02

내 페이지의 업데이트 소식을 많은 사람이 볼 수 있도록 하려면 페이지의 팬을 늘리는 것이 우선입니다. 유료 광고를 활용하여 타겟층에 집중적으로 노출할 수도 있지만 페이스북에서 기본적으로 제공하는 공유하기, 친구 초대하기, 좋아요 박스 추가하기 등의 기본 기능을 활용하여 페이지를 홍보하고 팬을 늘릴 수도 있습니다.

공유하기 기능으로 페이지 홍보하기

페이지를 홍보하는 가장 기본적인 방법은 공유입니다. 공유는 크게 페이지 자체 주소를 공유하는 방법과 페이지 게시물을 공유하여 결과적으로 페이지를 홍보하는 방법으로 나뉩니다. 페이지 주소 자체를 공유하는 방법은 페이지에 대한 간단한 소개와 주소를 공유하게 하므로 직접적으로 페이지 [좋아요] 수를 늘릴 때 효과적입니다. 반면 페이지의 게시물을 공유하는 것은 페이지를 간접적으로 홍보하는 효과를 낼 수 있습니다. 게시물을 공유할 때는 각 게시물 아래쪽에 있는 [공유하기]를 클릭합니다. 여기서는 초기에 효과적으로 쓸 수 있는 페이지 자체를 공유하는 방법을 알아보겠습니다.

[01] 커버 사진 아래에 있는 [공유하기] 버튼을 클릭합니다.

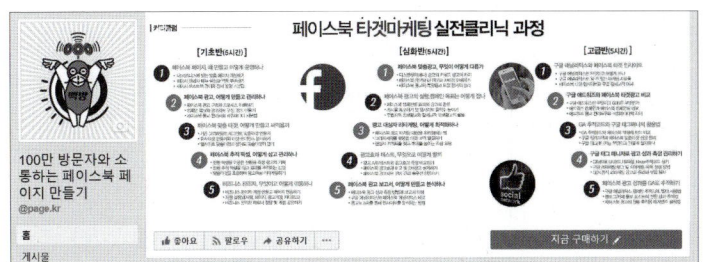

[02] 페이지 공유하기 창에서 [내 타임라인에서 공유], [친구의 타임라인에서 공유], [그룹에서 공유], [이벤트에 공유], [관리 중인 페이지에 공유] 등의 옵션 중 공유할 대상을 선택합니다.

[03] 내 타임라인에 공유할 때는 공개 범위를 지정할 수 있으며, 관리 중인 다른 페이지에 해당 페이지를 공유할 때는 페이지 중에서 게시할 대상 페이지와 게시할 이름을 선택할 수 있습니다.

▲ 내 타임라인에서 공유

▲ 관리 중인 페이지에 공유

SECTION 02 기본 기능으로 페이지 홍보하기 | 121

페이지 이름으로 [좋아요]하기

서로 연관되어 있는 페이지를 추가로 개설했을 때, 예를 들어 회사 페이지를 운영하다가 회사에서 출시한 특정 제품 전용 페이지를 개설했다면 새로 개설한 페이지의 팬을 늘리기 위해 회사 페이지 이름으로 새로 개설한 페이지를 [좋아요]할 수 있습니다. 이미 많은 팬을 확보하고 있는 페이지 이름으로 새로운 페이지를 [좋아요]하면 기존 페이지의 팬들에게 새로운 페이지를 손쉽게 알릴 수 있습니다.

[01] 새로 개설한 [좋아요]할 페이지의 타임라인으로 이동한 다음 [더 보기] 버튼을 클릭하고 [페이지 이름으로 좋아요 설정] 메뉴를 선택합니다.

[02] 팝업 창이 나타나면 [좋아요]에 사용할 페이지, 즉 기존에 많은 팬을 확보하고 있는 페이지를 선택한 후 [제출] 버튼을 클릭합니다.

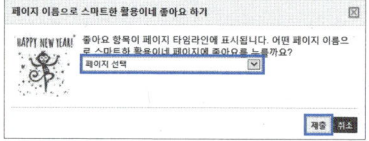

친구를 초대하여 페이지 팬 확보하기

페이지의 팬을 늘리기 위해 나와 페이스북 친구들을 초대할 수 있습니다. 이렇게 지인을 대상으로 페이지를 홍보한 후 다시 지인의 지인에게 페이지가 노출되도록 하는 것입니다. 페이지에 친구를 초대할 때도 개인 프로필 이름을 사용해야 합니다.

[01] 홍보할 페이지의 타임라인으로 이동합니다. [더 보기] 버튼을 클릭한 후 [친구 초대] 메뉴를 선택합니다.

[02] 친구 목록이 나타나면 페이지로 초대할 친구 이름 오른쪽에 있는 [초대] 버튼을 클릭합니다. 더 이상 초대할 친구가 없으면 [닫기] 버튼을 클릭합니다.

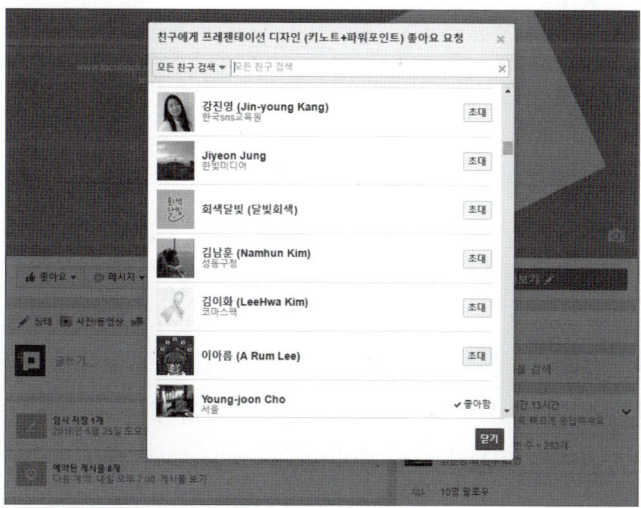

다양한 SNS와 연계하여 페이지 업데이트 최적화하기

CHAPTER 03
SECTION 03

FACEBOOK

인스타그램과 페이스북 페이지 연계하기

인스타그램은 스마트폰 앱을 통해서만 사진을 업로드하는 한계가 있지만 그럼에도 불구하고 강력한 사용자 기반을 갖춘 사진 SNS입니다. 사진을 게시할 때 페이스북과 인스타그램에 따로따로 업로드할 수도 있지만, 연동하여 게시하면 더 빠르고 쉽게 업로드를 마칠 수 있습니다. 한 번에 두 가지 채널에 다양한 사용자에게 사진을 노출할 수 있어 효과적입니다.

인스타그램에 게시하면서 페이스북 페이지에 공유하기

인스타그램 앱을 사용하면 개인 타임라인 혹은 운영하는 페이지 중 하나를 선택하여 사진 게시물을 공유할 수 있습니다. 인스타그램 계정을 페이스북 페이지에 연결하려면 연결하고자 하는 페이지의 관리자 권한이 있어야 합니다. 인스타그램의 업데이트를 페이스북 페이지에 함께 게시하는 방법을 살펴보겠습니다.

[01] 스마트폰에서 인스타그램 앱을 실행한 후 아이콘을 터치합니다. 인스타그램의 프로필 화면이 표시되면 오른쪽 위에 있는 옵션 아이콘을 터치합니다. 옵션 화면이 나타나면 설정 영역에 있는 [연결된 계정]을 터치합니다.

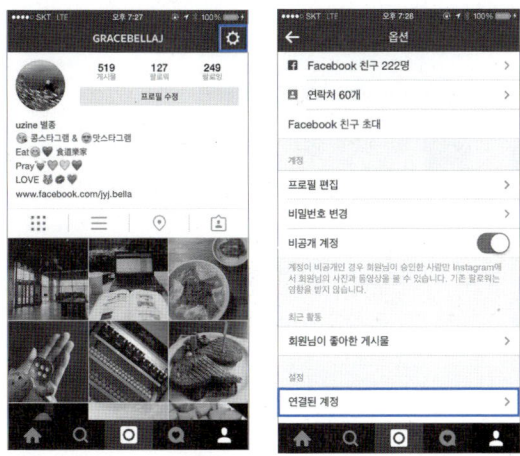

TIP 사용 중인 스마트폰에 따라서 옵션 아이콘이 [:;] 모양일 수 있습니다.

[02] 인스타그램과 연결할 수 있는 SNS 목록이 표시되면 [Facebook]을 터치하고 [공유하기]를 터치한 후 공유할 페이지를 선택합니다. 인스타그램과 페이스북의 공유 설정이 완료되었습니다.

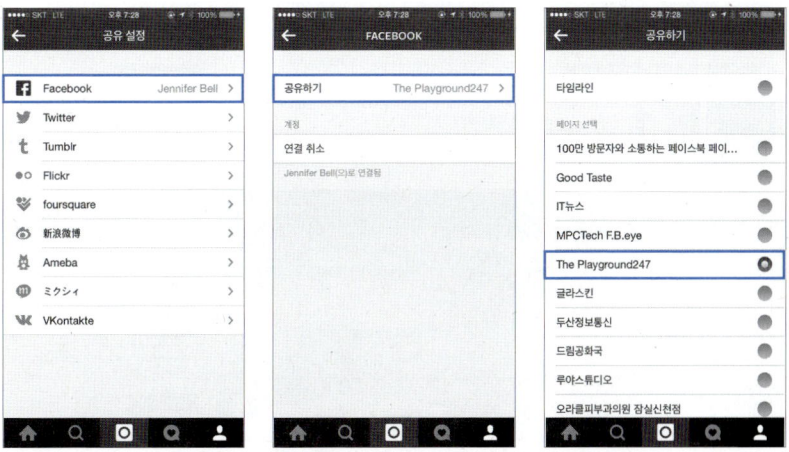

TIP 공유하기에서 [타임라인]을 선택하면 개인 프로필 이름의 타임라인에 공유됩니다.

[03] 인스타그램에서 새로운 사진을 게시할 때 [Facebook]을 터치해서 선택하고 게시하면 앞서 설정한 페이지에도 사진이 동시에 게시됩니다. 이미 인스타그램에 게시한 사진을 공유하려면 사진의 오른쪽 아래에 있는 […]을 터치하고 팝업 메뉴에서 [공유하기]를 터치합니다. [Facebook]을 터치하고 [공유하기]를 터치합니다.

[04] 이렇게 공유한 사진은 페이스북 페이지의 타임라인에서 바로 확인할 수 있습니다.

페이지의 탭 메뉴에 인스타그램 추가하기

페이스북과 공유하는 것과는 별개로 내 인스타그램에 게시한 모든 사진을 페이스북 페이지에서 모아 볼 수 있습니다. 페이지의 탭 메뉴에 인스타그램을 추가하는 방법으로 외부 개발 앱을 연계해야 합니다. 개별적인 뉴스피드 형태가 아닌 타일 매트릭스 형태로 게시된 사진을 확인할 수 있기 때문에 PC 사용자를 상대로 회사의 제품을 알리거나 브랜드 정보를 알리는 쇼케이스 형태의 메뉴로 구성해서 쓸 때 유용합니다. 단, 연계하려면 인스타그램의 계정의 비공개 옵션이 해제된 상태여야 합니다.

TIP 페이스북 내에서 다른 앱을 연결할 때는 개인 프로필 이름을 사용하고 있어야 합니다.

[01] **Instagram_feed 앱 설정하기_** 페이스북의 검색 창에 Instagram feed tab for Pages를 입력합니다. 또는 주소 창에 https://apps.facebook.com/instagram_feed를 입력합니다.

[02] 앱 화면이 나타나면 인스타그램 탭을 추가할 페이지를 선택하고 [Add Instagram feed tab] 버튼을 클릭합니다.

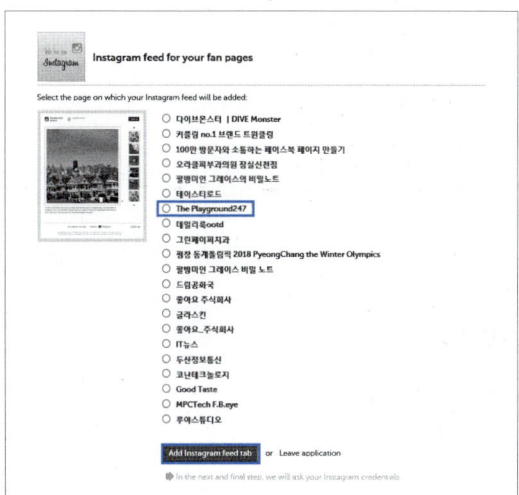

[03] 인스타그램의 사용자 이름과 비밀번호를 입력하고 [로그인] 버튼을 클릭합니다. 인스타그램 정보에 접속할 수 있는 권한을 요청하는 내용이 나타납니다. 연동을 허용하는 [Authorize] 버튼을 클릭합니다.

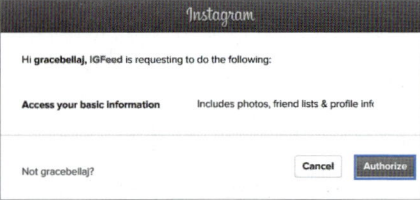

[04] 선택한 페이지의 탭 메뉴에 [Instagram feed] 탭이 추가된 것을 확인할 수 있습니다. 탭을 클릭하면 지금까지 게시한 인스타그램 사진이 나타납니다.

TIP 2016년 7월 업데이트로 커버 사진 아래에 있던 탭 메뉴는 화면 왼쪽으로 이동하였습니다.

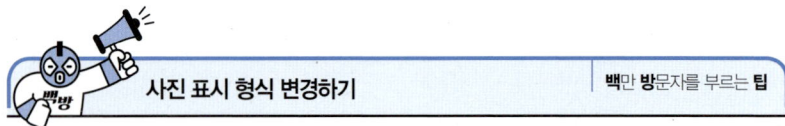

사진 표시 형식 변경하기

페이스북 페이지에 [Instagram feed] 탭을 추가하면 인스타그램 업데이트 소식을 타일 형태의 갤러리 뷰로 확인하는 형식은 무료로 제공됩니다.

만약 기본으로 제공하는 타일 형태가 아닌 다른 형태의 갤러리 뷰를 사용하고 싶다면 유료 기능 결제를 진행해야 합니다. 갤러리 뷰 형태를 변경하려면 [Manage]를 클릭한 후 [Customization]을 클릭하면 됩니다. 이외에도 방문자의 클릭 수와 반응을 분석할 수 있는 Analytics 기능도 유료로 제공하고 있으며, 유료 기능은 메뉴명 앞에 자물쇠가 표시됩니다.

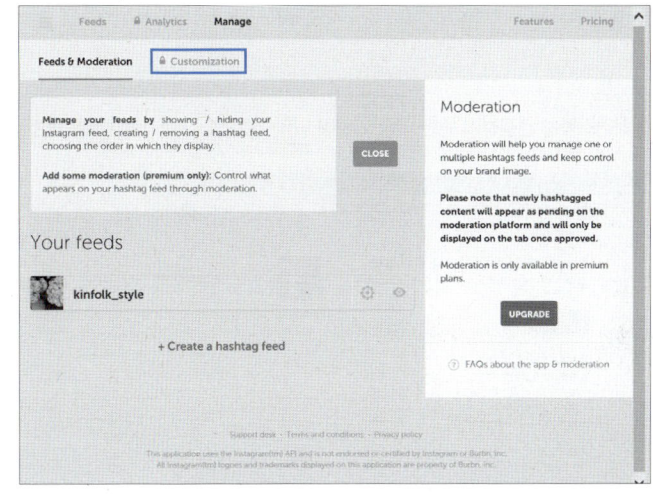

페이스북과 트위터 연계하기

페이스북에 내용을 업데이트하면 트위터에 공유되고, 반대로 트위터에 내용을 업데이트하면 페이스북에 공유되도록 할 수 있습니다. 실습하기 전에 페이스북과 트위터 계정으로 각각 로그인해 두면 편합니다.

페이스북 페이지 업데이트를 트위터로 내보내기

먼저 페이지에 게시한 내용을 트위터에 공유하는 방법을 살펴보겠습니다.

[01] 사용자 이름을 개인 프로필 이름으로 설정한 상태에서 www.facebook.com/twitter에 접속합니다. 연동할 페이지 옆에 보이는 [Twitter 연결] 버튼을 클릭합니다.

[02] 트위터와 페이스북을 연결하기 위한 인증 화면이 나타나면 [앱 인증] 버튼을 클릭합니다.

[03] 선택한 페이지와 트위터가 연동되었다는 내용과 함께 연동 세부 항목을 설정하는 옵션이 나타납니다. 기본 설정에서 원하는 옵션으로 변경한 다음 [변경 내용 저장] 버튼을 클릭하여 저장합니다. 이제부터 페이지에 업데이트한 내용은 자동으로 트위터로 내보내집니다.

트윗을 페이스북 페이지로 게시하기

이번에는 트위터에 업데이트한 내용을 페이스북 페이지에 공유되도록 설정해 보겠습니다.

[01] https://twitter.com에 접속하여 트위터 계정으로 로그인합니다. [설정]>애플리케이션] 화면으로 이동합니다(http://twiiter.com/settings/applications). 트위터와 관련된 애플리케이션 목록이 표시되면 [Facebook에 연결] 버튼을 클릭합니다.

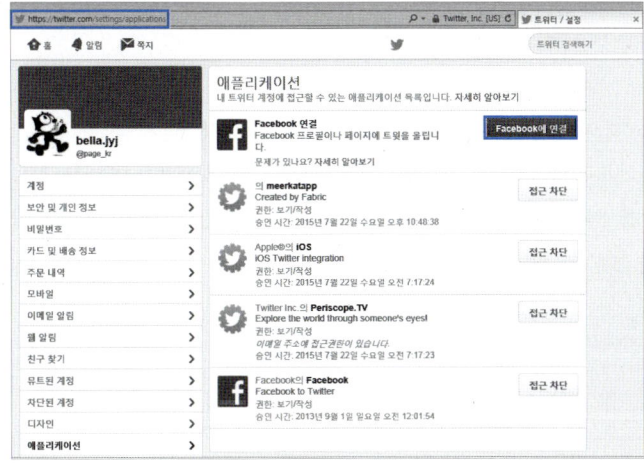

[02] 트위터 정보를 페이스북과 공유한다는 내용이 나타나면 [확인] 버튼을 클릭합니다. 게시물을 공유한다는 내용이 나타나면 다시 한 번 [확인] 버튼을 클릭합니다.

[03] 연동할 내용에 대한 옵션이 화면에 나타납니다. 페이스북에서 개인 프로필 이름을 사용하고 있었으므로 기본 상태는 개인 프로필 이름의 게시물이 연동되어 설정됩니다. 페이지 이름의 게시물을 연동하려면 '내 포스팅 중 하나에 작성이 가능합니다.'에서 [가능]을 클릭합니다.

[04] 관리 중인 페이지 관리 권한을 요청하는 팝업 창이 나타나면 [확인] 버튼을 클릭합니다. 페이지와 연동하는 옵션이 추가되었습니다. 개인 프로필과 연동하는 옵션의 체크 표시를 모두 해제하고 연동할 페이지를 선택하면 자동으로 [Facebook 페이지에 올리기] 옵션에 체크됩니다. 이제 트위터에 내용을 업데이트하면 페이지에도 게시됩니다.

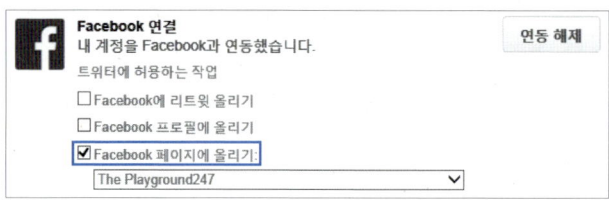

네이버 블로그 포스트를 페이스북 페이지에 게시하기

네이버 블로그에 포스팅한 콘텐츠를 페이스북 페이지에 공유해 보겠습니다.

[01] 네이버 블로그에서 페이지에 공유하고 싶은 포스트를 찾아 둡니다. 포스트 오른쪽 아래에 있는 공유 아이콘을 클릭합니다. 공유할 수 있는 매체 목록이 나타나면 [페이스북]을 클릭합니다.

[02] 페이스북으로 공유할 수 있는 창이 나타납니다. 블로그에 방문하기 전에 페이스북에서 어떤 이름을 사용 중이었는지에 따라 차이가 있지만 개인 프로필 이름을 사용하고 있었다면 개인 타임라인과 페이지 중 공유할 위치를 선택할 수 있습니다. 내 타임라인▼ 을 클릭한 후 [내가 관리하는 페이지]를 클릭합니다.

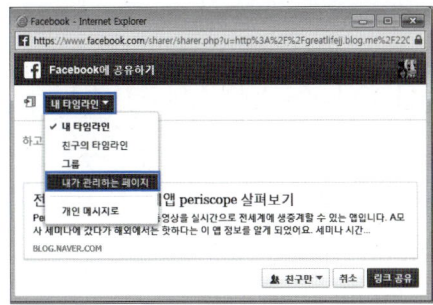

[03] 내가 관리하는 페이지 목록에서 블로그 포스트를 공유할 페이지를 선택합니다. 콘텐츠에 대한 간단한 설명을 입력하고 [링크 공유] 버튼을 클릭합니다.

[04] 공유한 블로그 포스트로 바로 이동할 수 있는 링크가 페이지의 뉴스피드에 업데이트된 것을 확인할 수 있습니다.

SECTION 03 다양한 SNS와 연계하여 페이지 업데이트 최적화하기 | 133

CHAPTER 03
SECTION 04

페이스북 위젯으로
페이지 홍보하기

페이스북에서는 페이스북 위젯 기능을 제공합니다. 위젯^{Widget}은 소형 장치 또는 부품이라는 뜻을 갖고 있지만, 컴퓨터 분야에서는 주로 이용자와 응용 프로그램 또는 운영체계와의 상호작용을 원활하게 지원해 주는 그래픽 유저 인터페이스 또는 미니 응용 프로그램을 의미합니다. 페이스북 위젯이란 사용자를 외부 인터넷에서 페이스북으로 바로 연결해 주는 그래픽 유저 인터페이스입니다.

페이스북은 위젯을 직접 만들어 쓰기 힘든 일반 사용자들을 위해 페이스북으로 쉽게 연결할 수 있도록 사전 정의된 형식의 페이스북 위젯을 제공합니다. HTML 코드를 다룰 수 있는 사용자라면 사전 정의된 형식의 위젯뿐만 아니라, 소셜 플러그인을 통해 페이스북과 다른 온라인 사이트의 콘텐츠를 쉽게 연결할 수 있습니다(자세한 내용은 138쪽에서 살펴보겠습니다).

페이스북은 네 가지 위젯을 제공합니다. 프로필 위젯, 사진 위젯, 좋아요 위젯, 페이지 위젯 중 원하는 위젯을 선택하여 홈페이지나 블로그 등에 추가할 수 있습니다. HTML 태그를 입력할 수 있는 환경에서는 HTML 편집 상태로 들어가 이메일이나 블로그 본문에 위젯을 추가할 수 있습니다. 이렇게 연결해 두면 페이스북과 긴밀하게 상호작용할 수 있습니다.

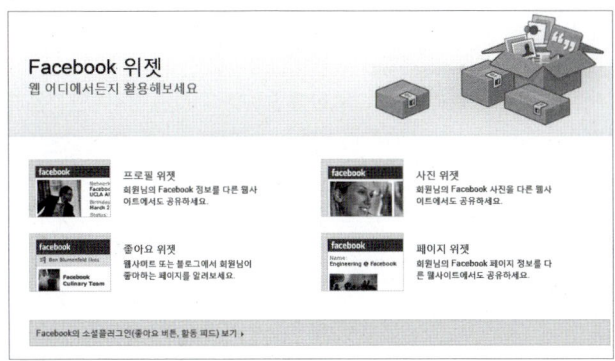

▲ 페이스북 위젯

페이스북 위젯을 사용하려면 https://www.facebook.com/facebook-widgets 또는 https://www.facebook.com/badges/에 접속합니다.

위젯 유형 살펴보기

위젯 유형	예시 화면	수정 가능 옵션	
프로필 위젯		레이아웃	세로/가로/2열
		내용	프로필 사진/이름/네트워크/출신지/거주지/이메일/대화명/생일/휴대폰 번호/웹사이트/상태 업데이트/내 최근 사진/최근 노트/링크
좋아요 위젯		–	–
사진 위젯		레이아웃	세로/가로/2열
		사진 수	1~8장
페이지 위젯		레이아웃	세로/가로/2열
		내용	이름/상태/사진/팬

이메일 본문에 페이지 연결 위젯 추가하기

[01] https://www.facebook.com/badges에 접속한 후 [페이지 위젯]을 클릭하면 다음과 같이 관리 중인 페이지 목록과 위젯 형태가 표시됩니다. 이메일에 추가할 페이지 위젯 오른쪽에 있는 [위젯 수정하기]를 클릭합니다.

[02] 위젯에 따라 수정할 수 없는 옵션이 다릅니다. 페이지 위젯은 레이아웃과 내용 옵션을 수정할 수 있습니다. 옵션을 변경하고 [저장] 버튼을 클릭합니다.

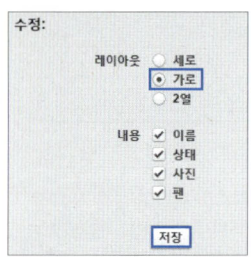

[03] 수정 옵션에 따라 변경된 위젯 형태가 표시됩니다. 형태를 확인한 후에는 위젯 형태 오른쪽에 있는 [위젯을 추가할 장소 선택] 옵션 중 [Other] 버튼을 클릭합니다. 버튼 아래쪽에 HTML 코드가 표시되면 코드를 모두 선택한 후 [Ctrl]+[C]를 눌러 복사합니다.

TIP 위젯을 추가할 장소 선택 옵션에서 [Blogger]는 구글 블로그, [TypePad]는 타입패드 블로그에 추가할 때 클릭합니다. 나머지 SNS는 모두 [Other]를 클릭합니다.

[04] 이제 사용 중인 이메일 서비스에서 편지 쓰기를 실행한 후 이메일 본문 입력 창 옵션을 [HTML]로 설정합니다. 앞서 복사한 위젯 코드를 Ctrl+V를 눌러 붙여 넣은 후 다시 일반 편집 모드(Editor/에디터)로 변경합니다. 위젯 코드가 페이스북 위젯 화면에서 확인한 위젯 형태로 표시됩니다. 추가로 간단한 설명을 입력하고 이메일을 보냅니다.

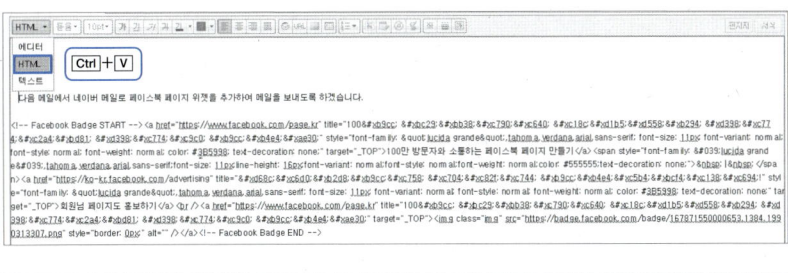

TIP 네이버나 다음 메일 서비스는 HTML 코드를 입력할 수 있는 모드를 지원합니다.

[05] 수신된 메일은 다음과 같습니다. 이메일을 받은 사용자가 위젯을 클릭하면 해당 페이스북 페이지로 연결됩니다.

소셜 플러그인으로
실시간 쌍방향 정보 나누기

CHAPTER 03
SECTION 05

플러그인이란 프로그램에 기본으로 있는 기능이 아니라 추가로 설치한 기능입니다. 페이스북은 일반 웹사이트에 없는 [좋아요] 버튼, [팔로우] 버튼, [공유] 버튼 등을 페이스북이 아닌 다른 웹사이트에서도 사용할 수 있도록 페이스북 소셜 플러그인을 제공합니다. 예를 들어 운영 중인 웹 쇼핑몰에 [좋아요] 플러그인을 추가하면 [좋아요] 수를 통하여 고객들의 반응을 실시간으로 확인할 수 있고, [댓글 소셜] 플러그인을 추가하면 해당 웹사이트뿐만 아니라 페이스북에서도 댓글을 확인할 수 있습니다. 이처럼 페이스북 내외부에서 페이스북 친구 및 다른 사용자들과 통합된 경험을 공유할 수 있습니다.

소셜 플러그인을 사용하려면 https://developers.facebook.com/docs/plugins에 접속해서 소셜 플러그인 화면으로 이동합니다.

주요 소셜 플러그인 알아보기

플러그인 유형	화면	설명
좋아요 버튼 Like Button	좋아요 187만	외부 사이트에 있는 페이지나 콘텐츠를 페이스북에 공유합니다.
공유하기 버튼 Share Button	공유하기 187만	외부에서 페이스북으로 공유한 콘텐츠를 친구나 그룹 혹은 개인 메시지로 공유할 수 있습니다.
포함된 게시물 Embedded Posts 포함된 비디오 Embedded Videos		페이스북의 공개 게시물을 블로그나 웹사이트에 추가할 수 있습니다.
댓글 Comments		페이스북 계정을 사용하여 외부 웹사이트나 블로그에 댓글을 달 수 있으며, 페이스북 타임라인에도 함께 게시할 수 있습니다. 뉴스피드로 노출된 글에 친구들이 댓글을 달면, 해당 사이트로 이동하지 않고도 해당 웹사이트의 글에 노출됩니다. 댓글 정보를 동기화할 때 유용하고 편리합니다.
저장 버튼 Save Button	Facebook에 저장	항목 혹은 서비스를 페이스북의 비공개 리스트에 저장하고, 친구들과 공유하거나 관련 알림을 받을 수 있습니다.
보내기 버튼 Send Button	보내기	웹사이트에 있는 콘텐츠를 자신의 친구에게 비공개로 보낼 수 있습니다.
팔로우 버튼 Follow Button	팔로우 3,364만	페이스북에서 공개 업데이트를 받아 볼 수 있습니다.
페이지 플러그인 Page Plugin		웹사이트에 페이스북 페이지를 포함시킬 수 있습니다. 페이지의 포스트 업데이트 내용을 공유하거나 페이지에 대한 [좋아요]를 유도할 수 있는 버튼을 추가할 수 있습니다.

소셜 플러그인 메뉴별 속성 알아보기

소셜 플러그인 메뉴는 속성값을 조절하여 쓸 수 있습니다. 원하는 소셜 플로그인 메뉴를 고르고 원하는 속성값으로 조정한 후 최적의 디자인으로 설계합니다. 이렇게 만들어진 코드를 웹에 삽입하면 페이스북 외부에서도 페이스북 친구 및 외부 웹의 사용자들과 통합된 경험을 공유할 수 있습니다.

좋아요 버튼 Like Button

쇼핑몰을 운영하고 있다면 상품의 상세 정보를 보여 주는 화면 혹은 상품 카탈로그에 [좋아요] 버튼을 추가하여 상품을 선택하는 데 도움을 줄 수 있습니다. 판매자 입장에서는 [좋아요] 버튼이 눌러진 정보를 참고하여 인기 아이템을 확인할 수 있고 상품에 대한 고객의 기호까지 알 수 있습니다. 소비자 입장에서는 판매자가 임의로 만든 인기 상품 태그가 아닌 나와 비슷한 사람들이 직접 선택한 수치를 볼 수 있으므로 더 믿고 선택할 수 있습니다.

속성	설명
URL to Like	[좋아요] 버튼을 사용할 주소 입력
Width	플러그인 너비
Layout	레이아웃 선택
Action Type	Like/ Recommend
Include Share Button	공유하기 버튼 함께 표시 여부

공유하기 버튼 Share Button

외부 웹사이트에 있는 뉴스 혹은 게시물을 페이스북으로 게시하도록 돕는 플러그인입니다. [좋아요] 버튼과 유사한 용도로 쇼핑몰에서도 활용하기 좋습니다. 운영하는 웹사이트 정보를 방문자가 자유롭게 퍼갈 수 있도록 전파를 목적으로 할 때 삽입하면 유용합니다.

속성	설명
URL to Share	[공유하기] 버튼을 사용할 주소 입력
Width	플러그인 너비
Layout	러……선택

box_count	Button_count	Button	icon_Link	icon	link

퍼간 게시물 Embedded Posts/Embedded Videos

게시 포스트 정보를 공유할 때 삽입할 수 있는 플러그인입니다. 게시물 정보를 공유할 수 있는 플러그인이므로 이메일에 삽입할 수 있습니다. 매일 관리하는 웹사이트에 삽입할 때는 포스트 주소를 새로 업데이트한 주소로 변경하면서 게시물 정보를 공유할 때 유용합니다.

속성	설명
URL of Post/URL of Video	공유할 포스트 주소 입력
Width	포스트 표시 너비(350~750픽셀)

댓글 Comments

페이스북 소셜 플러그인 댓글을 삽입하면 운영하고 있는 웹사이트에 달린 댓글이 페이스북 뉴스피드에 함께 노출됩니다. 일반 댓글은 해당 사이트에서만 보이지만 소셜 플러그인 댓글은 외부 사이트와 페이스북에서 실시간으로 공유됩니다. 운영자 입장에서도 관리하기 편하지만 방문자 입장에서도 동일한 경험을 나눌 수 있어 해당 브랜드나 제품 혹은 사이트를 더 신뢰할 수 있습니다.

속성	설명
URL to Comments on	댓글을 표시할 주소 입력 예) 블로그의 포스트 주소, 페이지 내 앱 메뉴 주소
Width	댓글 플러그인의 너비
Number of Posts	기본적으로 보여 줄 댓글 수

보내기 버튼 Send Button

속성	설명
URL to Send	보낼 주소 입력

저장 버튼 Save Button

속성	설명
Link of a website or product to save	저장할 주소 입력
Button Size	Large/Small

팔로우 버튼 Follow Button

페이스북의 개인 프로필 주소를 알리고자 할 때 활용할 수 있습니다. 공인이나 연예인처럼 친구 수가 초과된 경우에 팬들에게 팔로우할 수 있는 방법을 제공하거나 내 개인 프로필을 홍보하는 데 활용할 수 있습니다.

속성	설명
Profile URL	팔로우할 개인 프로필 주소 입력
Width	플러그인 너비
Height	플러그인 높이
Layout	레이아웃 선택
Show Faces	팔로우하는 프로필 사진을 함께 표시할지 여부

페이지 플러그인 Page Plugin

운영하는 페이지 주소를 알리고자 할 때 활용할 수 있습니다. 블로그나 운영하고 있는 홈페이지 메뉴에 삽입하여 페이스북 접근성을 높이거나 페이스북 내의 유관 페이지를 홍보할 때 활용하면 유용합니다.

속성	설명
Facebook Page URL	페이지 주소 입력
Width	페이지 플러그인의 너비(180~500픽셀)
Height	플러그인 높이(최소 70픽셀 이상)
Use Small Header	페이지 헤더의 옵션 조정
Adapt to plugin container width	플러그인 너비에 맞게 조정
Hide Cover Photo	커버 사진 표시 여부
Show Frend's Faces	친구의 프로필 사진 표시 여부
Show Page Posts	페이지의 게시물 표시 여부

티스토리 블로그에 소셜 댓글 플러그인 추가하기

운영하는 웹사이트에 페이스북 소셜 플러그인 중 하나인 소셜 댓글 기능을 추가하면 웹사이트 방문자와 페이지 팬의 댓글 활동을 하나로 통합하여 관리할 수 있습니다. 웹사이트 방문자가 작성한 댓글을 페이스북에서 확인할 수 있고, 페이스북에서 해당 댓글에 대해 언급하면 해당 웹사이트에서도 실시간으로 내용을 확인할 수 있습니다. 페이스북과 함께 자주 사용하는 블로그에 소셜 댓글 기능을 추가해 보겠습니다. 단, 네이버 블로그에서는 페이스북 소셜 플러그인을 지원하지 않으므로 티스토리 블로그 본문 하단에 소셜 댓글 기능을 추가해 보겠습니다.

[01] 소셜 플러그인 코드 생성하기 _ 페이스북 소셜 플러그인 페이지(https://developers.facebook.com/docs/plugins)에 접속한 후 왼쪽 메뉴에 있는 [Comments]를 클릭합니다.

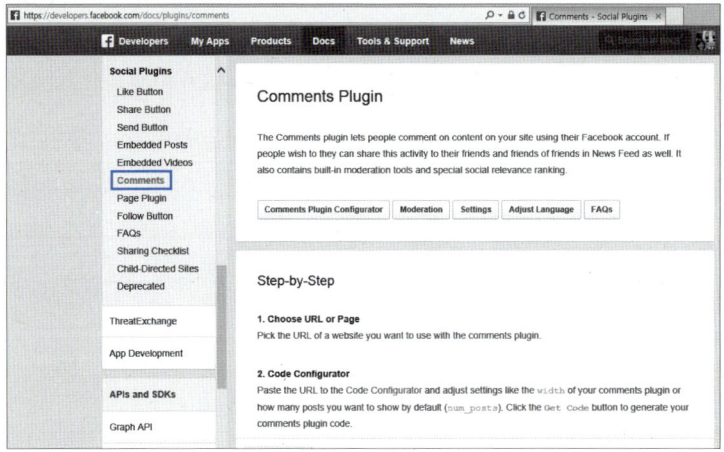

[02] 댓글 플러그인 관련 항목이 표시되면 Comments Plugin Code Generator 영역에서 항목의 속성값을 입력합니다. URL to comments on 항목에는 댓글을 표시할 블로그 주소, Number of Posts 항목에는 표시할 댓글 수, Width 항목에는 너비를 픽셀 단위로 입력한 다음 [Get Code] 버튼을 클릭하여 코드를 생성합니다.

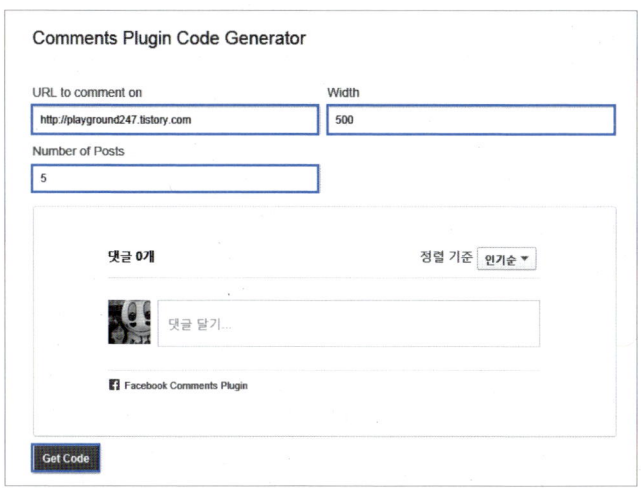

[03] 팝업 창에 코드가 표시됩니다. 생성된 플러그인 코드 위를 클릭하여 전체 코드를 선택하고 Ctrl + C 를 눌러 복사합니다. 같은 방법으로 코드 영역 1과 2에 있는 코드를 각각 복사하여 별도의 메모장이나 문서 작성 프로그램에 Ctrl + V 를 눌러 붙여 넣습니다.

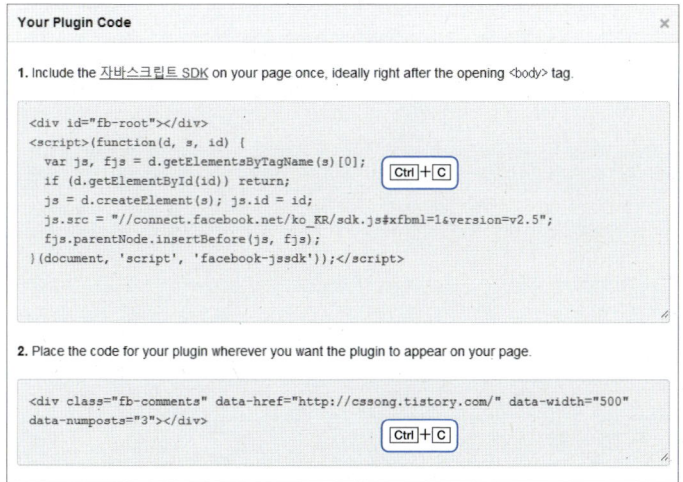

[04] 복사한 코드 1, 2를 티스토리에 추가하면 됩니다. 티스토리 관리 센터(http://ID.tistory.com/admin/center/)에서 왼쪽 꾸미기 영역에 있는 [HTML/CSS 편집]을 클릭합니다. HTML 코드 입력 창이 나타나면 복사한 코드 1을 Ctrl + V 를 눌러 〈body〉 태그 뒤에 붙여 넣습니다.

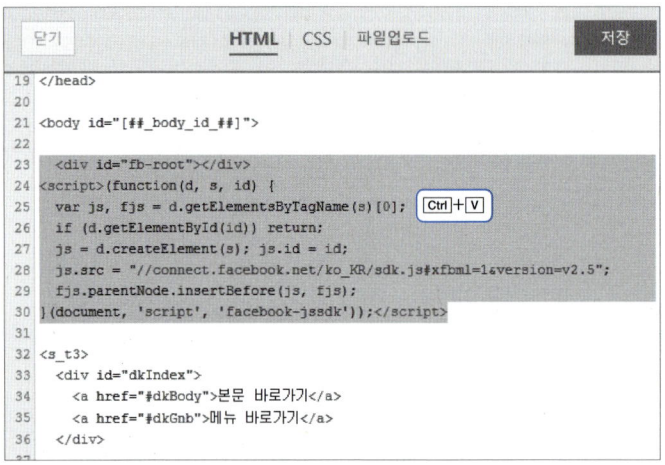

TIP 코드 1은 웹 페이지에서 페이스북 플러그 인을 사용하기 위해서 반드시 추가해야 할 JavaScript SDK 코드입니다. 코드 1은 HTML 코드에서 〈body〉 태그의 첫 구절로 삽입합니다. 코드 2는 페이스북 플러그인의 디자인 코드입니다. 디자인 코드는 코드 1이 제대로 삽입되어야 작동하며, 해당 플러그인이 표시되길 원하는 위치에 삽입합니다.

[05] 계속해서 코드 2를 복사해서 페이스북 댓글 플러그인을 배치할 위치에 붙여 넣습니다. 여기에서는 블로그 포스트 본문과 티스토리 자체 트랙백/댓글 영역 사이에 표시하기 위해 〈s_tag_label〉 태그 앞에 붙여 넣었습니다. 변경 사항을 반영하기 위해 오른쪽 위에 있는 [저장] 버튼을 클릭합니다.

[06] 티스토리 블로그에서 포스트를 열고 본문 아래쪽을 보면 페이스북 댓글 플러그인이 추가된 것을 알 수 있습니다. 댓글 입력란 오른쪽 아래에서 어떤 이름으로 댓글을 달지 선택할 수 있습니다. 댓글 활동을 페이스북에서도 확인하려면 [Facebook에도 게시] 항목에 체크합니다.

페이스북 브랜드 페이지 마케팅

기업과 고객의 커뮤니티 변화 과정

페이스북 페이지는 개인이나 기업이 만든 '커뮤니티 전용 홈페이지'라 부를 수 있습니다. 웹 브라우저가 처음 등장했을 때 기업들은 홈페이지를 개설하면서 회사의 역사, 상품이나 제품 소개와 더불어 고객들과 소통을 위한 용도로 별도의 카테고리를 만들었습니다. 흔히 [자유게시판], [나도 한마디], [갤러리], [포토 앨범], [토론 마당] 같은 메뉴를 만들어 고객들이 의견을 자유롭게 올리고 사진이나 영상 자료 등을 나눌 수 있도록 지원하였습니다.

하지만 이러한 고객 커뮤니티 공간이 어느 순간부터 상품이나 제품에 불만이 있을 때 해결을 요구하는 불만 접수 창구로 전용되기 시작했습니다. 또한 게시판에 모인 고객들을 상대로 하는 광고성 게시물이 무분별하게 도배되는 부작용이 나타나기도 했습니다. 상황이 이렇다 보니 공개 게시판을 관리하는 데 부담을 느낀 기업들이 하나둘씩 커뮤니티 카테고리를 없애거나 축소하기 시작했습니다. 결국 기존 커뮤니티 카테고리를 [1:1 이메일 상담] 코너가 대체하게 되었고, '24시간 안에 답변 드리겠습니다'라는 안내만 덩그러니 남게 되면서 기업과 고객 간의 소통은 눈에 띄게 줄어들었습니다.

PC 통신 시절 천리안, 하이텔 등에 유행한 동호인 BBS$^{bulletin\ board\ system}$ 모임은 카페나 클럽과 같은 웹 브라우저 기반의 커뮤니티 전문 서비스 혹은 SNS 채널의 등장으로 점차 그 자리를 내주게 되었습니다. 이러한 커뮤니티 공간은 기업 브랜드에서 직접 끼어들 여지가 많지 않았습니다. 실제로 대형 커뮤니티 운영진과 기업 간에 물밑 관계를 통해 이른바 카페 마케팅이라 불렸던

인터넷 공동구매 문화가 한동안 성행하기도 했습니다. 2000년대 중반에 들어서면서 쇼핑몰과 오픈마켓이 본격적으로 성장하는 한편, 개인 미디어의 대표 주자인 블로그가 전면적으로 대중화되기 시작했습니다. 파워 블로거 추천 글 하나에 수만 명이 넘는 사람이 움직이고 수억 원의 매출이 좌우되는 블로그 황금시대가 도래한 것도 그 즈음입니다.

스마트 혁명으로 다시 열린 기업과 고객의 대화 창구

2007년 아이폰의 등장과 더불어 시작된 스마트 혁명은 세상을 다시 한 번 뒤집어 놓았습니다. 실시간 모바일 소통이 일상화되면서 기업에서는 트위터 계정과 페이스북 페이지를 개설하기 시작했습니다. 이러한 흐름은 초기 홈페이지 이후 한동안 단절되었던 기업(브랜드)과 고객의 대화 창구가 다시 열리는 계기가 되었습니다. 기업에서 SNS를 비즈니스 목적으로 활용하려는 욕심에서 고객과 브랜드가 다시 만나게 되었다는 것은 꽤나 역설적인 일입니다.

```
2007
• January 10: Mobile Web (again) announced for mobile friendly Facebook
• January 10: Mobile Uploads
• January 10: Mobile Texts
• January 17: List screen names for IM clients in contact info of profiles
• January 24: Redesign of My Privacy page
• February 7: Give virtual gifts
• March: Group Update Information and create Events from Groups
• March 14: Photo Sorting and Organizing
• March 15: Export photos directly from iPhoto to Facebook albums
• April 11: Navigation and profile simplification
• April 11: My Messages and My Shares changed to Inbox
• April 11: Network Pages launched
• April 20: Added "[user] is..." before each status update
• April 20: Friends' three most recent updates on the home page
• April 20: See all friends' updates at once
• April 20: RSS feed of friends' updates
• April 20: Subscribe to a friend's updates via SMS
• April 20: Update status from your phone by sending an SMS to Facebook
• April 24: Gift Shop accessible to blind via screen-reader
• May 14: Marketplace completely rolled out (classifieds)
• May 24: Facebook Platform launched
• June 22: Facebook Video Launched (tagging, FB video player, video messaging, mobile integration)
• July: Post Attachments to the Wall
• July 10: 30 Million Users
• August 15: Facebook for iPhone Mobile Site
• August 20: Send Facebook Messages to Facebook User or email address
• September 5: Public Search Listings
• November 6: Facebook Pages for Businesses launched
• November 6: Social Ads launched, making advertising relevant
• November 6: Share activities taken off of Facebook (Beacon)
• November 9: Publish your activities on Facebook Pages to News Feeds
• December: Make a tagged photo your profile photo
• December 5: Beacon made opt-in
• December 19: Friend Lists launched
```

▲ 자료 출처 : http://www.jonloomer.com/2012/05/06/history-of-facebook-changes/

개인 프로필과 페이지, 무엇이 어떻게 다른가

페이스북에서 비즈니스를 목적으로 한 페이지를 시장에 내놓은 것도 바로 아이폰이 세상에 나온 2007년 말 무렵입니다. 2007년은 오픈 API 정책을 비롯해 페이스북이 글로벌 커뮤니티로 성장하는 데 결정적으로 기여한 중요한 정책이 많이 단행된 해입니다. 하버드대 학생들 간 프로필 공유 서비스로 시작된 페이스북의 사용자 수가 5,000만 명을 넘어서면서 비즈니스 영역과 만나기 시작한 해이기도 합니다.

수천 만 명의 사람들이 커뮤니티에 모이기 시작하자 브랜드나 상품을 알릴 목적으로 페이스북 프로필을 이용하려는 시도도 따라서 늘어난 것입니다. 이러한 시장의 요구를 보고만 있을 수 없었던 페이스북은 개인 프로필 서비스와 별개로 비즈니스 목적으로 이용할 수 있는 별도 공간을 할애하는데, 이것이 바로 '페이스북 페이지'입니다.

본격적인 페이스북 마케팅을 이야기하기에 앞서 떠올려야 내용이 있습니다. 앞서 [페이스북 광고의 모든 것 02]에서 이야기한 페이스북 약관 4조 4항의 규정입니다.

> 상업적 이득을 주된 목적으로 개인 타임라인을 이용할 수 없으며, 상업적인 목적으로 Facebook을 사용하려는 경우 Facebook 페이지를 이용해야 합니다.

이 규정은 곧 개인 프로필과 페이지는 용도와 목적뿐만 아니라 적용하는 규칙과 사용 방식이 다르다는 것을 뜻합니다. 구분할 필요가 없다면 굳이 약관에 이런 규정을 만들어 둘 이유가 없을 테니까요. 개인 프로필과 페이지는 과연 무엇이 어떻게 다른 걸까요? 이 질문에 대한 답을 시작으로 페이스북을 마케팅 용도로 사용할 때 핵심 도구로 쓸 수 있는 페이지의 활용법을 알아보겠습니다.

위키피디아의 커뮤니티 버전에 비견되는 페이스북 페이지

개인 프로필 계정은 자신의 실명으로 한 사람이 한 개의 계정만 갖도록 권합니다. 반면 페이지는 원하기만 하면 한 사람이 몇 개라도 만들 수 있습니다. 꼭 실명을 사용하지 않아도 되고 브랜드나 상호, 단체명, 커뮤니티 그룹명, 심지어는 긴 문장을 이름으로 붙일 수도 있습니다. 이름을 붙여 부를 수 있는 것이라면 무엇이든 만들고 운영할 수 있는 것이 페이지입니다.

▲ 다양한 페이지 이름들

누군가 어떤 사물이나 현상에 대해 뜻을 정의하고 이름을 붙여 부르면, 해당 개념에 대해 여럿이 함께 덧붙이고 수정하는 작업을 통해 함께 키워가는 '만물백과사전'은 위키피디아입니다. 페이스북 페이지는 위키피디아에서 정의한 모든 만물(이름)에 대해 그것을 만든 사람이나 관련자들이 모여서 글이나 사진, 영상으로 대화를 나누고 교류하며 역사를 기록하는 '만물 커뮤니티 공간'으로 비유할 수 있습니다. 이름을 자유롭게 붙일 수 있는 데서 알 수 있듯이 페이지는 어떤 용도로 쓰건 제한이 없습니다. 목적에 따라 얼마든지 자유롭게 원하는 대로 쓸 수 있습니다. 실제로 다음과 같이 매우 다양하게 쓰입니다.

- 전문가의 개인 브랜딩 도구 : 강사, 컨설턴트, 작가, 상담사 등 전문 지식인의 자기 브랜딩
- 프리랜서 포트폴리오 전시 매체 : 화가, 사진작가, 디자이너 등 전문 예술인의 온라인 갤러리

- 소상공인 지역 비즈니스 홈페이지 : 음식점, 옷 가게, 편의점 등 생활과 직결되는 가게 홍보 및 광고
- 인터넷 쇼핑몰 연동 샵 또는 스토어 : 상품 스토리 및 정보 공유 채널 겸 잠재 고객과의 대화 창구
- 회사, 기관, 단체의 소통 홈페이지 : 기업, 기관, 지자체, 사회단체, 협회의 대외 교류 마당
- 스타와 공인의 홍보용 팬 클럽 관리 : 연예인, 밴드, 스포츠 스타, 정치인 등 공인의 팬 관리 대화 공간
- 제품, 상품, 브랜드 홍보 도구 : 농, 공, 수산물 등 각종 제품과 상품에 대한 브랜드 홍보 및 판매 수단
- 공동체 및 커뮤니티 조직화 수단 : 동호회, 지역사회 모임, 기부, 사회 봉사 등 각종 캠페인 조직화
- 가게 및 회사의 위치 안내 : 오프라인 상점이나 건물, 특정 위치 등에 대한 히스토리 및 리뷰 정보 축적
- 위키피디아형 용어 사전, 지식 나눔 : 신조어, 관심사, 개념어 등에 대한 자료 및 지식 나눔 공간

이와 같이 페이지의 용도는 쓰는 사람 마음입니다. 특히 상업적 용도로 쓸 수 있기 때문에 온라인 마케팅을 제대로 전개하려면 페이스북 페이지를 만드는 일은 필수라 해도 과언이 아닙니다. 이처럼 페이지가 일상화되었음에도 사람들이 개인 프로필 계정과 페이지를 헷갈려 하는 이유는 무엇일까요? 그건 바로 두 서비스의 메뉴나 디자인이 매우 흡사했기 때문입니다. 다른 점이라고는 버튼에 적혀 있는 용어 정도였습니다.

▲ 개인 프로필 타임라인과 페이지 메뉴의 비교(2016.7.21 이전 레이아웃)

개인 프로필 타임라인과 페이지의 기본 화면을 비교해 보면, [친구 추가]와 [팔로우] 버튼 대신에 [문의하기]와 같은 행동 유도 버튼과 [좋아요] 버튼이 표시되어 있는 것 외에는 크게 차이가 없었습니다. 개인 프로필과 페이지에

서 프로필 사진과 커버 사진을 동일하게 사용하면 그 차이를 발견하기조차 쉽지 않았지요. 하지만, 2016년 7월 페이스북 페이지 레이아웃 변경으로 이제는 페이지와 개인 프로필(타임라인)의 겉모습도 많이 달라지기 시작했습니다. 그렇다면 두 서비스는 근본적으로 무엇이 어떻게 다른 걸까요?.

사람이 아닌 것, 페이스북 페이지

페이스북 개인 프로필 계정과 페이지 계정의 차이를 한마디로 말하면 '사람(개인)이냐? 상품(브랜드)이냐?'입니다. 물론 연예인이나 스포츠 스타, 정치인처럼 개인의 이름 자체가 브랜드 이름이어서 '사람이 곧 상품'인 경우도 있습니다. 또 단체나 조직, 기부나 봉사, 지식 정보 커뮤니티와 같이 비상업적인 페이지도 많기 때문에 꼭 상품이라고 제한하기 어려운 측면도 있습니다. 엄격히 따지면 '사람인가? 아닌가?'로 구분하는 것이 더 정확해 보입니다.

어떻게 정의하든 상호나 상품은 물론이고, 단체나 조직 혹은 단순 커뮤니티라 해도 페이지의 주체는 기본적으로 비즈니스나 홍보를 목적으로 만들어진 브랜드일 뿐, 실제 존재하는 사람이 아닙니다. 따라서 '사람이 아닌 것'이 사람과 직접 친구를 맺거나 먼저 말을 걸 수 없다는 게 페이스북의 철학이자 기본 정책입니다. 가까운 친구나 지인들과 일상의 소소한 소식이나 정보를 나누려는 개인 프로필 계정의 뉴스피드가 홍보물 광고 게시판으로 전락하지 않도록 하겠다는 페이스북의 의지이기도 합니다.

페이스북의 메인 화면이라 할 수 있는 뉴스피드에는 종종 Sponsored로 표시된 광고 게시물이 포함되어 있습니다. 보통 게시물 열 개당 한 개 정도입니다. 여기에도 안전장치는 있습니다. 게시물에 포함되어 노출되는 이미지에 홍보성 문구가 20% 이상을 차지하면 광고가 거의 노출되지 않습니다. 이미지에 포함된 문구가 광고성인지 아닌지는 중요하지 않습니다. 이미지에 문구가 포함되어 있는 것만으로도 광고로 판단합니다. 이처럼 광고성 게시물을 의도적으로 제한하는 것은 '친구들 간 교류 공간'인 페이스북 뉴스피드의 본질을 훼손하지 않으려는 페이스북의 '자기 보호' 정책이기도 합니다.

커뮤니케이션 플랫폼이 본연의 역할을 잃고 상업적 광고 게시판으로 전락한다면 사람들은 스팸 광고의 공격을 피해 해당 플랫폼을 떠나 버릴 수 있습니다. 지금까지 등장했던 많은 인터넷 커뮤니티와 게시판이 스팸 광고판으로 전락하여 스스로 사용자를 잃고 사라져 간 실수를 되풀이하지 않겠다는 페이스북의 의지가 엿보입니다. 우리나라의 이른바 인터넷 신문을 자처하는 수많은 매체들이 광고 집합소로 전락하는 모습을 떠올려 보면 쉽게 이해할 수 있습니다. 광고 때문에 접속해도 바로 콘텐츠를 보기 어렵거니와 행여라도 아이들과 함께 보는 화면에 링크라도 잘못 눌러 음란성 사이트로 넘어가 난감했던 경험이 있다면 페이스북의 광고 제한 정책이 참으로 현명한 생존 전략이라는 것에 동의하지 않을 수 없습니다.

페이지의 딜레마, 사람이 아니면서 사람의 입 노릇을 해야 한다

페이스북 페이지는 홍보를 목적으로 탄생했지만 정작 실재하는 사람이 아니기 때문에 사람과 직접 친구를 맺을 수도 없고 사람에게 다가가 먼저 말을 걸 수도 없는데 어떻게 사람의 입 노릇을 할 수 있느냐는 딜레마에 빠집니다. 실상 페이스북 페이지를 이용한 마케팅 전략과 방법이나 각종 팁은 궁극적으로 파고들면 모두가 이 딜레마를 해결하기 위한 고민의 산물입니다.

처음에는 무조건적으로 구독 신청(팬)을 늘리고자 했습니다. 호별 방문 판매가 허용되지 않으므로 상품 카탈로그나 광고 책자를 받아 보겠다는 사람이라도 늘려야 하기 때문입니다. 그래서 페이지 팬 수를 늘려 주는 장사가 한때 횡행하기도 했습니다. 돈을 받고 [좋아요]를 눌러 주거나 조작해 주는 업체(라이크 팜)나 개인 아르바이트 혹은 로봇 프로그램 거래가 은밀히 성행하기도 했습니다. 하지만 2013년 이래 페이스북 페이지 포스트의 팬 도달률이 15% 아래로 떨어지면서 일단 팬 수만 늘리고 보자는 전략은 설 자리를 잃게 되었습니다. 애써서 100명의 팬(구독자)을 모아도 포스트는 10여 명에게만 전달되기 때문에 80~90% 가까운 팬 모집이 헛수고가 되어 버리기 때문입니다.

결국 당장 팬 수가 적더라도 혹은 우리 페이지의 팬이 아니더라도 페이지의 포스트를 더 많이 볼 수 있게 하는 방법에 대해 고민하게 되었습니다.

팬 수를 뛰어넘는 포스트의 공감, 공유, 전파

페이지의 모든 포스트는 기본적으로 [전체 공개] 옵션으로 게시됩니다. 홍보 목적에 따라 특정 게시물들에 대해 연령, 국가, 언어 등 타겟 대상을 제한하여 노출하게 하는 옵션은 있지만, 개인 프로필 게시물과 달리 '누구까지는 보게 하고 누구는 보지 않아야 한다'는 공개 범위 설정 옵션은 없습니다.

이 상황을 거꾸로 해석하면 누군가에게 한 번 읽혀서 공감을 일으키고, 해당 독자들이 혼자 보는 데 그치지 않고 다른 친구들에게 공유하게 할 수만 있다면 독자(팬)의 친구 관계망을 통해서 페이지의 포스트가 무한정 퍼질 수 있다는 이야기입니다. 여기서 중요한 것은 단순히 팬 수가 아니라 '진짜 공감을 일으킬 수 있는 포스트(콘텐츠)가 무엇이고 어떻게 하면 더 많이 공유하기를 일으켜 팬이 아닌 사람들에게도 더 널리 전파되게 할 것인가'입니다.

그래서 젊은층에서는 부담 없이 웃고 즐길 만한 웃기는 동영상이나 유머, 감동적인 비하인드 스토리, 언제 들어도 울림이 있는 불후의 명곡이나 노래 영상, 시간이 지나도 녹슬지 않는 명언이나 명구를 읽기 쉽게 카드나 카툰 형식으로 나열한 카드 스토리 등이 새로운 포스트 유형으로 주목받기 시작한 것입니다. '공유되지 않는 콘텐츠는 콘텐츠가 아니다'는 말이 SNS 업계의 진리가 된 셈입니다.

공유와 전파를 목적으로 만든 페이지에 나름대로 시간과 노력을 들여 올린 포스트가 불과 수십 명도 보지 않은 채로 두 시간 남짓 짧은 생을 마치고 물거품처럼 사라진다면 허탈함은 이루 말할 수 없습니다. 따라서 페이지 관리자들은 페이스북 주 이용층이나 운영 중인 페이지의 팬들이 좋아하고 반응하는 콘텐츠 유형, 주제, 소재가 무엇인지 열심히 지켜보고 분석하여 다음 포스트를 작성할 때 이를 반영하려는 노력을 게을리 하지 말아야 합니다.

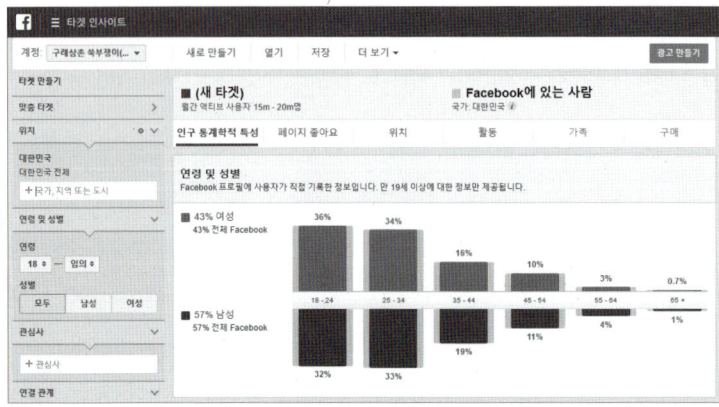

▲ 페이스북 광고 타겟 인사이트로 본 대한민국 페이스북 사용자 구성비(2016.8.14 기준)

그래프 서치로 1:1 맞춤 광고 시대의 문을 열다

페이스북에서는 2013년 말부터 English(US) 언어 환경 사용자에게 그래프 서치 기능을 제공하고 있습니다. 페이스북 사용자 중 누가 어느 곳에 살고, 어디를 방문했고, 어느 직장에서 일하고, 어떤 그룹에 가입해 있으며, 어떤 것(페이지)을 좋아하는지 등에 따라서 조건을 만족하는 사용자를 뽑아 맞춤 타겟 목록을 만들 수 있도록 해 주었던 것입니다.

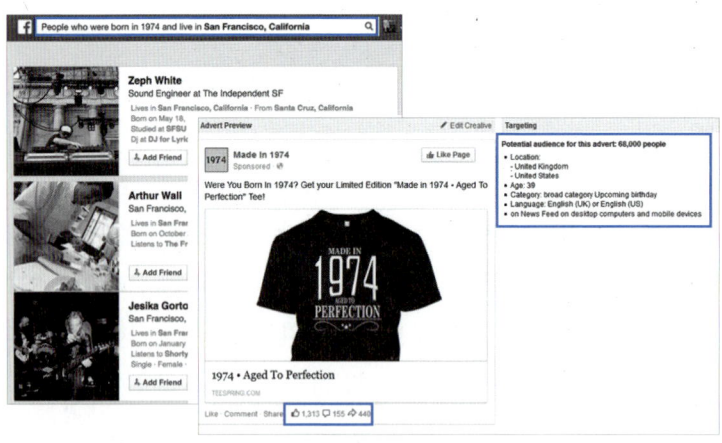

▲ 그래프 서치를 이용한 맞춤 광고 활용 사례
자료 출처: http://www.cloudincome.com/make-over-400-week/

예를 들어 '샌프란시스코에서 1974년에 태어난 사람'을 그래프 서치로 검색한 다음, 이 사람들의 명단을 뽑아 맞춤 광고 대상자 목록으로 만들고 이들에게만 1974년을 기념하는 티셔츠 디자인을 노출함으로써 관심을 이끌어 내고 판매를 일으키는 방식이 가능했습니다. 실제로 페이스북의 이 같은 맞춤 광고는 불특정 다수에게 불필요하게 낭비되는 광고비를 줄이고, 적은 비용으로 큰 효과를 내는 게 가능하다는 것을 곳곳에서 증명했고, '티셔츠 판매 기술'이라는 마케팅 강좌가 생겨날 정도로 유용함을 인정받았습니다.

페이스북의 개인 프로필 정보와 [좋아요] 버튼으로 수집한 사용자 행동 데이터가 특정 상품에 대한 잠재 고객을 정밀하게 타게팅하는 도구로 쓰일 수 있음을 실증함으로써 1:1 마케팅 도구로서 페이스북의 활용 가치를 천하에 입증한 셈이지요. 그동안 이론으로만 가능했던 1:1 맞춤 광고의 시대가 비로소 현실이 되고 있습니다. 특정 잠재 고객만 추려 내서 그들에게만 광고를 뿌리는 맞춤 광고 도구로 페이스북을 쓸 수 있게 된 것입니다.

이렇게 되자 페이스북 API를 이용해 어디에서 태어나, 어디에 살고 있으며, 언제 무슨 기념일을 맞게 되며, 누가 무엇을 좋아하는지 특정 키워드나 추출 조건만을 설정해서 조건에 맞는 사람만 선택적으로 뽑고 목록을 만들어 주는 자동 추출 앱(프로그램)들이 속속 등장하였습니다. 너도나도 자신들의 상품 성향에 맞는 페이스북 맞춤 타겟 목록을 만드는 데 혈안이 되자 친구나 지인 간에 일상 소식을 나누는 페이스북이 상품 판매 대상자를 추려 내는 DB 추출 도구로 전락할 수도 있겠다는 경고가 나오기 시작했습니다.

페이스북 이메일이 빠진 맞춤 타겟 생성 소스

페이스북은 2015년 6월 4일에 맞춤 타겟을 이용한 광고로 효과를 보던 수많은 마케터를 패닉 상태에 빠지게 하는 결정을 내립니다. 그동안 맞춤 타겟을 만들 때 가장 유용하게 사용한 페이스북 사용자 이메일을 맞춤 타겟 생성용 소스 데이터에서 빼 버린 것입니다. 이 결정이 페이스북 마케터들에게 날벼락에 가까웠던 이유는 무엇일까요? 그동안 그래프 서치 기능을 이용해 기계적으로 뽑아낸 페이스북 사용자 정보를 쉽고 빠르게 맞춤 타겟으로 만들고 그 대상자들에게만 한정적으로 광고를 노출할 수 있었던 원시적 맞춤 광고의 유력한 수단 중 하나를 잃게 되었기 때문입니다.

페이스북은 왜 마케팅 도구로서 최고의 무기인 '1:1 정밀 맞춤 타겟 기능'을 스스로 제한하는 결정을 내린 걸까요? 해답의 실마리는 페이스북에서 해당 기능을 차단하면서 게시한 파트너 대상 안내 공지 글에서 찾을 수 있습니다.

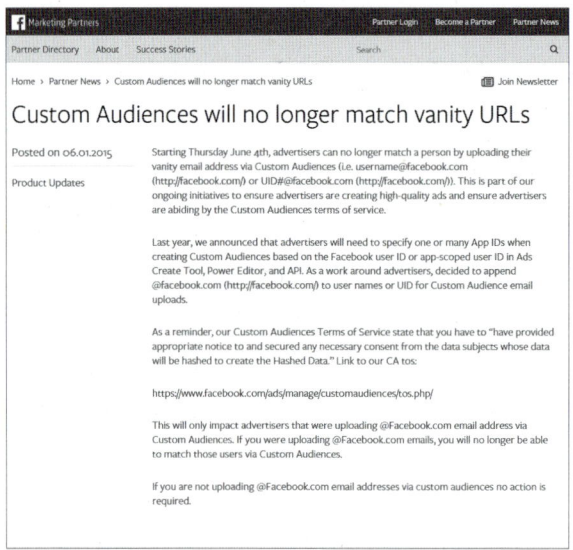

▲ 페이스북 공지 글, 이미지 출처 : 페이스북 마케팅 / 파트너 뉴스(2015.06.01)

내용의 요지는 페이스북 맞춤 타겟 서비스를 이용할 때 지켜야 할 약관 규정과 밀접하게 관련되어 있습니다. 사용자 개인의 데이터를 수집할 때 상대방이 자신의 데이터가 이용되는 것을 인지할 수 있도록 하고 동의를 구하는 과정이 필요한데, 현실적으로 이러한 승인 절차를 거치도록 강제하거나 통제하기가 어렵다는 점을 인정한 것입니다. 즉, 상대방의 동의를 구하는 절차 없이 무분별하게 개인 정보를 수집하여 광고 대상으로 설정하고 광고를 노출할 경우, 법률적인 분쟁이 발생할 소지가 있다고 보고 이러한 사태를 미연에 방지하고 차단하려는 목적이 깔려 있다고 보입니다.

페이지를 관리하는 데도 요령이 필요하다

페이지는 앞서 살펴보았듯이 특정한 브랜드가 스스로를 널리 알리고 홍보하기 위해 스스로 '이름' 하나로 만든 '비즈니스용 프로필'이라고 할 수 있습니다. 포스트별 인사이트 정보 제공을 비롯해 기능이나 앱과의 연동 및 광고 도구로서 확장성은 생각보다 광범위합니다. 페이스북 광고를 집행하지 않고 페이스북 페이지 활동만으로 비즈니스에 활용할 수 있는 팁에 대해 간략하게 짚어 보겠습니다.

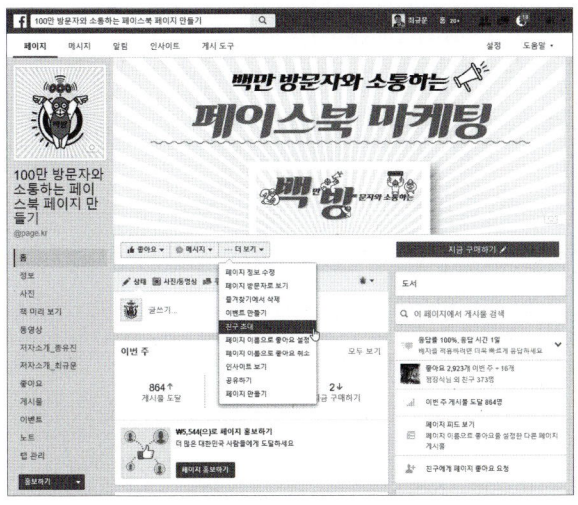

▲ 마케팅에 응용 가능한 페이스북 페이지의 다양한 도구들

페이지 이름 : 기억에 남아야 산다

개인 프로필 계정은 실명을 사용하길 권하지만 페이지는 자신이 원하는 대로 이름을 만들어 붙일 수 있습니다. '오늘 뭐 먹지?'라는 페이지는 누구나 떠올리는 질문을 페이지 이름으로 삼아서 무려 380만 명이 넘는 국내 최대의 팬 수를 보유한 페이지로 성장했습니다. 페이지 이름이 사람들의 일상생활에서 얼마나 관심과 호기심을 끌 수 있는지에 따라서 기본 전파 범위가 정해질 수 있음을 보여 주는 대표적인 사례입니다. 그만큼 이름 짓기Naming는 페이지를 개설할 때 가장 깊이 고민하고 신경 써야 하는 대목입니다.

▲ 페이지 이름, 튀어야 산다

단순히 스포츠 선수나 연예인 이름, 음악 밴드 이름이나 그룹 이름 자체를 페이지 이름으로 쓸 수 있고, 오프라인 가게나 식당은 상호를 이름으로 쓸 수 있습니다. 그러나 어떤 관심사나 특정 주제를 중심으로 사람들과 교류할 목적이라면 해당 관심사나 주제에 걸맞으면서도 사람들의 호기심을 끄는 이름이 효과적입니다. 페이지 이름은 팬 수가 적을 때는 수정하는 것이 허용되지만 200명이 넘으면 약속된 것으로 간주하여 임의로 바꿀 수 없습니다. 페이스북에 이름 변경을 요청하고 승낙을 얻는 과정이 필요합니다. 따라서 한 번 만든 이름은 나중에 수정하지 않겠다는 생각으로 미래 확장성이나 환경 변화를 고려하여 지속 가능한 이름으로 신중하게 짓도록 합니다.

페이지 프로필 사진과 커버 사진 : 한 컷으로 시선을 사로잡는다
사람의 눈은 글씨보다 그림에 먼저 반응합니다. 마케팅 추적에 사용되는 아이트래킹 기법을 이용한 시선 흐름도에서 시야가 처음으로 쏠리는 위치가 가장 크게 보이는 커버 사진이고, 그 다음으로 시선이 머무는 곳이 프로필 사진입니다. 프로필 사진은 그 자체가 개인의 명함을 대신한다고 이야기했듯이 페이지에서도 그 중요성이 결코 덜하지 않습니다.

페이지의 프로필 사진은 브랜드의 고정성을 탈피할 수 있도록 상표나 회사 로고보다는 대화가 가능할 것처럼 느껴지는 의인화된 캐릭터를 사용하길 권합니다. 개인이 곧 상품이자 브랜드라면 개인 사진을 쓰는 것도 무방합니다. 기관이나 지자체라면 조직이나 기관을 상징하는 캐릭터를 쓰는 것이 무생물이나 표식을 사용하는 것보다 낫습니다.

▲ 대화를 부르는 친근한 프로필 사진과 커버 사진

이유는 간단합니다. 페이지가 홍보성 도구라는 것을 인지하기 시작한 사람(팬)은 해당 페이지에서 올리는 포스트에 대해서 친구의 포스트와 같은 참여와 반응을 하지 않기 때문입니다. 따라서 사람이든 의인화된 동물 캐릭터든 프로필 사진이나 커버 사진의 주인공이 나와 함께 이야기를 나눌 수 있는 편안한 대화 상대나 가까운 친구처럼 느껴질 수 있도록 하는 것이 무엇보다 중요합니다.

페이지가 브랜드를 알리기 위해 만든 공간이지만 페이스북 서비스 중 하나라는 점에서 친구나 지인들과 편안하게 마음을 터놓고 대화하고 소식을 나누는 곳이라는 기본 속성을 공유한다는 점을 잊지 말아야 합니다. 꽉 막힌 느낌을 주는 페이지에서 소통을 기대하는 건 무리입니다. 특히 페이스북은 관리자의 진정성에 따라 반응이 일어나는 도구인 만큼 믿음이 생명인 음식점이나 약국, 의원 등의 페이지라면 페이지 이름에 실제 주인의 이름을 포함하고, 프로필 사진이나 커버 사진에 대표의 얼굴 사진이나 활동 모습을 담은 스냅 사진을 활용하길 적극 권합니다.

페이지 콘텐츠 : 콘텐츠 유형에 따른 반응을 살피고, 타이밍을 맞춰라

페이지 콘텐츠는 게시물을 올리는 주체가 사람이 아닌 브랜드이기 때문에 독자의 화답(반응)을 이끌어 내는 것이 개인 프로필보다 훨씬 어렵습니다. 페이지 관리자는 사람이지만 페이지의 운영 주체가 누구라고 따로 드러나지 않기 때문에 포스트에 대한 인간적이고 정서적인 반응을 기대하기가 쉽지 않습니다. 아주 재미있거나 유익한 정보 또는 상품이 걸린 이벤트라면 [공유하기]가 발생할 수 있지만 상대적으로 [좋아요]나 댓글 반응은 자발적으로 일어나지 않는 편입니다.

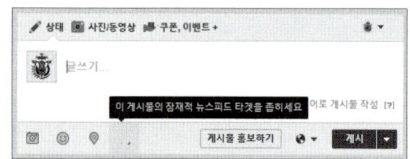

▲ 페이지 포스팅 옵션

따라서 시기적인 이슈나 사람들이 화젯거리로 삼는 주제와 관련된 내용을 다루도록 노력하고, 가급적이면 감성적인 표현을 사용하며, 마주 앉은 사람과 대화를 주고받듯이 문답식 문장을 사용하는 게 좋습니다.

페이지 포스트는 사람들이 자주 접속하는 시간에 맞춰 올려야 노출될 가능성이 높아집니다. 콘텐츠의 성격이나 속성에 맞추어 적절한 시각에 올리는 것이 중요합니다. 아침 출근길, 점심시간, 퇴근 시간 전후, 잠들기 전이 권장되는 게시 타이밍입니다. 구독자가 모두 잠든 한밤중이나 새벽에 포스팅을 하는 것은 금물입니다. 미리 정해진 시각에 송출되도록 예약 발행 기능을 사용하길 권합니다.

페이지 게시물은 [전체 공개]로 설정하는 것이 원칙이지만, [타겟 설정] 기능을 이용하면 포스트를 게시할 때 특정한 연령, 성별, 특정 국가나 도시, 특정 언어를 쓰는 사람, 특정한 키워드에 관심을 표명한 사람들에게만 노출되도록 제한할 수 있습니다.

▲ 페이지 포스트 공개 대상 제한 옵션

행동 유도 버튼 : 비즈니스 랜딩 페이지로 인도하자

2015년에 들어서면서 페이스북은 맞춤 광고 판매를 적극적으로 전개하였습니다. 그 시작으로 광고주에게 새로운 서비스를 제공하였는데 바로 행동 유도 버튼을 페이지 커버 사진 안에 메인 버튼으로 노출해 준 것입니다. 클릭하면 쇼핑몰이나 홈페이지 혹은 이벤트 랜딩 페이지 등 관리자가 설정한 웹페이지로 직행하거나 전화를 걸 수 있도록 연결된 링크 버튼으로, 포스트나 광고를 보고 페이지를 방문한 사람에게 전환 행동을 요구하기에 좋습니다.
[+버튼 추가]를 클릭해서 이동할 웹사이트 주소만 입력하면 바로 적용되고, 필요하면 언제든지 행동 유형과 이동할 링크 주소를 수정하거나 삭제할 수 있습니다. 원하는 웹페이지로 직행하는 기능이 있는데도 사용하지 않는 것은 차량에 하이패스 단말기를 달아 놓고도 하이패스 통로가 아닌 일반 통로로 들어서 현금으로 계산하는 것과 같습니다. 매우 유용한 기능이니 꼭 써 보길 권합니다.

▲ 페이지 행동 유도하기 버튼 만들기

메시지 응대하기 : 메시지 응대 속도와 신뢰는 비례한다

페이스북은 페이지 포스트의 도달률이 어떤 조건으로 어떤 알고리즘에 따라 조율되는지 구체적으로 공개하지 않습니다. 다만 페이지 게시물의 업데이트 활성 정도나 팬들의 반응도, 팬들과의 친근성이나 교류 정도가 도달률에 영향력을 미치는 것으로 알려져 있습니다. 여기에서 팬들과의 교류 활성도를 가르는 주요한 요소는 메시지에 대한 응답 비율과 답변하는 데 걸리는 시간입니다.
즉, 페이스북은 페이지에 등록되는 질문에 답변이 빠짐없이 달릴수록, 메시지에 대한 응답이 빠를수록 해당 페이지가 팬을 응대하는 자세가 좋다고 판단하며, 이러한 요소들이 페이지 도달률에 긍정적으로 반영된다고 합니다. 팬들의 메시지에 빨리 반응한다는 것은 그 자체로 페이지가 살아 있음을 반증하는 요소입니다. 그만큼 해당 페이지에 대한 만족도가 높을 수 있고, 페이지 포스트에 대한 독자들의 행동이나 반응도 그에 비례하여 활성화될 것이기 때문입니다.

페이지 포스트에 팬들이 댓글을 올리면 이 댓글을 올린 사람에게만 1:1 답글을 보낼 수 있는 댓글 메시지 기능이 생겼습니다. 모든 페이지에 일괄적으로 적용되고 있지는 않지만, [댓글 메시지] 링크를 이용하면 댓글을 올린 팬에게만 1:1 비밀 메시지를 보낼 수 있습니다. 댓글과 답글의 전체 공개라는 부담을 덜고 페이지 관리자와 개별 팬들 간에 솔직한 대화를 촉진할 수 있는 편리한 기능으로 보입니다. 적극적으로 활용해 보길 권합니다.

댓글 남기기 : 과도한 숟가락 얹기 효과를 기대하지 말라

페이지 계정으로 개인 사용자의 게시물에 [좋아요]를 하거나 댓글을 남기는 것은 허용되지 않지만, 다른 페이지에 가서 내 페이지 이름으로 [좋아요]를 하거나 댓글을 다는 것은 허용됩니다. 둘 다 홍보를 위해 태어났으니 서로 인정해 주는 것으로 보입니다. 한때는 인기가 많거나 팬들이 많은 페이지의 포스트에 페이지 이름으로 글을 남겨 자신의 페이지 링크를 홍보하는 간접 홍보 방식인 일종의 '숟가락 얹기' 효과를 노리기도 했습니다. 그러나 이 기능을 자칫 과도하게 사용한다면 해당 페이지 관리자 입장에서는 남의 페이지에 와서 얼굴 두껍게 자기를 홍보하는 얌체라고 생각할 수 있습니다. 따라서 이 기능은 내 페이지와 유사한 주제를 다루는 다른 페이지 포스트에 의견이나 댓글을 남기는 용도로 사용하길 권합니다.

페이지로 친구 초대하기 : 손품을 팔되, 기계를 이용하지 말라

페이지를 홍보하고 팬을 늘리는 방법에는 몇 가지가 있는데 가장 대표적인 것은 [페이지 좋아요] 광고를 내는 것입니다. 그 외에도 손품이 필요한 작업이긴 하지만 자신의 페이스북 친구들에게 일일이 초대장을 보내는 것이 가능합니다.

▲ 페이지로 친구 초대하기

페이지에 올리는 포스트가 유료 광고 없이 유기적 전파를 일으키려면 그만큼 내 페이지에 충성도가 높은 팬이 여럿 있어야 합니다. 그렇게 되려면 페이지 관리자 개인과 직접적인 친구 관계를 맺고 있는 사람을 팬으로 확보하는 것이 좋습니다. 상대적으로 그 페이지의 포스트에 대해 반응 행동이나 자발적인 전파자 역할을 기대할 수 있기 때문입니다. 따라서 틈틈이 시간이 있을 때마다 내 친구들에게 운영 중인 페이지를 구독하도록 초대장을 보내는 적극적인 노력이 필요합니다. 단, [초대] 버튼을 일일이 클릭하는 것이 귀찮고 번거롭다는 이유로 [초대] 버튼 자동 클릭 앱을 개발해서 무차별적으로 초대 행위를 반복하는 것은 단속 대상이 될 수 있으므로 주의해야 합니다.

기타 페이지 연동 마케팅 활용 도구 및 기능

페이스북 페이지는 태생부터 페이스북 사용자들의 비즈니스 및 마케팅을 지원하기 위한 용도로 개발되었습니다. 따라서 비즈니스를 지원하기 위한 기능이 끊임없이 개선되고 생겨나고 있습니다. 페이지의 각종 기능을 연계한 맞춤 광고 기능도 몰라보게 진화하고 있습니다. 그 중에서도 페이지 게시물 홍보하기 광고는 광고 만들기에 익숙하지 않은 일반 사용자들도 손쉽게 광고 포스트를 만들어 즉시 홍보할 수 있도록 돕습니다.

사진이나 동영상은 그 자체가 사람들의 이목을 끄는 효과가 있기 때문에 단순 텍스트로만 타임라인을 채우는 것보다 노출이나 도달을 높이는 데 효과적입니다. 특히 동영상 조회 광고는 페이스북에서 유튜브와 경쟁하기 위해 집중적으로 지원하고 있는 영역이기 때문에 아직까지는 비용 대비 노출(도달) 효과가 가장 우수한 것으로 알려져 있습니다. 따라서 신상품이나 브랜드 이름이 널리 알려져 있지 않은 상품을 적은 비용으로 더 많은 노출을 일으켜 인지도를 높이고자 한다면 동영상 광고를 잘 활용하는 것이 좋습니다.

아울러 페이지에서만 제공하는 [인사이트]는 마케팅 방향을 기획하고 설계할 때 없어서는 안 되는 최고의 비즈니스 모니터링 도구입니다. 팬들의 성별, 연령별, 지역별 구성비를 비롯해서 개별 게시물을 올릴 때마다 몇 명에게 도달이 이루어지고, 그 중 몇 명이 참여하고 반응하는지 시시각각 확인할 수 있습니다. 또한 몇 명이 페이지 구독을 신청했고, 어떤 연령층에서 반응을 하고 있는지, 또 어떤 글이 얼마나 적극적인 반응을 일으키고 있는지 실시간으로 파악할 수 있습니다. 그만큼 페이지를 운영할 때 인사이트 도구의 분석 활용법을 익히는 것은 매우 중요합니다.

끝으로, [게시 도구]에 새로 추가된 [잠재 고객용 양식] 메뉴도 적극 이용해 보길 권합니다. 이 기능을 이용하면 페이스북 사용자에게 간략한 웹 설문지 형태의 광고를 제시하여 간단한 답변과 함께 응답자의 이메일이나 이름 등을 쉽게 얻을 수 있고, 응답 데이터는 바로 엑셀 파일로 다운받을 수 있습니다. 자세한 사용 방법은 342쪽에서 다루겠습니다.

CHAPTER 04

백만 방문자와 소통하는
페이스북 페이지 운영 노하우

페이지를 잘 운영하려면 페이지의 팬들에게 도움이 될 만한
양질의 콘텐츠를 주기적으로 올리는 것 만한 것이 없습니다.
단순히 콘텐츠 개수를 채우기 위해 무의미한 콘텐츠를 자주 올리면
오히려 페이지에 대한 신뢰를 잃게 될 수 있으므로 주의합니다.
페이스북을 포함한 대부분의 SNS는 양질의 믿을 만한
콘텐츠와 전략으로 많은 사람과 소통하는 것이
핵심이라는 것을 항상 기억해야 합니다.
CHAPTER 04에서는 좀 더 효과적으로 공감하고
소통할 수 있는 운영 방법에 대해 살펴보겠습니다.

콘텐츠 공유 최적화하기

내 페이지에 정보를 공유하기 위해 콘텐츠를 게시한다고 해서 내 페이지를 [좋아요]한 모든 사람의 뉴스피드에 해당 게시물이 표시되는 것은 아닙니다. 뉴스피드 알고리즘은 댓글 수, 소식 게시자, 게시물 유형(사진/동영상/상태 업데이트) 등 여러 요소를 반영합니다. 페이지마다 게시물에 대한 페이지를 좋아하는 팬의 참여도와 반응이 다르며, 보는 사람에게 유용하고 페이지의 정체성과 잘 맞는 게시물일수록 팬의 반응률이 높게 나타납니다. 또한 해당 게시물이 사용자 혹은 페이지 인기 소식 분류에 포함되어 있어야 게시될 확률이 높습니다.

페이지 노출률 높이기

게시물의 노출률을 높여야 페이지를 더 많은 사람들에게 알릴 수 있습니다. 게시물의 노출률을 높일 수 있는 방법은 크게 두 가지입니다. 첫 번째는 관리자가 여러 종류의 게시물을 게시한 후에 인사이트 메뉴를 활용해서 게시물에 대한 반응을 분석하여 최적화하는 방법입니다. 따로 비용을 들이지 않고도 어떤 게시물이 가장 높은 호응을 이끌어 내는지 파악하여 내 페이지의 성격에 맞는 최적의 노출법을 찾아낼 수 있습니다.

둘째는 비용을 들이는 방법으로 게시물 홍보 기능을 활용하여 게시물의 노출 대상을 인위적으로 확장하여 반응률을 높이는 것입니다. 게시물 홍보 기능에 대해서는 CHAPTER 06에서 자세하게 다루도록 하고, 여기서는 인사이트를 분석하여 최적의 게시물을 업데이트하는 요령을 살펴보겠습니다.

게시물 업데이트 이외에도 쿠폰/이벤트를 생성하여 이벤트나 신제품을 홍보하여 페이지 노출률을 높일 수 있습니다. 내 페이지의 팬이 발행한 쿠폰을 받거나 이벤트에 참석 여부를 입력하면 팬의 뉴스피드는 물론 팬의 친구들의 뉴스피드에도 이벤트가 노출되어 유기적인 홍보 효과를 얻을 수 있습니다. 쿠폰/이벤트 기능은 브랜드의 오프라인 프로모션을 홍보할 때도 유용합니다.

내 게시물을 내 페이지의 팬뿐만 아니라 더 많은 사람들의 뉴스피드에 노출 시키려면 타겟 대상이 페이지에 업데이트한 내용을 [좋아요]하게 하거나 댓글을 달고 친구들에게 공유하도록 해야 합니다. 친구가 [좋아요]한 게시물은 모바일/데스크톱 뉴스피드에서 [친구가 좋아한 게시물]로 노출될 수 있기 때문입니다. 이 외에도 인사이트를 활용해 효과적인 게시물 유형과 게시 시간대 등을 파악할 수 있습니다.

효과적인 게시물 유형 파악하기

페이스북 페이지에 업데이트할 수 있는 게시물의 유형은 크게 상태 업데이트, 사진/동영상, 링크(외부 게시물 공유), 쿠폰/이벤트/마일스톤 등입니다. 일반적으로 동영상 〉 사진 〉 상태 업데이트 〉 링크 순서로 도달/반응률이 높습니다. 페이지마다 팬의 특성이 다르기 때문에 인사이트 정보를 확인하여 반응률이 높은 게시물 위주로 업데이트를 진행합니다.

페이지 타임라인에서 커버 사진 위에 있는 관리자 메뉴 중 [인사이트] 바로가기를 클릭합니다. [게시물 〉 게시물 유형]을 클릭하면 어떤 유형의 게시물이 팬의 참여도가 높은지 가늠할 수 있습니다.

다음 그림을 보면 평균 도달 범위는 링크가 가장 높지만, 평균 참여도는 사진이 가장 높은 것을 알 수 있습니다.

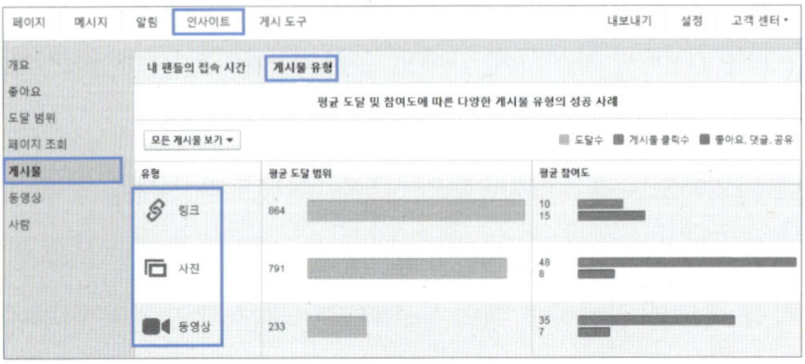

최적의 게시 시점을 파악하고 예약 기능 활용하기

콘텐츠 반응률은 게시 시간대에 따라 달라질 수 있습니다. 인사이트 분석을 통하여 어느 시간대에 올린 게시물이 팬들에게 높은 반응을 이끌어 내는지, 내 팬이 주로 어느 시간대에 활동하며 높은 반응률을 보이는지 등을 파악하여 해당 시간대에 업데이트하는 것이 좋습니다. 예약 게시 기능을 활용하면 업데이트 시간과 날짜를 최소 10분에서 최대 6개월까지 지정할 수 있습니다. 단, 게시물 예약 기능은 페이지에서만 쓸 수 있습니다.

[01] 게시 시점 파악하기_ [인사이트] 바로가기를 클릭한 후 [게시물 〉 내 팬들의 접속 시간]을 클릭합니다. 내 팬들이 무슨 요일과 어느 시간대에 주로 활동하는지 알려줍니다.

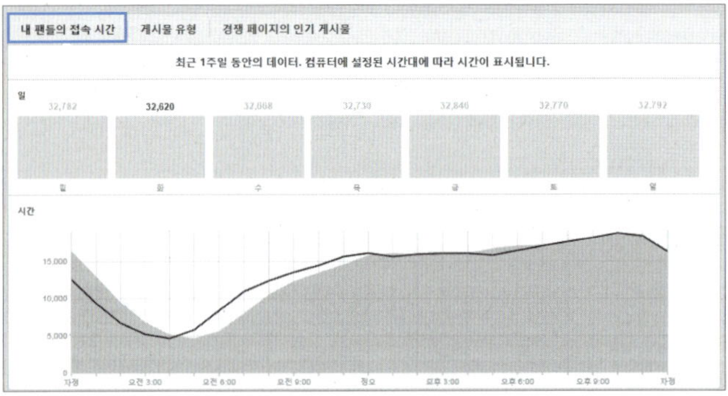

[02] **예약 게시하기** _ 팬들의 활동 시간을 파악했다면 해당 시간에 맞춰 콘텐츠가 업데이트되도록 예약 기능을 써 보겠습니다. [상태] 업데이트 창에서 [게시] 버튼 오른쪽에 있는 ▼을 클릭한 후 [예약]을 선택합니다.

[03] 게시물 예약 팝업 창이 나타나면 게시할 날짜와 시간을 지정하고 [예약] 버튼을 클릭합니다. [뉴스피드 게시 중단]에 체크하면 게시 완료 기간을 설정하여 뉴스피드에 일정기간 동안만 표시되도록 설정할 수도 있습니다.

핵심 타겟을 파악하여 업데이트하기

페이지에 게시물을 업데이트할 때 전체 공개로 게시할 수도 있지만 게시물의 목적에 따라 타겟을 제한하여 특정 타겟에게만 노출할 수도 있습니다. [상태] 업데이트 창을 보면 다음과 같이 게시물을 노출할 대상을 두 가지 중 선택하여 설정할 수 있습니다.

⊕ 뉴스피드 타게팅 : 게시물의 공개 대상 옵션으로 연결된 사람의 친구에게도 게시물이 노출됩니다. 성별, 결혼/연애 상태, 학력, 나이, 위치, 관심사, 게시물 종료 날짜 등을 지정할 수 있습니다.

🌐 ▼ 공개 대상 제한 : 지정한 범위의 사람들에게만 게시물이 노출됩니다. 위치, 성별, 나이, 언어 기준 등을 지정할 수 있습니다.

TIP ⊕ 아이콘이 보이지 않으면 관리 메뉴에서 [설정] 바로가기를 클릭한 후 [일반] 분류에서 [게시물의 뉴스피드 공개 대상 및 공개 범위] 옵션을 허용합니다.

[01] **핵심 타겟 파악하기_** [인사이트] 바로가기를 클릭한 후 [사람 > 도달 대상]을 클릭합니다. 28일 동안 게시물을 본 대상을 성별, 연령별, 지역별로 구분하여 확인할 수 있습니다.

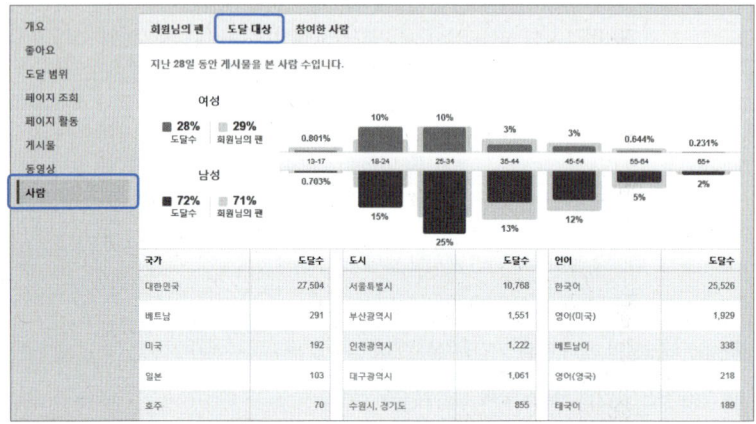

[02] **타겟 좁히기_** 확인한 핵심 타겟을 대상으로 게시물을 업데이트해 보겠습니다. [상태] 업데이트 창에서 ⬜ 아이콘을 클릭하면 공개 대상을 선택할 수 있는 뉴스피드 타게팅 팝업 창이 나타납니다. 관심사, 연령, 성별, 위치, 언어, 결혼/연애 상태, 학력 수준 등의 옵션을 조정하여 공개 대상을 선택합니다.

[03] 설정한 옵션에 따라 뉴스피드 타게팅의 추산 도달수가 어떻게 달라지는지 왼쪽 아래에 표시됩니다. [저장] 버튼을 클릭합니다.

[04] **대상 제한하기**_ 공개 대상을 제한해 보겠습니다. 페이지 게시물은 기본 옵션이 전체 공개이므로 아이콘을 클릭한 후 [인구 통계학적 특성]을 선택합니다.

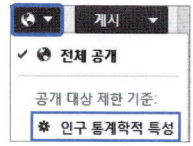

[05] 공개 대상 제한 팝업 창이 나타나면 연령, 성별, 위치, 언어를 설정하여 게시물의 공개 대상을 제한합니다. [저장] 버튼을 클릭합니다.

CHAPTER 04
SECTION 02

쿠폰을 발행하여
팬들에게 혜택 제공하기

페이지의 쿠폰 발행 기능은 일정 기간 동안 고객들에게 할인 혜택을 줄 수 있는 기능입니다. 발행한 쿠폰을 더 많은 사람들에게 홍보하려면 유료 기능인 쿠폰 홍보하기(광고 만들기 페이지에서 [쿠폰 발급 수 높이기]) 기능을 활용할 수 있습니다. 예산 범위 내에서 도달할 사람 수에 따라 뉴스피드 상단에 표시할 수 있어 타겟 고객에게 더 많이 노출시킬 수 있습니다.

쿠폰 발행 기능은 페이스북 업그레이드 이전까지 50명 이상이 [좋아요]한 페이지에서 사용할 수 있었습니다. 조건이 충족되면 업데이트 영역에 [쿠폰, 이벤트 +] 아이콘이 활성화되는 방식이었습니다.

하지만 최신 업데이트 이후 페이지를 개설하는 즉시 [이벤트 만들기], [쿠폰 만들기] 버튼이 표시되며, 페이지 관리자나 편집자 권한을 가진 사용자는 쿠폰을 발행할 수 있습니다. 페이지 관리자 권한에 대해서는 075쪽을 참고합니다.

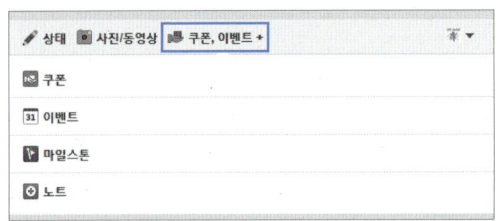

▲ 이전 버전의 [쿠폰, 이벤트] 버튼

▲ 최신 버전의 버튼

성공적인 쿠폰 기획하기

페이스북에 광고성 게시물이 늘어나면서 많은 사람들이 쿠폰을 제대로 이해하지 못하거나 스팸으로 오해하곤 합니다. 그래서 일부 사람들은 뉴스피드에 쿠폰이 표시되지 않도록 막거나 스팸으로 설정하기도 합니다. 심지어는 페이지의 [좋아요]를 취소해 버리기도 합니다. 따라서 쿠폰을 기획할 때는 광고나 스팸으로 오해받지 않도록 신경 써야 하며, 쿠폰이 활발하게 공유되고 사용되도록 제목과 이미지를 신중히 결정해야 합니다.

다음은 쿠폰을 발행했을 때 사람들에게 표시될 모습과 쿠폰을 발급할 때 입력해야 할 옵션 목록입니다.

▲ 사람들에게 표시될 모습

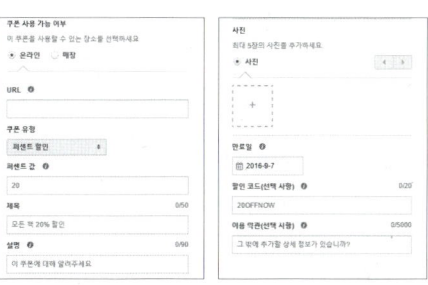

▲ 입력 옵션

쿠폰 유형 : 퍼센트 할인, 금액 할인, 1+1, 공짜 품목 중 선택합니다.

설명 영역 : 쿠폰의 쓰임새와 효과를 명확하게 알 수 있도록 90자 이내로 설명합니다.

사진 영역 : 쿠폰에 사용할 이미지를 최대 5장 까지 업로드하거나 기존 이미지에서 선택합니다. 분명하고 흥미로운 이미지로 지정하되, 페이지의 프로필 사진과는 다르게 지정합니다. 제품 사진도 좋지만 제품을 쓰는 사용자 사진이 더 효과적입니다. 나와 비슷한 사람들이 선택하여 잘 쓰고 있는 제품이므로 나도 갖고 싶다는 인상을 줄 수 있기 때문입니다. TV 광고만 봐도 제품 자체를 클로즈업한 광고보다 제품을 사용하고 있는 모델에 포커스를 맞춰 공감을 끌어내는 방식이 많은 것을 알 수 있습니다. 애플처럼 고객이 얻을 수 있는 가치에 포커스를 맞춰 효과를 극대화한 광고도 있습니다.

제목 영역 : 쿠폰의 가치를 알리는 단순 명료한 제목을 사용합니다. 쿠폰 유형을 선택하면 페이스북에서 임의의 제목을 제안합니다. 제안한 제목을 참고하여 최대 50자 이내로 작성합니다.

만료일 : 쿠폰 사용 만료일을 설정합니다. 친구들 사이에서 쿠폰이 공유되는 시간과 실제 사용할 수 있는 기간을 고려해서 설정합니다.

발급 한도 : 최대 사용 가능 횟수나 금액을 입력합니다(한도 없음도 가능).

URL : 쿠폰 사용 가능 여부 옵션을 [온라인]으로 설정했을 때 표시되며, 쿠폰을 사용할 웹사이트 URL을 입력합니다.

이용 약관 : 고객이 쿠폰을 원활하게 사용할 수 있도록 구체적인 사용 방법을 입력합니다.

할인 코드/이용 약관(선택사항) : 고객이 사용할 수 있는 할인 코드를 부여하거나, 쿠폰 사용에 대한 규칙, 법적 정보 등을 이용 약관으로 표시할 수 있습니다.

쿠폰을 발행한 후에는 발행한 쿠폰에 대한 정보를 관리 직원과 공유하여 고객이 쿠폰을 사용하려고 할 때 혼선이 생기지 않도록 관리해야 합니다. 고객이 [쿠폰 받기] 버튼을 클릭하면 고객의 페이스북 계정에 등록된 기본 이메일 주소로 쿠폰이 전달됩니다.

TIP 쿠폰을 발행한 후에는 쿠폰을 페이지 상단에 고정 게시물로 설정하여 많은 사람들이 볼 수 있도록 합니다. 쿠폰은 여러 번 발행하는 것보다 기존 쿠폰을 지속적으로 공유하여 동일한 쿠폰의 사용 수를 늘리도록 하는 것이 효과적입니다. 쿠폰 사용자에 대한 집계 및 관리가 편리하기 때문입니다.

쿠폰 발행 및 수정하기

[01] 쿠폰 발행하기_ 페이지 타임라인에서 업데이트 영역의 [🎟 쿠폰, 이벤트 +]를 클릭하고 [🎟 쿠폰]을 선택합니다. 쿠폰 만들기 창이 열리면 쿠폰 종류에 맞춰 제목, 설명, 이미지, 만기일, 발급 한도를 입력합니다. 선택 사항을 입력해야 하므로 [옵션 더 보기]를 클릭합니다.

[02] 시작 날짜, 온라인 사용 링크, 이용 약관을 입력하고 [쿠폰 만들기] 버튼을 클릭합니다.

[03] 시작 날짜를 [지금]이 아닌 별도의 날짜로 지정하면 게시물은 쿠폰 발행을 시작할 날짜까지 [예약된 게시물]로 표시됩니다.

[04] **예약 쿠폰 수정하기_** 게시가 예약된 쿠폰 정보를 변경하려면 예약된 게시물에서 [게시물 보기]를 클릭하거나 관리자 메뉴에서 [게시 도구] 바로가기를 클릭한 후 [예약된 게시물] 항목을 클릭합니다. 예약된 게시물 목록이 나타나면 수정하려는 게시물을 클릭합니다.

[05] 선택한 게시물의 미리 보기 창이 열리면 [수정] 버튼 오른쪽에 있는 ▼ 버튼을 클릭한 후 일정을 조정하거나 해당 게시물을 삭제하는 메뉴를 선택합니다.

TIP [게시하기]는 예약을 취소하고 지금 바로 쿠폰을 발행하는 메뉴이고, [예약 삭제]는 예약 중인 쿠폰을 삭제하는 메뉴입니다.

쿠폰 발급 받기

백만 **방**문자를 부르는 **팁**

쿠폰이 게시되면 사람들은 [쿠폰 받기] 버튼을 클릭하여 쿠폰을 받을 수 있습니다.

[쿠폰 받기] 버튼을 클릭하면 다음과 같은 개인 페이스북 계정에 등록된 이메일로 쿠폰이 발행되었다는 안내 창이 나타납니다. 이메일을 열면 쿠폰 이용 방법, 만기일 등을 확인할 수 있습니다.

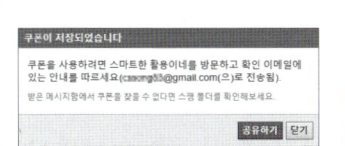
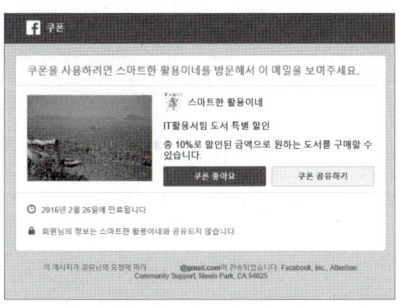

SECTION 02 쿠폰을 발행하여 팬들에게 혜택 제공하기 | **181**

CHAPTER 04
SECTION 03

페이스북 검색으로
효과적인 타겟 설정하기

FACEBOOK

페이스북에서 제공하는 검색 기능은 자연어 쿼리 구문을 활용한 검색 방법입니다. 검색 기능을 활용하면 페이스북 내에서 벌어지는 사람들의 활동에 대해 좀 더 구체적으로 파악할 수 있습니다. 예를 들어 특정 페이지를 좋아하는 사람들, 취미가 여행인 사람들을 검색하여 조건에 맞는 사람들의 목록을 검색할 수 있을 뿐만 아니라, 그 사람들이 좋아한 게시물, 가입한 그룹, 좋아하는 페이지 정보까지도 알 수 있습니다.

키워드나 문장 등을 입력해 검색한 결과로 내가 목표로 한 타겟이 좋아하는 페이지, 가입한 그룹, 그들의 최근 관심사까지 파악할 수 있어 광고나 이벤트를 맞춤형으로 기획할 수 있습니다. 다만, 페이스북 검색 기능을 활용하려면 언어를 English(US)로 설정해야 합니다. 언어 설정을 바꿔도 한글로 검색되지만 입력한 한글이 포함된 키워드로만 검색되므로 구문으로 검색할 때는 영어를 써서 정확도를 높이는 것이 좋습니다.

검색을 실행하면 People(사람/개인 프로필), Photos(사진), Videos(동영상), Pages(페이지), Places(장소), Groups(그룹), Apps(앱), Events(이벤트) 유형별로 검색 결과를 확인할 수 있습니다. 또한 [Top]을 클릭하면 나와 관련된 게시물과 전체 공개인 게시물을 구분해서 확인할 수 있습니다.

[Latest]를 클릭하면 최근 게시물 순서로 결과를 확인할 수 있습니다.

효과적인 검색 구문

백만 방문자를 부르는 팁

페이스북 검색 기능은 한글 검색을 지원하지만 키워드 위주로 검색됩니다. 예를 들어 '롯데월드 사진'으로 검색하면 '롯데월드'와 '사진'이라는 키워드가 함께 포함된 결과가 검색됩니다. 따라서 좀 더 정확한 검색 결과를 원한다면 다음과 같이 영문을 이용하는 것이 효과적입니다.

예) 사람 검색 : Friends(People) who Like Star Wars and Harry Potter
    사진 검색 : photos of my friends taken at National Park

[01] **언어 설정 변경하기**_ 언어 설정을 변경하려면 뉴스피드 오른쪽 아래에 있는 현재 설정된 언어를 확인 후 [+] 버튼을 클릭합니다.

[02] 언어 선택 창이 나타나면 [English(US)]를 클릭합니다.

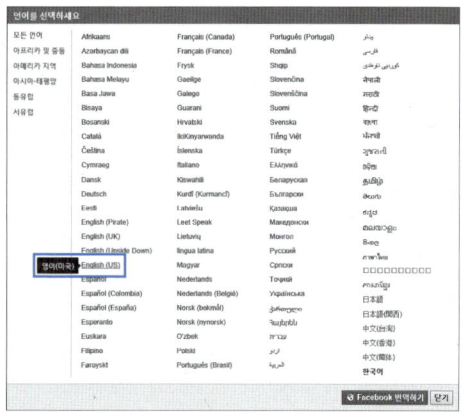

[03] **검색하기_** 고정 메뉴 두 번째 항목인 검색 바에 키워드를 입력하거나 간단한 문장을 입력합니다. 입력한 키워드에 따라 관련된 사람이나 페이지 목록이 표시될 수 있습니다. 하지만 여기서는 페이스북 구문 검색 기능을 이용할 것이므로 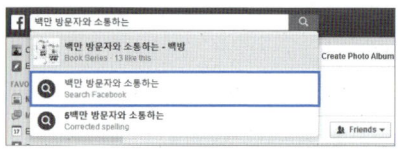 아이콘이 표시된 항목을 클릭합니다.

[04] 검색 결과가 나타나고 상단에 바로가기 메뉴가 표시됩니다. 상단 메뉴를 눌러 검색 결과를 사람(People), 사진(Photos), 페이지(Pages), 장소(Places), 그룹(More〉Groups) 등으로 나눠 볼 수도 있습니다.

페이스북 광고와 맞춤 타겟

페이스북 광고의 기본 구성 요소

페이스북에서 비즈니스 활동을 할 때 필수 조건이 페이지라면, 페이지를 기초로 실질적인 마케팅을 하는 데 필요한 보조 도구가 페이스북 광고입니다. 페이스북에서 광고 솔루션이 필요한 이유는 단순합니다. 친구와 팬이 아무리 많아도 그들이 모두 내 상품이나 서비스를 자발적으로 홍보해 주는 건 아니기 때문입니다. 특히 상업적인 홍보를 할 때 자발적인 전파에만 의존하는 건 한계가 있습니다. 이럴 때 페이스북 광고를 이용하면 내 페이지의 정보와 콘텐츠를 더 많은 사람에게 도달시킬 수 있습니다.

▲ 마케팅 플랫폼으로 진화한 페이스북

광고의 기본은 '더 많이, 더 널리'입니다. 하지만 광고에서 진짜 더 중요한 것은 '더 정확히, 더 적확히'입니다. 즉 과녁을 향해 화살을 쏠 때 더 많이 더 멀리 쏘는 것보다 한 발이라도 더 명중시키는 것이 중요합니다. 노루나 꿩을 잡으러 사냥을 나섰는데 다람쥐나 참새만 잔뜩 잡아 오면 결코 성공적이라고 할 수 없다는 말입니다.

그렇다면 사냥을 성공적으로 마치기 위해 무엇을 어떻게 해야 할까요? 목표물에 맞는 사냥 도구의 종류와 특징과 기능을 익히고, 필요한 때에 효과적으로 쓰는 방법을 알아 둬야 합니다. 활의 성능이 아무리 뛰어나다 한들 능숙하게 다룰 힘과 기술이 없으면 허탕 치고 돌아올 게 뻔하니까요.

페이스북 광고 솔루션이 사냥 무기라면 사냥을 효과적으로 마치기 위해 익혀야 할 도구는 다음 네 가지 정도입니다.

❶ 사냥할 수 있는 공간으로 목표물을 유인해 내는 기본 페이지 및 [랜딩 페이지]
❷ 페이지와 광고를 쉽게 운용할 수 있도록 돕는 [비즈니스 관리자] 계정
❸ 광고 제작, 수정, 복제 및 운영을 쉽고 빠르게 할 수 있도록 돕는 [파워에디터]
❹ 기존 고객이나 한 번 접근한 목표물을 감지하여 추적하는 [페이스북 픽셀]

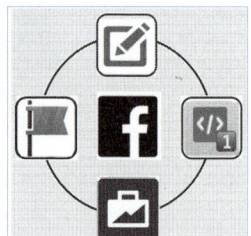

파워에디터
[캠페인-광고 세트-광고]로 구성된 페이스북 광고를 쉽고 빠르게 제작, 수정, 복제할 수 있도록 돕는 크롬 기반 광고 관리 도구

랜딩 페이지
광고에 노출된 사람들이 광고를 클릭했을 때 참여를 일으킬 수 있도록 구조화된 행동 제안 웹 페이지

페이스북 픽셀
캠페인과 연계된 웹사이트나 랜딩 페이지에 심어 두고 방문자가 특정한 행동을 했을 때 감지하여 알려주는 추적 기능 코드(스크립트)

비즈니스 관리자
페이지와 광고 계정을 조직 단위로 운영하고 관리할 때 쉽고 빠르게 자원(담당자)을 배분하고 권한을 부여(공유)할 수 있도록 돕는 페이스북 비즈니스 기능 관리자 도구

▲ 페이스북 광고 솔루션을 구성하는 기본 요소

물론 모든 도구를 능숙하게 다루지 못해도 페이스북 광고는 할 수 있습니다. 다만 각 무기가 어떤 역할을 하고 어떤 기능을 하는지 알고 있어야 효과적으로 페이스북 광고를 할 수 있습니다. [페이스북 광고의 모든 것 04]에서는 페이스북 광고를 효과적으로 진행하는 데 꼭 알아야 할 비즈니스 관리자, 파워에디터, 페이스북 픽셀의 개념, 작동 원리, 활용법을 구체적으로 살펴보겠습니다. 당장은 막연해 보이겠지만 차분히 하나씩 따라하다 보면 어렴풋이 길이 보일 것입니다.

페이스북 광고, 어떻게 만드나

페이스북 광고를 처음 접한다면 맞춤 타겟이나 파워에디터를 배우기에 앞서 페이스북 광고의 기본 구조를 이해하고 광고를 최소한 한 번은 만들어 봐야 합니다. 맞춤 타겟 역시 광고 도달 대상을 특정한 조건에 맞는 사람들만으로 한정해 주는 목록이므로 광고 계정이 없거나 광고와 연동할 페이지가 없으면 생성할 수 있는 권한이 주어지지 않기 때문입니다.

처음으로 페이스북 광고를 만들 때는 먼저 페이스북 광고 계정을 개설해야 합니다. 개인 광고 계정은 광고 만들기 중간 단계에 있는 버튼만 클릭하면 프로필 사용자 이름으로 자동으로 만들어지지만, 여러 페이지를 여럿이 협력하여 조직적으로 관리하고자 할 때는 별도로 비즈니스 관리자 계정을 개설하는 게 좋습니다. 비즈니스 관리자 계정을 개설하고 사용하는 방법은 275쪽에서 자세히 다루겠습니다.

페이스북 광고 만들기는 다음과 같이 3단계로 구성됩니다.

1단계 캠페인 목표 설정 : 광고를 얻고자 하는 목표를 정합니다. 게시물 홍보, 웹사이트 방문, 앱 설치 등 캠페인 목표를 선택합니다.

2단계 광고 세트 설정 : 누구에게 얼마를 들여 언제부터 언제까지 홍보할 것인지 정합니다. 광고 타겟, 예산 범위(입찰 방식), 광고 집행 일정 등을 설정합니다.

3단계 광고 설정 : 광고용 콘텐츠(크리에이티브)를 제작하고 추적 옵션을 설정합니다. 광고에 쓸 제목이나 설명 문구(광고 카피), 이미지 또는 동영상 등의 표현 방식을 설정합니다. 캠페인 목적에 맞춰 고정 이미지, 이미지 연속 슬라이드, 동영상 등을 구성하고 랜딩 페이지를 설정합니다. 광고 성과를 측정할 수 있도록 광고에 따라 전환 추적용 태그를 추가하거나 설정할 수도 있습니다.

페이스북 광고, 단계별로 파헤치기

홍보용 페이지를 가지고 있는 상태에서 개인 계정을 사용하여 최초로 광고 만들기를 시도하는 상황을 예로 들어 살펴보겠습니다.

1단계 캠페인 목표 설정

[01] 페이스북 오른쪽 위에 있는 팝업 메뉴를 클릭하고 [광고 만들기]를 선택합니다.

[02] 캠페인 : 목표 선택하기 화면에서 원하는 캠페인 목표를 선택합니다. 여기에서는 [게시물 홍보하기]를 선택하였습니다.

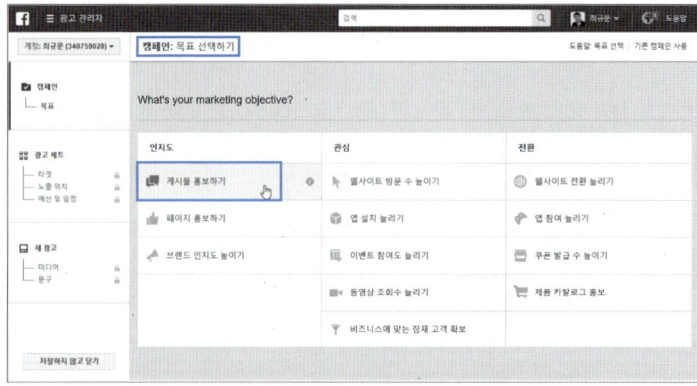

[03] 다른 캠페인과 구분할 수 있도록 상단에 있는 캠페인 이름을 입력합니다.

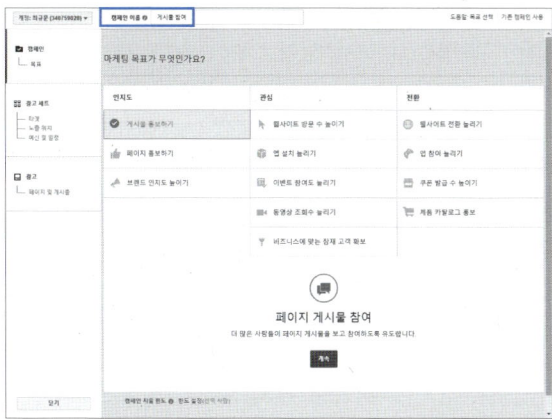

[04] 하단의 캠페인 지출 한도 옵션에서 [한도 설정] 링크를 클릭해서 금액을 입력하고, 광고를 처음 만들 경우 [광고 계정 만들기] 버튼을 클릭합니다. 이미 광고 계정을 갖고 있다면 이 단계가 나타나지 않고 다음 단계로 이동하는 [계속] 버튼이 표시됩니다.

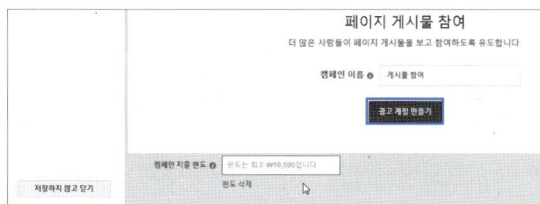

[05] 계정 국가, 통화, 시간대를 설정하고 [계속] 버튼을 클릭합니다. [세부 옵션 보기] 링크를 클릭하여 개인 이름으로 기본 설정되어 있는 광고 계정 이름을 변경할 수도 있습니다.

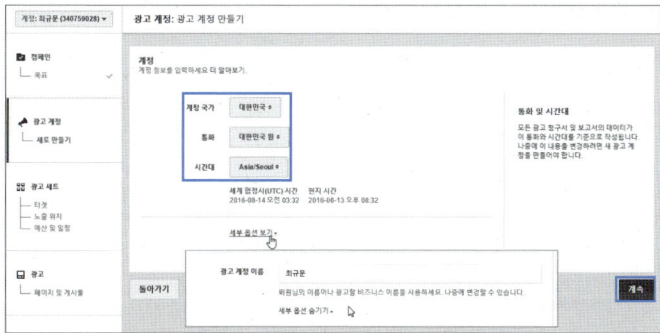

광고 계정 정보를 변경하려면?

백만 **방**문자를 부르는 **팁**

광고 계정을 처음 만들 때 설정한 국가, 통화, 시간대 설정은 광고 계정 단위로 적용되므로 나중에 변경하거나 수정할 수 없습니다. 국가와 통화를 대한민국과 원화로 설정했는데 통화와 시간대가 달러와 미국 시간대로 표시된다면 [광고 관리하기] 메뉴를 클릭하고 [계정 설정] 탭에서 [통화/시간대 변경] 링크를 눌러 광고 계정을 새로 개설해야 합니다. 통화/시간대 설정을 변경하면 기존 광고 계정이 비활성화되면서 집행한 광고가 자동으로 중지되므로 새로운 광고 계정으로 다시 광고를 만들어 시작해야 합니다.

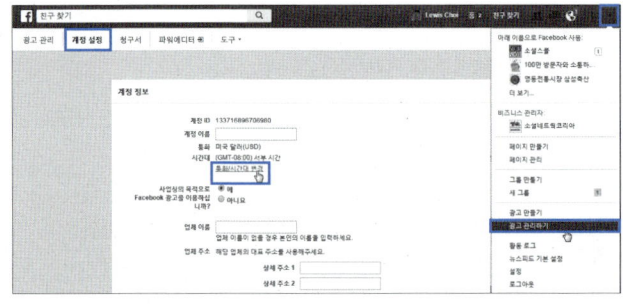

2단계 광고 세트 설정

2단계에서는 해당 목표를 효과적으로 달성할 수 있도록 광고 노출 대상을 설정하고 예산 및 광고 집행 일정을 설정합니다.

[01] 광고 세트 : 타겟, 예산, 일정 정의 화면의 광고 타겟 설정 영역에서 위치, 연령, 성별 언어 등 기본 조건을 설정합니다. 광고 대상 타겟을 매번 설정하는 것이 번거롭다면 미리 맞춤 타겟을 생성하거나 이전 광고에서 사용한 타겟을 저장해 두고 불러와 쓸 수 있습니다. 저장해 둔 타겟을 불러올 때는 [새 타겟]을 클릭하고 목록에서 선택합니다.

[02] 상세 타게팅 항목에서 [찾아보기] 링크를 눌러 다양한 선별 조건을 추가하여 타겟을 더 정밀하게 설정합니다. [관심사]를 비롯한 각 카테고리를 클릭하여 하위 분류를 펼치고 세부 항목을 선택하여 추가하면 OR(합집합) 조건으로 타겟 범위가 계속 넓어집니다.

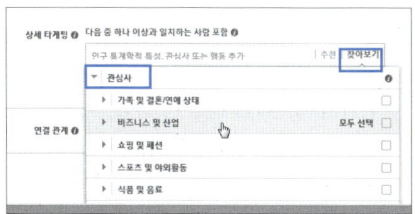

[03] 대상의 최대 도달 범위가 너무 넓어 효율이 떨어진다고 여겨지면 상세 타게팅 항목 아래쪽에 있는 [타겟 제외] 또는 [타겟 좁히기] 링크를 클릭하여 제외할 항목을 추가하거나 AND(교집합) 조건을 부가하면 타겟의 적확도를 높일 수 있습니다. 여전히 타겟이 많다고 여겨지면 [더 좁히기] 링크를 이용하여 최대 도달 범위를 조절합니다.

[04] 다음으로 내 페이지나 앱 또는 특정 이벤트와 연결하여 조건을 추가할 수 있습니다. 이 조건은 앞에서 설정한 광고 대상 범위에 AND 조건을 추가하는 것입니다. 그러므로 앞서 설정한 최대 도달 범위가 크게 축소될 수 있다는 점을 고려해야 합니다. 보통 페이지와의 관계를 추가로 설정합니다. 보통은 페이지에 이미 [좋아요]한 팬을 대상에서 제외하거나 팬의 친구 범위까지 포함하는 옵션 중 하나를 선택합니다. [세부 조합]을 선택하여 특정한 페이지의 팬인 사람은 포함하고 다른 특정한 페이지 팬은 제외하는 등의 조건을 조합하여 설정하는 것도 가능합니다.

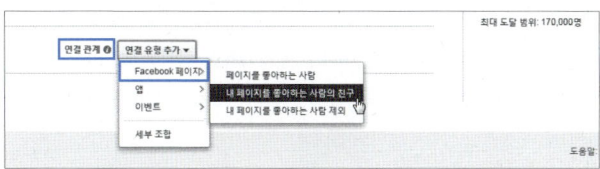

광고 최대 도달 범위는 어느 정도가 적당할까?

상세 타게팅 조건을 이용해 광고 대상자의 최대 도달 범위를 조절할 때 어느 정도가 적당한 규모인지 일률적으로 정하여 말할 수는 없습니다. 개별 광고가 속하는 산업 범주나 관심사 범주에 따라 클릭률이나 반응률이 달라질 수 있고, 타겟으로 선정된 군의 행동 특성이나 캠페인 목적 등에 따라 달라질 수 있기 때문입니다.

타게팅 조건이 느슨하더라도 더 다수에게 도달하여 인지도를 높이길 원한다면 타겟 범위를 좀 더 넓게 잡는 게 유리하고, 광고 도달 시 어떤 행동(전환)이나 반응을 높이길 원한다면 맞춤 타겟이나 여러 가지 추가 조건을 충족한 대상을 선별하는 게 유리합니다. 경험적으로 대한민국 페이스북 월간 활성 사용자 수(1,400만 명) 대비 약 1~2%(15만~30만 명) 수준으로 대상을 설정하면 광고 효율이 높게 나오지만, 광고마다 편차가 클 수 있으므로 꾸준한 테스트와 반복적인 분석을 통해 캠페인 목적에 맞는 타겟 규모를 찾아내야 합니다.

[05] 이어서 예산 및 개시 일정을 설정합니다. 일일 단위 예산을 편성할 수 있고, 기간에 따른 총 예산을 설정할 수도 있습니다. 전체 예산과 캠페인 기간을 감안하고, 오른쪽 일일 추산 도달 수 영역을 참조하여 예산을 설정합니다.

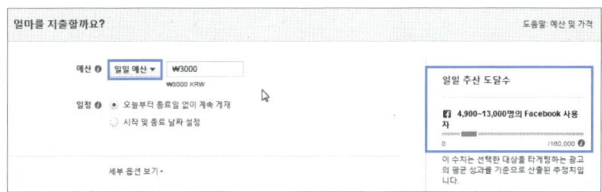

일일 예산은 얼마가 적당한가?

일일 예산 역시 일괄적으로 얼마가 적당하다고 말할 수는 없습니다. 일일 예산 금액을 1,000~5,000원 혹은 10,000원 단위로 더하면서 추산 도달 수를 살펴보면, 예산이 높아질수록 도달 수가 증가하다 일정 금액 이상이 되면 도달 수가 크게 증가하지 않는 구간이 나타납니다. 이 구간의 도달 수가 설정한 타겟 대상에게 하루에 도달할 수 있는 최대치라 판단할 수 있습니다. 이럴 때는 굳이 금액을 더 높게 설정하지 않아도 됩니다.

> 광고 효과를 비교하고 측정하기 위해 초기 테스트 단계에서는 3,000~5,000원으로 2~3일만 설정하는 방법도 가능합니다. 캠페인 기간이 촉박하거나 제한된 기간 동안 집중적으로 노출하길 원한다면 효과가 검증된 광고에 대해 개별 광고당 50,000원 이상의 일일 예산을 투입하는 것이 효과적일 수도 있습니다.

[06] 예산 설정 후 광고 게시 일정을 선택한 후 [세부 옵션 보기] 링크를 클릭하면 입찰 금액 청구 방식, 광고 예약, 게재 유형 등을 추가로 설정할 수 있습니다. 광고 경험이 축적되어 좀 더 효과적인 광고 설정이 가능하다고 판단되면 입찰 금액을 [수동]으로 설정하여 게시물 참여에 따른 입찰가를 설정하고, 광고 게시 일정도 24시간 항상 게재하는 것이 아니라 타겟층이 가장 활발하게 활동하는 시간대를 별도로 설정하여 노출할 수 있습니다. 특히 [광고 게재를 위한 최적화] 옵션은 광고 경험이 충분하지 않을 때는 다른 타게팅 옵션을 설정하지 말고 기본 옵션 상태로 이용하는 게 좋습니다. 이와 병행하여 조건을 의식적으로 설정한 광고를 만들어 효과를 비교, 테스트해 보는 것도 바람직합니다.

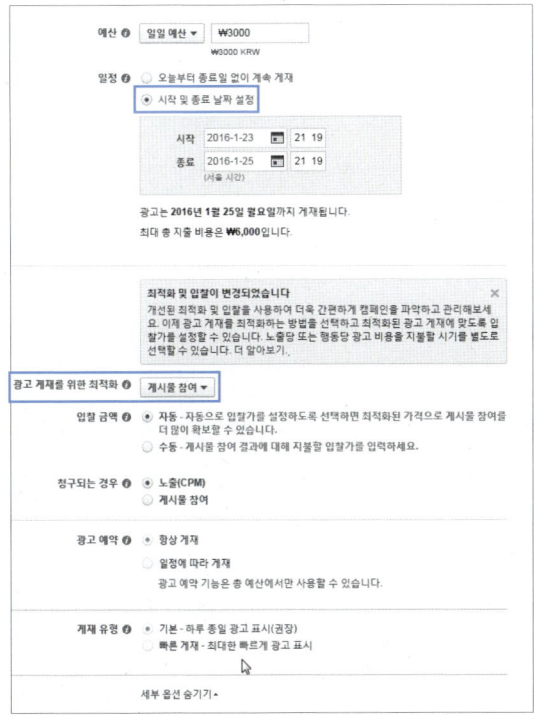

[07] 끝으로 화면 상단에 있는 광고 세트 이름을 입력하고 [계속] 버튼을 클릭합니다. 광고 세트 이름은 나중에 유사한 광고를 만들 때 파워에디터 등의 광고 관리 도구로 복제하여 사용할 수 있는 자산입니다. 해당 광고 세트에서 설정한 조건을 떠올릴 수 있도록 타겟 성별이나 연령 또는 키워드(관심사) 및 연결 조건 등을 포함하여 작성하는 편이 좋습니다.

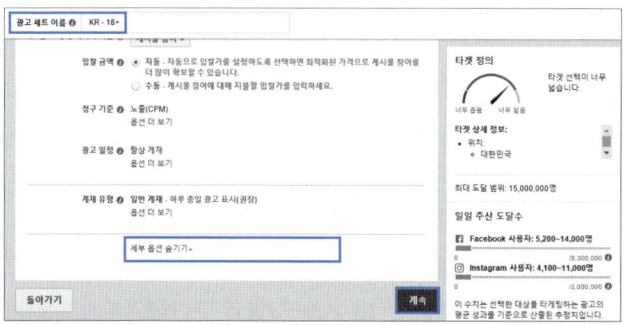

3단계 광고 설정

마지막으로 노출할 광고 콘텐츠를 제작하고 설정해야 합니다. 광고 대상으로 사용할 수 있는 것은 페이스북 페이지의 게시물(포스트)부터 웹사이트나 블로그, 특정한 이벤트나 고객 제안이 전개되고 있는 랜딩 페이지, 배포해야 할 앱에 이르기까지 다양합니다. 홍보할 목적물이 어떤 대상과 장치에서 더 많이 소비되는지 고려하여 타겟의 눈길을 끌고 반응을 유도할 수 있는 광고 텍스트, 이미지, 동영상 등을 설정합니다. 광고 콘텐츠는 광고 대상 타게팅 못지않게 광고의 클릭 여부를 좌우하는 요소이므로 기획할 때부터 고민을 많이 해야 하며 꾸준한 테스트와 분석 작업이 동반되어야 합니다. 이 실습에서는 페이지 게시물을 홍보하는 것을 목표로 잡았으므로 마지막 광고 설정 단계에서 홍보할 페이지와 게시물을 선택한 후 부가 옵션만 확인하면 됩니다.

[01] 광고 : 미디어, 텍스트, 링크 선택하기 화면에서는 광고 전환 효과를 측정하기 위해서 필요한 URL 태그(매개변수)나 추적 픽셀 등의 요소를 확인해야 합니다. 전환 추적 픽셀은 316쪽에서 따로 살펴보겠습니다. 여기에서는 광고 미리 보기 영역에 나타나는 이미지 안에 텍스트 비율이 과하지 않은지, 입력 옵션 중 경고 메시지가 뜨는 것은 없는지 확인합니다. 문제가 있다면 게시물

이미지를 교체한 후 광고를 다시 만들거나 문제의 소지가 없는 다른 게시물을 선택합니다. 이어서 [주문 검토] 버튼을 클릭하여 타겟 설정 및 광고 콘텐츠 설정이 제대로 되었는지 검토합니다.

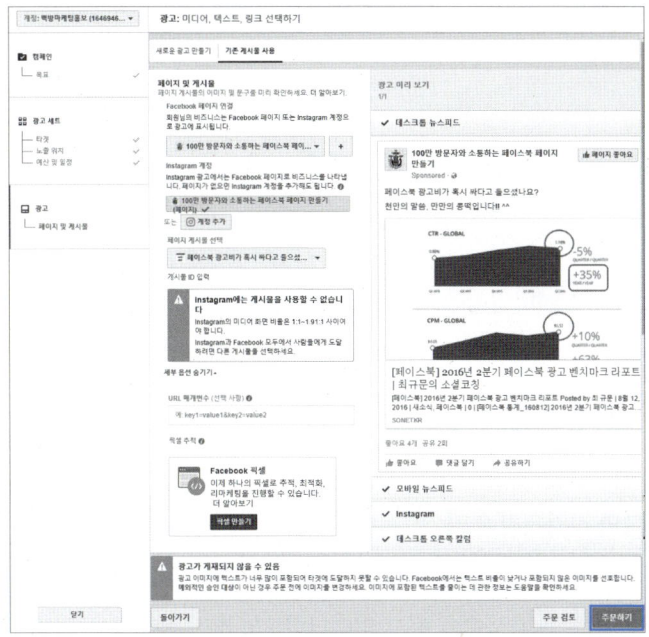

광고 승인 거절을 예방하려면?

백만 **방**문자를 부르는 **팁**

게시물 홍보하기 광고에서 포스트에 포함된 이미지의 텍스트 영역이 전체의 20%를 넘어가거나 Facebook 로고나 엄지손가락 Like(좋아요) 아이콘 이미지 등이 포함되어 있으면 승인이 거절되거나, 승인되더라도 노출률이 현저하게 떨어집니다. 따라서 주문 검토 단계에서 이미지에 포함된 텍스트 비율 및 페이스북의 공식 로고나 좋아요 아이콘이 광고 이미지 안에 포함되어 있지 않은지 사전에 검토하여 승인이 거절되지 않도록 예방합니다. 광고 이미지 내 텍스트 비율은 페이스북에서 제공하는 그리드 도구를 이용해 확인할 수 있습니다. 광고에 쓰일 이미지를 업로드해서 텍스트 비율을 미리 측정해 보면 패널티 적용 여부 및 수준을 알아볼 수 있습니다.

https://www.facebook.com/ads/tools/text_overlay

[02] 최종 검토를 마치고 [주문하기] 버튼을 클릭하면 광고가 시작되고 다음과 같이 설정한 광고에 대한 현황이 표시됩니다. 광고가 검토 중이라고 표시되면 최종 승인을 기다려야 합니다. 광고 승인 전이라도 오른쪽 위에 있는 도구 아이콘을 클릭하여 수정, 복제, 삭제할 수 있습니다.

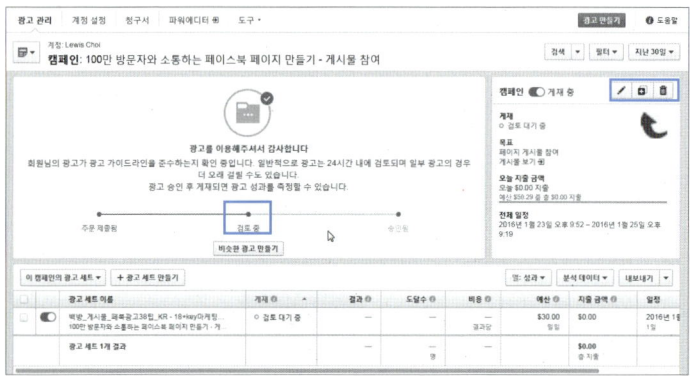

온라인 추적 광고와 리타게팅 원리

누구나 쉽게 하루 1,000원 정도만으로도 광고를 할 수 있다는 말에 페이스북 광고를 부담 없이 이용하는 사람이 늘고 있습니다. 그 분들 입장에서는 비즈니스 관리자, 파워에디터, 페이스북 픽셀 같은 용어나 개념이 생소할 것입니다. 그렇게 복잡한 것을 굳이 알아야 하느냐고 묻기도 합니다. 이런 질문에는 "몰라도 광고를 집행할 수 있습니다. 다만 원리를 모르고 광고하면 지출하는 비용 대비 광고 효과를 검증하기 어렵고, 무엇보다 다음 광고를 할 때 선행 광고에서 추적하거나 확인할 수 있는 다양한 정보를 얻을 수 없게 됩니다"라고 답합니다. 즉 페이스북 광고는 일회성이나 소모성 광고가 아니라 다음 번 광고의 기획 및 광고 대상 설정에 재활용할 수 있는 리타게팅 광고의 속성을 갖고 있다는 뜻입니다.

리타게팅 광고란 우리가 운영하는 웹사이트나 랜딩 페이지에 방문해서 정보를 얻거나 흔적을 남긴 사람들에게 일종의 분류 꼬리표를 달아 접속 기록을 남기고, 나중에 추가로 광고를 할 때 특정 조건에 부합하는 사람만 골라 해당 분류군에 속하는 사람들에게 연관성이 높은 광고나 제안 메시지를 전송함으로써 더 효과적으로 반응하도록 설계한 대상별 맞춤 광고입니다.

리타게팅 광고의 효율을 높이기 위해 각종 추적 기술 및 노출 타겟 설정 알고리즘을 가장 선도적으로 진화시킨 업체는 구글입니다. 구글 애드워즈 광고에서 제공하는 GDN$^{Google\ Display\ Network}$ 리마케팅 광고가 대표 주자입니다. 따라서 페이스북 맞춤 타겟 광고의 개념이나 작동 원리를 알고 싶으면 구글 애드워즈 광고 시스템의 기본 원리를 배우고 익히는 게 좋습니다.

구글 GDN 광고 시스템은 누군가 구글 검색 창에 특정 키워드를 입력하고 검색한 결과물을 열람할 때 게시물 중간이나 주변 혹은 상단이나 하단에 해당 기사와 연관된 이미지나 텍스트 배너 광고를 노출하는 시스템입니다. 특정 관심사와 연관된 주제의 광고를 검색한 기사와 함께 노출하여 거부감을 줄이고, 기사 내용과 연관된 추가 정보를 얻고 싶어 하는 이용자에게 자연스럽게 광고를 클릭하도록 유도하는 원리입니다.

▲ 구글 애드워즈 GDN 광고 설명 동영상

구글 애드워즈 광고 시스템에 관해 동영상으로 공부하고 싶다면 유튜브에 올려진 [구글 애드워즈 온라인 세미나] 시리즈를 이용합니다. 애드워즈의 기본 원리부터 고급 리마케팅은 물론 구글 광고의 성과를 추적하고 분석할 수 있는 구글 애널리틱스 고급 기능까지 일목요연하게 정리되어 있습니다. [3분 세미나] 및 [월별 세미나] 시리즈도 꾸준히 업로드되므로 자주 방문하여 알고 싶은 주제를 찾아 학습하길 권합니다. 앞에 있는 그림의 QR 코드를 이용하거나 다음 주소로 접속할 수 있습니다.

접속 주소 : https://www.youtube.com/user/googlekrwebinar/videos

왜 페이스북 맞춤 타겟 광고인가

문득 이런 의문이 들 수 있습니다. 구글이 탁월한 수준의 추적이 가능한 리마케팅 광고 시스템을 구현해 놓았는데 굳이 페이스북 광고를 따로 이용할 필요가 있을까? 여기서는 구글 이용자와 페이스북 이용자의 중요한 행동 패턴 차이를 이해할 필요가 있습니다.

페이스북은 사용자가 서비스를 정상적으로 이용하려면 24시간 로그인한 상태여야 합니다. 페이스북의 개별별 홈 화면은 바로 뉴스피드입니다. 뉴스피드는 내 친구나 지인들 혹은 내가 가입한 그룹이나 [좋아요]한 페이지의 게시물 중에서 나와 관련성이 높은 게시물들을 추려서 보여 주는 '1인용 게시판' 혹은 '나만의 신문'과 같은 것입니다. 이런 이유 때문에 페이스북은 내 로그인 정보를 제공받지 못하면 홈 화면의 콘텐츠 자체를 구성할 수 없습니다.

또한 페이스북은 페이스북에서 제공하는 메뉴 안에서만 사용자 정보를 수집하는 게 아닙니다. [페이스북 커넥트] 또는 [좋아요] 버튼이나 [추천] 버튼과 같은 각종 소셜 플러그인을 통해 연결된 셀 수 없이 많은 외부 웹사이트에서 보내오는 행동 정보를 수집하여 사용자별 활동 로그 정보를 축적합니다. 이렇게 모은 개인들의 행동 정보를 기초로 관심사나 성향이나 행동 패턴이 유사한 사용자끼리 묶어 맞춤 타겟을 생성할 수 있게 제공합니다. 이 맞춤 타겟을 이용해 특정한 광고를 특정한 타겟군에게만 제한적으로 전달합니다. 그게 바로 페이스북 맞춤 타겟 광고 시스템입니다.

무엇보다 중요한 것은 이러한 행동 정보들이 모두 개인의 실명 로그인 정보를 기초로 기록되고 분석된다는 점입니다. 구글 검색 결과와 연동해서 작동되는 구글 애드워즈 시스템은 강제 로그인을 요구하는 방식이 아니므로 각종 분석 자료 역시 실명 정보가 아니라 광고에 대한 각종 반응이나 소비 행동 패턴 자료를 분석하여 추출해 낸 간접적인 통계 정보입니다. 즉 광고의 타게팅 수준에서 보면 인터넷 기술의 절대 강자인 구글조차 페이스북이 선점한 실명 기반 타게팅의 적확도를 넘보기 어렵습니다. 페이스북 광고가 구글 광고와 비교할 때 갖는 최대 강점입니다. 따라서 페이스북 광고의 효과와 효율을 높이려면 다음 요소를 고민해야 합니다.

❶ **광고 대상 타겟 설정** : 누구를 광고 대상으로 설정해야 가장 높은 효과를 얻을 수 있을까?
❷ **광고 콘텐츠 및 콜투액션(CTA)** : 어떤 유형의 광고와 광고 카피, 또는 광고 소재가 참여와 반응을 높일 수 있을까?
❸ **광고 전환 및 반응 추적** : 어떻게 하면 광고에 반응한 사람과 반응하지 않은 사람을 구분하고 추적하여 타겟별로 다른 메시지를 추가로 보낼 수 있을까?

실제로 광고를 집행해 보면 광고가 도달되는 대상 타겟을 어떻게 설정하느냐에 따라 광고 효과가 많이 달라지는 것을 체험할 수 있습니다. 따라서 효과적인 맞춤 타겟을 만드는 것이야말로 페이스북 광고 효과를 높이는 최대 핵심 과제입니다. 여기에서는 페이스북 광고의 효과를 우선적으로 좌우하는 맞춤 타겟을 생성하는 방법을 살펴보겠습니다.

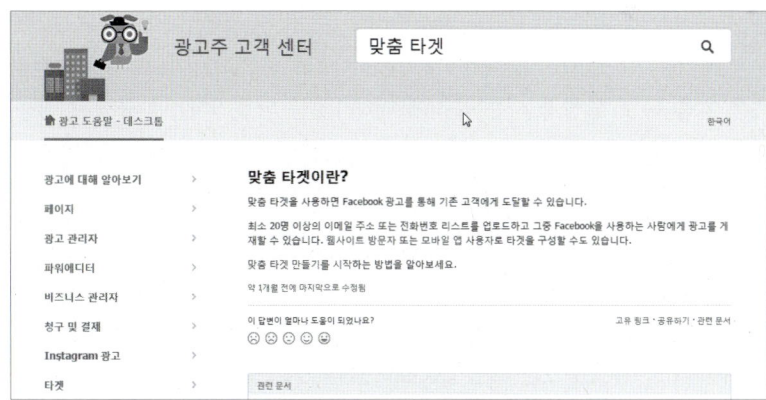

▲ 페이스북 광고주 고객 센터에서 알려주는 맞춤 타겟 도움말 화면

맞춤 타겟 제대로 활용하기

페이스북 맞춤 타겟은 사용자가 모은 고객의 이메일 또는 전화번호 목록을 업로드하면 목록에 있는 고객 중 페이스북을 사용하는 사람만 찾아 페이스북 광고를 보여 주는 광고 도달 대상자 파일을 말합니다. 인원수가 20명 이상이 되면 광고를 할 때 쓸 수 있지만, 개인 정보에 해당하므로 포함된 고객 이름이나 ID 목록을 볼 수는 없습니다. 당연히 데이터 파일로 다운로드하여 재가공할 수도 없습니다. 타인에게 양도하거나 임대할 수도 없습니다. 오직 페이스북 광고 시스템 내에서만 존재하며, 특정한 대상(페이스북 사용자)에 대해 특정한 광고를 보여 주고자 할 때만 호출(광고 대상 타겟으로 설정)하여 사용할 수 있는 페이스북 시스템 내의 데이터 파일입니다.

맞춤 타겟은 페이스북 시스템 안에서 동작하지만 특정 대상군의 정보를 다룬다는 점에서 개인 정보 집합 목록과 같은 것으로 법적으로 매우 조심스럽게 다루고 활용해야 할 데이터 자산입니다. 사용하기 전에 꼭 [맞춤 타겟 약관]을 읽고 내용을 숙지한 뒤에 광고에 이용하기를 권장합니다.

- 페이스북 맞춤 타겟 약관 전문
  https://www.facebook.com/ads/manage/customaudiences/tos.php
- 전환 추적, 웹사이트의 맞춤 타겟 및 모바일 앱의 맞춤 타겟 이용 약관
  https://www.facebook.com/customaudiences/app/tos

다음은 맞춤 타겟 생성과 사용 규칙에 대해 [맞춤 타겟 약관]에 규정된 내용의 일부입니다(최종 수정일 2014년 9월 3일 기준).

- 비교 프로세스를 위해 Facebook에 제공한 해시된 데이터는 타사 또는 다른 광고주와 공유되지 않으며, 비교 프로세스가 완료된 직후 삭제됩니다. Facebook은 (a) Facebook 시스템 내에 있는 동안 데이터의 보안과 무결성을 보호하고 (b) Facebook 시스템 내에서 실수나 무단의 데이터 액세스, 사용, 변경 또는 공개를 방지하도록 설계된 기술적 및 물리적 안전 조치를 가동하는 작업 등을 통해 회원님의 맞춤 타겟(이하 "회원님의 맞춤 타겟")을 구성하는 해시된 데이터 및 Facebook 사용자 ID의 기밀과 보안을 유지합니다. 나아가 회원님이 허가한 경우 또는 법적으로 요구되는 경우를 제외하고, Facebook은 타사 또는 다른 광고주에게 회원님의 맞춤 타겟에

> 대한 정보 또는 액세스를 제공하지 않을 것이며, 회원님의 맞춤 타겟을 사용하여 Facebook 사용자에 대한 정보에 추가하거나 관심사 기반 프로필을 작성하지 않을 것이며, 회원님께 서비스를 제공하는 경우를 제외하고 회원님의 맞춤 타겟을 사용하지 않을 것입니다.
> - Facebook과 맞춤 타겟을 업로드하고 만들 수 있는 권한이 부여되는 계약을 체결한 광고주(또는 광고주를 대신하는 에이전시), 광고 API 또는 맞춤 타겟 API 파트너, 데이터 파트너이거나, Facebook으로부터 명시적 서면 허가를 취득한 경우 외에는 맞춤 타겟 기능을 사용할 수 없습니다. 타사를 대신해 해시된 데이터를 제공하는 경우, 타사를 대신하여 맞춤 타겟을 만드는 경우에만 타사 데이터를 사용할 수 있으며 다른 데이터로 해당 데이터를 확장하거나 보완할 수 없습니다. 맞춤 타겟을 판매하거나 양도할 수 없으며 타사가 맞춤 타겟을 판매하거나 양도하도록 허용할 수 없습니다.

맞춤 타겟의 종류

맞춤 타겟에는 크게 네 가지가 있습니다.

❶ 기존 고객의 이메일이나 개인 전화번호로 생성하는 [고객 리스트 맞춤 타겟]
❷ 웹사이트나 랜딩 페이지 방문자 중 페이스북 사용자를 추려서 만든 [웹사이트 맞춤 타겟]
❸ 앱에서 특정 행동을 한 사람들을 뽑아서 생성한 [앱 활동 맞춤 타겟]
❹ 동영상 조회 시청 시간 또는 잠재 고객 확보 광고 응답 여부 등을 기준으로 만든 [Facbook 참여도 맞춤 타겟]

내가 확보해 놓은 기존 고객 목록이나 웹 트래픽 추적을 통해 수집한 타겟 수가 너무 적어 광고 대상으로 설정하기에 부족하다면 이미 생성한 맞춤 타겟 내용을 분석하여 비슷한 성향이나 관심사를 가진 페이스북 가입자를 추려서 확장된 맞춤 타겟을 만들 수 있습니다. 이것을 '유사 타겟'이라고 부릅니다. 유사 타겟은 넓게 보면 유사한 특성을 가진 사람을 선별하여 모아 주는 것이므로 맞춤 타겟의 한 종류로 볼 수 있습니다.

어떤 경로로 수집된 데이터든 그 안에 페이스북 가입자를 구별해 낼 수 있는 비교 기준 정보(이메일 주소, 휴대폰 번호, 앱 사용자 ID 등)만 들어 있으면 해당 목록을 페이스북에 업로드하여 맞춤 타겟을 만들 수 있습니다. 다만 맞춤 타겟을 사용하려면 그 목록이 합법적으로 만들어진 것이어야 하며 정보 제공자의 이용 동의를 얻거나 개인 정보 수집 및 보호 정책을 충분히 고지한 페이지에서 얻어진 것이어야 합니다.

[페이스북 광고의 모든 것 03]에서 살펴보았듯이 페이스북은 사용자의 동의 없이 개인 정보를 수집하여 광고를 목적으로 무분별하게 맞춤 타겟을 생성하는 행위를 제한하고자 2015년 6월 초부터 페이스북 이메일 계정이나 아이디를 추출해서 맞춤 타겟을 만드는 것을 금지하고 있습니다. 요컨대, 페이스북 맞춤 타겟은 기존 고객 목록, 특정 웹사이트를 방문했거나 앱을 설치하여 이용한 고객들의 행동을 따로 분류하여 그 사람들에게만 별도의 광고 메시지를 보낼 수 있도록 만들어진 선별된 광고 대상자 목록입니다. 이것은 광고주에게는 불필요한 광고비 낭비를 막고 광고 효율을 높여 줄 수 있으며, 사용자에게는 무분별한 스팸성 광고 홍수에 노출될 위험을 줄여 줄 수 있습니다. 이 때문에 개인 정보 과다 노출을 우려하는 목소리에도 불구하고 맞춤 타겟 광고나 리마케팅 광고는 점점 더 필수적인 광고 수단으로 여겨질 것입니다.

[고객 리스트] 메뉴로 맞춤 타겟 만들기

맞춤 타겟을 만드는 순서는 모두 유사합니다. 페이스북 안내와 화면 도움말의 상세 설명서를 참고하지 않아도 어렵지 않게 만들어 쓸 수 있습니다. 맞춤 타겟은 이메일 주소, 전화번호, 페이스북 사용자 ID(모바일 앱 전용) 또는 모바일 광고주 ID를 이용하며, 최소 20명 이상을 포함해야 하고, [광고 관리자], [광고 만들기], [파워에디터], [앱 분석] 중 한 가지 메뉴를 사용하여 만들 수 있습니다.

여기에서는 이해를 돕기 위해 페이스북 광고를 한 번도 만들어 본 적이 없는 사용자가 [광고 만들기] 메뉴를 이용해 맞춤 타겟을 만드는 과정을 살펴 보겠습니다. 다른 방법으로 만들고 싶다면 다음 도움말 주소로 접속하여 상세 설명을 참고하여 만듭니다.

https://www.facebook.com/business/help/170456843145568

[01] 190~191쪽에 있는 [페이스북 광고, 단계별로 파헤치기] 1단계 캠페인 목표 설정하기까지 완료합니다. 2단계 광고 타겟 설정 영역 [새로 만들기] 링크를 클릭한 후 [맞춤 타겟]을 선택합니다.

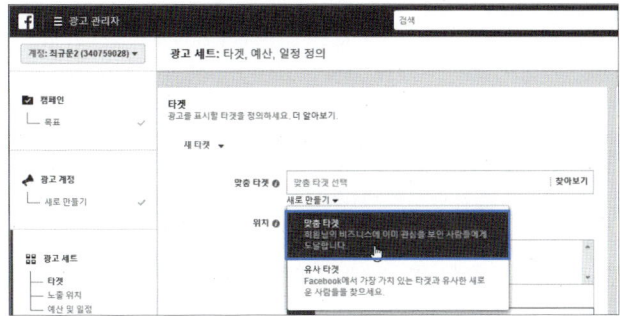

[02] [고객 파일], [웹사이트 트래픽], [앱 활동], [Facebook 참여도] 항목 중에서 [고객 파일]을 선택합니다. 준비된 고객 목록의 종류에 따라 [파일을 선택하거나 복사하여 붙여 넣으세요], [MailChimp에서 가져오기] 중에서 적절한 방법을 선택합니다. 여기서는 [파일을 선택하거나 복사하여 붙여넣으세요]를 선택하였습니다.

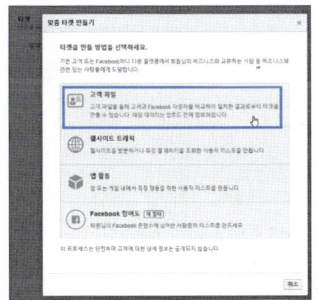 

[03] 파일 업로드 창이 나타나면 데이터 유형을 확인하고 [파일 업로드] 버튼을 클릭하여 고객 목록이 포함된 파일을 선택하여 업로드한 뒤 타겟 이름을 작성하고 [다음] 버튼을 클릭합니다. [복사하여 붙여넣기]를 선택한 후 복사한 데이터를 직접 입력할 수도 있습니다.

[04] 식별자 미리 보기 및 맵핑 창에서 업로드할 데이터 항목들을 선택한 후 [업로드 및 생성] 버튼을 클릭합니다. '타겟이 생성되었습니다.' 안내창이 나타나면 유사 타겟을 만들거나 바로 광고 만들기를 진행할 수 있습니다.

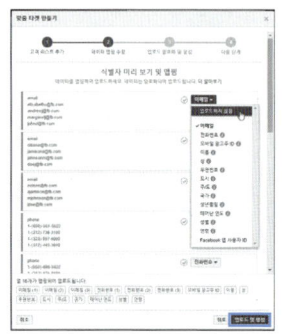 

고객 목록 파일은 어떤 형식으로 준비해야 할까? | 백만 **방**문자를 부르는 **팁**

고객 목록 파일을 업로드하려면 파일이 csv 또는 txt 형식이어야 합니다. 전화번호 목록을 이용할 때 국내 휴대폰 번호는 010을 대한민국 국가 식별 번호(82)를 부가한 8210으로 일괄 변경한 후 작성해야 제대로 동작합니다. 국번과 번호 사이에 붙는 하이픈(-) 기호는 무시하므로 있어도 상관없습니다.

페이스북 픽셀과 웹사이트 맞춤 타겟 만들기

갖고 있는 고객 목록이 없거나 부족할 때 혹은 관리 중인 웹사이트나 랜딩 페이지에 방문한 사람들 중 페이스북 가입자를 광고 대상으로 삼고 싶을 때는 웹페이지 방문자를 모아서 맞춤 타겟으로 만들 수 있습니다. 이 경우 누가 우리 웹사이트에 방문을 했는지, 그 방문자가 페이스북 가입자인지 아닌지 구분하여 언제 어느 웹페이지를 방문했는지 관련 정보를 전송해 주는 프로그램 코드(스크립트)를 해당 웹페이지 소스 안에 미리 설치해 두어야 합니다. 이 스크립트를 페이스북 픽셀이라고 부릅니다.

페이스북 픽셀은 웹사이트 방문자 정보 수집을 통한 맞춤 타겟 생성과 광고 전환 여부에 대한 추적 확인 기능을 동시에 하도록 개발되었습니다. 지금부터는 광고를 한 번이라도 만들어 개인 광고 계정을 개설한 사용자가 [광고 관리] 메뉴를 통해 페이스북 픽셀과 웹사이트 맞춤 타겟을 만드는 방법을 살펴보겠습니다.

[01] 페이스북 오른쪽 위에 있는 팝업 메뉴를 클릭한 후 [광고 관리]를 선택합니다.

[02] 광고 관리자 화면이 열리면 왼쪽 상단에 있는 [도구] 아이콘을 클릭하고 [픽셀]을 선택합니다(보유한 광고 계정이 여러 개라면 광고 관리자 화면이 바로 열리지 않고 광고 계정 선택 화면이 열립니다. 사용할 광고 계정 이름을 클릭하면 광고 관리자 화면으로 넘어갑니다).

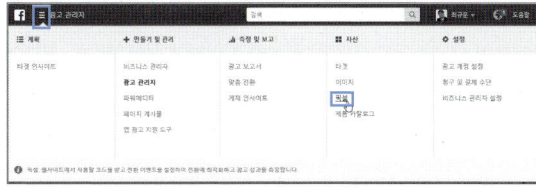

[03] [Facebook 픽셀] 탭 화면이 열리면 내용을 확인하고 아래쪽 중앙에 있는 [픽셀 만들기] 버튼을 클릭합니다.

[04] Facebook 픽셀 만들기 창이 나타나면 원하는 픽셀 이름을 입력하고 [Facebook 픽셀 약관에 동의합니다] 에 체크되어 있는지 확인 후 [픽셀 만들기] 버튼을 클릭합니다.

[05] 페이스북 픽셀이 준비되었다는 내용의 안내 창이 나타나면 [이메일로 픽셀 코드 보내기] 버튼을 클릭합니다. 웹사이트나 타겟 모집 페이지 소스를 편집할 수 있는 관리 담당자에게 새로 생성된 페이스북 픽셀을 전달합니다. 해당 작업을 직접 실행하려면 [픽셀 지금 설치] 버튼을 클릭합니다.

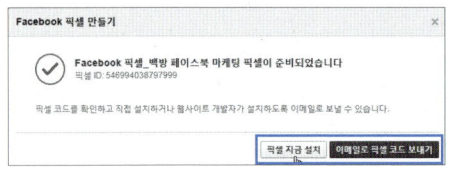

[06] 픽셀 기본 코드 보기 팝업 창이 나타나면 픽셀 기본 코드 추가(필수) 항목의 스크립트 내용을 전부 블록으로 지정하여 복사합니다. 이 코드를 맞춤 타겟을 생성하고 싶거나 전환 추적을 원하는 웹사이트 또는 웹페이지 소스 파일 안에 추가합니다. 방문자 조회(PageView) 이외에 구매 등 특정한 전환 행동을 추적하기 위한 코드를 기본 픽셀에 추가하려면 [이벤트 설정] 버튼을 클릭합니다.

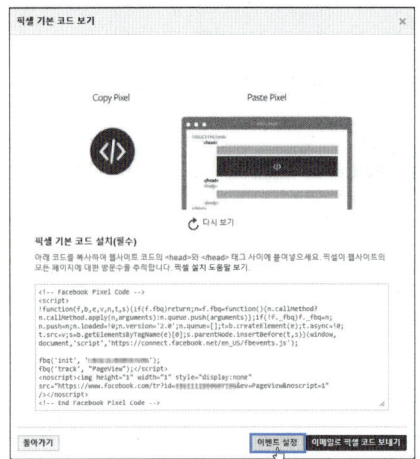

> **백만 방문자를 부르는 팁**
>
> **페이스북 픽셀은 어디에 심어야 하나?**
>
> 페이스북 픽셀 스크립트는 html 파일의 〈/head〉 태그 바로 앞에 넣도록 권장합니다. 본문 영역 (〈body〉와 〈/body〉 태그 사이) 또는 푸터 영역에 넣어도 되지만 웹페이지 방문 여부를 체크하려면 전체 페이지 로딩 전에 미리 체크할 수 있도록 헤드 영역에 삽입하길 권합니다. html 파일 소스의 편집 방법을 모른다면 해당 홈페이지를 운영, 관리하는 담당자나 개발자에게 코드를 전송하고 방문자 정보 수집 또는 전환 추적을 원하는 웹페이지 소스 안에 심어 달라고 요청합니다.

[07] 전환 추적 추가와 관련한 설명 화면(동영상)을 참조하여 필요 시 기본 픽셀 태그 코드 중간에 원하는 이벤트 코드를 추가로 삽입할 수 있습니다. 필요한 이벤트 코드를 확인(복사)한 뒤 [완료] 버튼을 클릭합니다.

[**08**] [완료] 버튼을 클릭하여 안내 팝업 창이 나타나면 창을 닫고 [Facebook 픽셀] 탭 아래에서 [타겟 만들기] 버튼을 클릭합니다. 다음과 같은 웹사이트 트래픽 맞춤 타겟을 생성하는 팝업 창이 나타납니다. 정보 수집을 원하는 기간을 설정하고, 구분하기 쉽게 타겟 이름을 입력한 후 [타겟 만들기] 버튼을 클릭합니다.

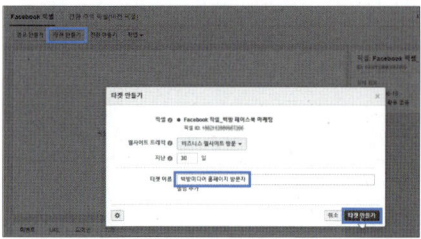

[웹사이트 트래픽] 항목의 효과적인 활용 — 백만 방문자를 부르는 팁

웹사이트 트래픽을 측정할 때 목적에 따라 여러 가지 옵션을 선택하거나 조합하여 만듭니다. 특정한 도메인을 가진 웹사이트 전체 방문자를 모두 수집하고 싶다면 [비즈니스 웹사이트 방문]을 선택합니다. 구매 확인 페이지나 이벤트 신청 페이지와 같이 웹사이트 전체 중 특정한 페이지나 별도의 랜딩 페이지 방문자를 수집하고 싶다면 [특정 웹페이지 방문]으로 설정하고 해당하는 웹페이지 주소를 입력합니다.

예를 들어, 반려동물용품 전문쇼핑몰에서 사료 상품 페이지를 방문하고 비타민 상품 페이지는 방문하지 않은 사람을 맞춤 타겟으로 설정할 수 있습니다. 반려동물을 키우는 게 확실한 사람들이므로 비타민을 살 가능성도 높기 때문입니다. 또한 [일정 기간 방문하지 않은 사람]으로 설정하여 정기적으로 구매해야 하는 상품(쌀, 건강식품, 사무용 소모품 등)이 떨어질 무렵에 같은 상품을 구매하도록 제안할 수 있습니다. 여러 가지 조합을 중복할 수 있는 [맞춤 조합]을 선택하면 여러 가지 선별 조건을 중첩하여 해당 조건에 맞는 사람만 가려내 각각의 맞춤 타겟을 생성하고 리마케팅 제안(광고)에 응용할 수 있습니다.

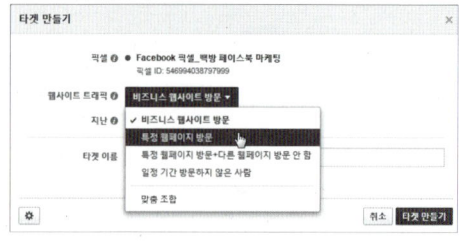

[09] 타겟을 만들었다면 Facebook 픽셀 화면에서 [전환 만들기] 버튼을 클릭하여 추가로 전환 추적 설정을 할 수 있습니다. [표준 이벤트로 전환 추적]과 [맞춤 전환 추적] 중 선택할 수 있습니다. 표준 이벤트를 사용하려면 웹사이트에 추가한 페이스북 픽셀 코드를 수정해야 해서 번거롭습니다. 코드를 수정하지 않고 페이스북 픽셀을 심은 웹페이지에 대한 방문 여부를 추적하려면 [맞춤 전환 추적]을 사용하길 권합니다. 맞춤 전환 추적 방식은 페이스북 픽셀에 이벤트 추적 코드를 추가하는 대신 특정 웹페이지의 URL 주소 또는 특정 URL에 포함된 키워드를 추적 조건으로 추가함으로써 방문자가 해당 URL 페이지를 거쳐갔는지 알아낼 수 있습니다. 두 가지 방식이 각각 장단점이 있지만 추적을 원하는 페이지의 URL 이름(키워드)이나 상품 카테고리 구분 명만 정확히 알고 있다면 소스 코드 편집 능력이 부족한 운영자라도 사용할 수 있는 맞춤 전환 추적 방식을 권합니다.

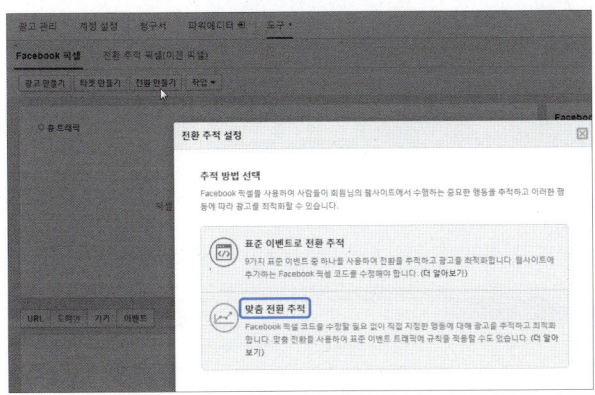

유사 타겟을 만들고 활용하기

앞에서 살펴본 것처럼 [고객 파일]이나 [웹사이트 트래픽]을 이용하여 맞춤 타겟을 만들었지만, 많은 사람에게 광고하기에는 여전히 사용하려는 맞춤 타겟의 인원 수가 모자랄 수 있습니다. 이럴 때는 앞서 생성한 맞춤 타겟 구성원의 특성을 분석하여 전체 페이스북 사용자 중에서 그들과 위치(지역), 연령, 성별 및 관심사가 비슷한 사람들을 찾아 광고를 노출할 수도 있습니다.

특정 맞춤 타겟을 생성해 일정 규모 이상(최소 100명 이상)의 인원이 모이면 이 그룹의 인구 통계학적 분포 및 성향 또는 관심사 등을 분석하여 해당 부류와 가장 유사하다고 판단되는 사람들을 추출하여 더 큰 규모로 '확장된 맞춤 타겟'을 만들 수 있는데, 이렇게 만들어진 타겟을 유사 타겟이라 부릅니다.

페이스북은 통상 전체 활성 사용자의 1%에서 10% 규모로 유사 타겟을 생성해 줍니다. 이러한 유사 타겟은 내가 관리자 권한을 갖고 있는 페이지에 [좋아요]한 팬들을 기초로 하여 생성하는 것도 가능합니다. 유사 타겟 만드는 과정을 차례대로 살펴보겠습니다.

[01] 페이스북 메인 메뉴에서 [광고 관리]를 선택하여 광고 관리자 화면으로 이동합니다.

[02] 광고 관리자 화면에서 [도구] 아이콘을 클릭한 후 팝업 메뉴가 펼쳐지면 [타겟]을 선택합니다.

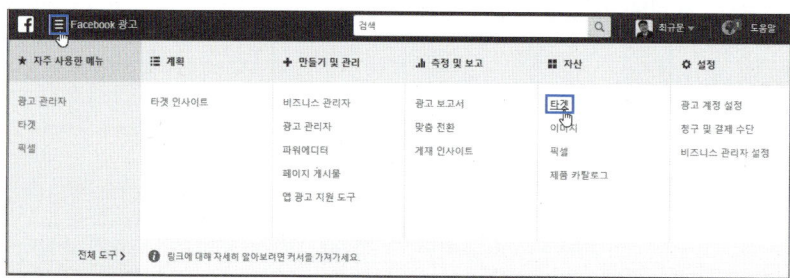

[03] 타겟 화면에서 [타겟 만들기] 버튼을 클릭한 후 [유사 타켓]을 선택합니다.

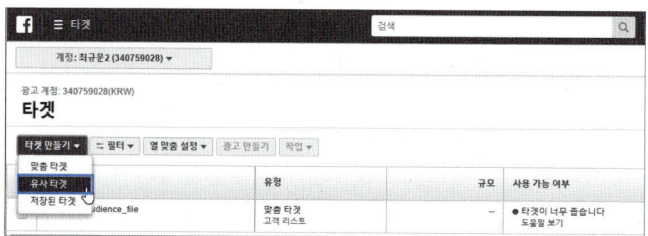

[04] 유사 타겟 만들기 창이 나타나면 [소스] 항목을 클릭하여 맞춤 타겟, 전환 픽셀, 페이스북 페이지 중에서 유사 타겟을 만들 때 사용할 기본 소스를 선택합니다.

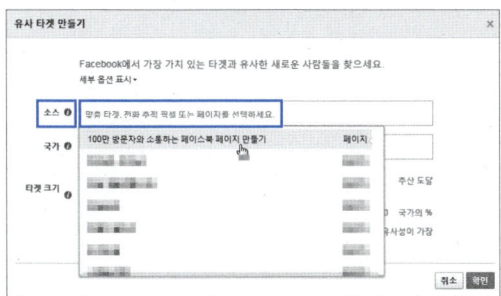

[05] 유사 타겟에 포함할 국가를 선택하고 원하는 타겟 규모를 1%에서 10%까지 조절하여 선택한 다음 [확인] 버튼을 클릭합니다. 사람을 찾을 국가를 선택하지 않으면 현재 사용 중인 국가가 자동으로 설정됩니다.

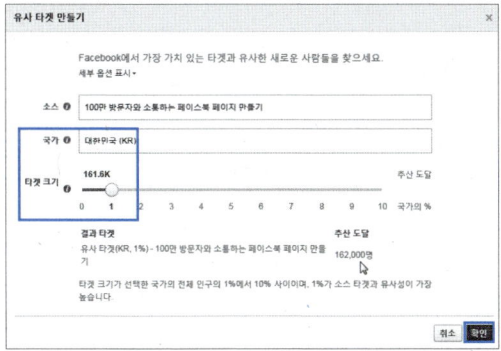

[06] 다음과 같이 유사 타겟이 생성됩니다.

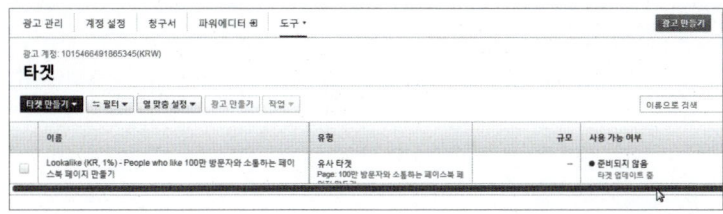

CHAPTER 05

인사이트 분석으로
페이지 최적화하기

페이스북 인사이트는 페이스북 페이지에서만 제공하는 통계 분석 도구입니다. 추가로 비용이 들지 않으며 페이지를 좋아하는 팬이 30명 이상이면 활성화됩니다. 페이지를 운영하는 관리자에게만 보이며 페이지에 참여한 사람들의 활동 통계(예를 들면, 어떤 게시물에 가장 활발하게 참여하는지, 팬층이 주로 어느 시간대에 활동하는지 등)를 손쉽게 파악할 수 있어서 포스팅 내용이나 포스팅 시간 등을 효율적으로 운영할 수 있습니다. CHAPTER 05에서는 인사이트 기능에 대하여 구체적으로 살펴보겠습니다.

CHAPTER 05
SECTION 01

비즈니스 마케팅 분석이
쉬워지는 인사이트 메뉴

FACEBOOK

마케팅 필수 도구로 페이스북 페이지를 손꼽는 이유는 인사이트 메뉴 때문입니다. 페이지를 만들고 해당 페이지를 [좋아요]한 팬이 30명이 넘으면 페이스북은 해당 페이지에 인사이트 메뉴를 제공합니다. 페이지 운영진은 해당 페이지를 오간 사람들의 활동 내역을 통계를 보면서 쉽게 확인할 수 있습니다.

인사이트는 페이지 활동에 대한 통계 분석 도구로 얼마나 많은 사람이 참여하고 있는지, 어떤 게시물에 호응이 많은지, 방문자들이 주로 활동하는 시간대는 언제인지 등을 파악할 수 있습니다. 이러한 정보를 이용해 사람들이 더 좋아하고 보고 싶어 하는 유형의 게시물을 더 많이 작성할 수 있어 페이지를 수월하게 활성화시킬 수 있습니다.

페이스북과 같은 소셜 네트워크 서비스를 활용해서 마케팅을 할 때는 '얼마나 많이 사용하느냐'보다 '얼마나 정확히 분석하느냐'가 더 중요합니다. 효과적으로 운영하려면 팬 수나 친구/팔로워 수도 중요하지만 얼마나 효과적으로 소통할 수 있을지 분석하는 것이 더 실질적이며, 마케팅 성패를 가름하는 지표가 됩니다.

인사이트 메뉴 및 내보내기 기능

페이지 타임라인에 있는 관리자 메뉴에서 [인사이트] 바로가기를 클릭하면 인사이트의 하위 탭과 함께 [데이터 다운로드] 링크가 표시됩니다.

▲ 인사이트 메뉴와 하위 탭

인사이트 메뉴는 운영하는 페이지의 요약 매트릭스를 보여 주는 [개요], [홍보], [좋아요], [도달 범위], [페이지 조회], [페이지 활동], [게시물], [이벤트], [동영상], [사람] 탭으로 구성되어 있습니다.

- **개요** : 최근 7일 동안 페이지를 본 사람, 도달, 페이지 [좋아요], 페이지 활동, 3초 이상 동영상 조회 수 요약과 최근 게시물, 경쟁 페이지를 비교해서 보여 줍니다.
- **홍보** : 광고를 집행한 홍보 게시물의 통계를 확인할 수 있으며, 홍보 기간이 끝난 게시물을 다시 홍보하거나 [새 홍보 게시물 만들기] 링크를 클릭하여 빠르게 새로운 광고를 만들 수 있습니다.
- **좋아요** : 최근 28일 동안 있었던 총 [좋아요], 새로운 [좋아요], [좋아요] 취소, 페이지 [좋아요]의 유입 경로를 보여 줍니다.
- **도달 범위** : 최근 28일 동안 있었던 유기적/광고에 의한 총 도달, 게시물 도달 수와 긍정/부정 반응을 보여 줍니다.
- **페이지 조회** : 최근 7일 동안 있었던 페이지/페이지 섹션별 조회 수, 페이지/페이지 섹션별 조회한 사람 수와 외부 유입 경로별 조회한 사람 수를 알려 줍니다.
- **페이지 활동** : 최근 7일 동안 페이지에서 발생한 행동 수, 행동 유도/찾아가는 길/전화번호/웹사이트 정보를 클릭한 사람 수와 연령 및 성별/국가별/도시별/기기별 유형 통계를 알려 줍니다.
- **게시물** : 요일별, 시간대별 팬들의 접속 패턴, 게시물 유형별 도달 범위와 참여도를 알려 줍니다.

- **이벤트** : 최근 28일 동안 있었던 이벤트의 인지도(도달수와 이벤트 페이지 조회), 참여(응답한 사람, 이벤트 활동), 티켓(티켓 구매 클릭), 대상(인구 통계학적 특성)에 대한 통계를 확인할 수 있습니다.
- **동영상** : 최근 28일 동안에 있었던 동영상 재생 패턴(유기적/유료, 자동 재생/클릭하여 재생, 반복 횟수, 30초 이상)을 알려 줍니다.
- **사람** : 페이지의 팬, 도달 대상, 참여한 사람들의 성별, 나이, 접속 국가, 도시, 언어를 알려 줍니다.

유기적 vs 광고

인사이트 메뉴를 보면 유기적이라는 용어가 자주 등장합니다. 여기서 유기적이라는 말은 광고를 통하지 않고 페이스북에 드나들며 활동하는 사람들의 행태와 결과를 말합니다. 페이스북 인사이트 메뉴에서 유기적과 반대되는 의미로 쓰이는 용어는 광고입니다. 즉 광고는 유기적과 반대로 비용을 지불하고 도달한 결과를 의미합니다.

인사이트 메뉴에서는 최근 180일 이내의 데이터를 저장하여 외부로 내보낼 수 있습니다. 인사이트 데이터를 외부에서 분석하려면 [개요] 탭에서 [데이터 다운로드] 링크를 클릭한 후 데이터 유형, 날짜 범위, 파일 형식을 지정한 후 [데이터 내보내기] 버튼을 클릭하여 다운로드합니다.

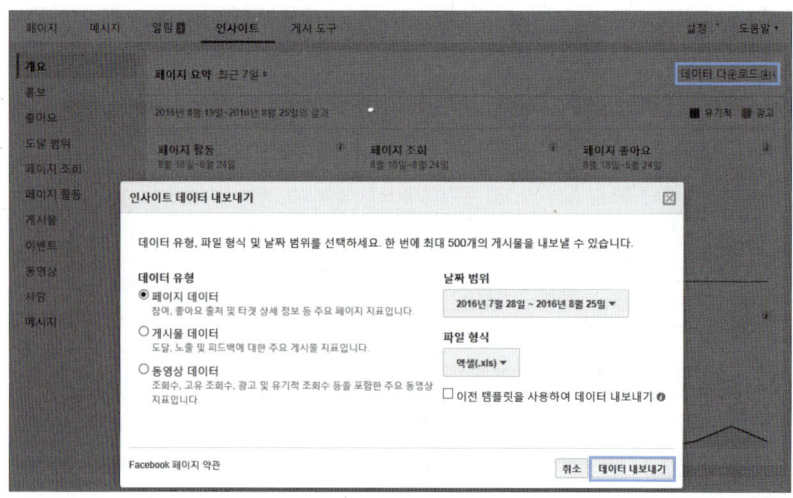

페이지 전체 성과, [개요] 탭

인사이트 메뉴에서 [개요] 탭을 클릭하면 해당 페이지의 전체 성과를 나타내는 페이지를 본 사람, 게시물 도달, 페이지 좋아요 수, 페이지 활동, 3초 이상 동영상 조회 수를 확인할 수 있습니다. 최근 7일 동안 발생한 페이지의 주요 활동 수치와 추이 변화입니다.

사람, 도달, 페이지 좋아요, 페이지 활동, 동영상

구분	페이지 활동 영역	페이지 조회 영역	페이지 좋아요 영역
표시 화면	페이지 활동 2월 6일~2월 12일 1 총 페이지 활동 ▲100%	페이지 조회 8월 18일~8월 24일 12 (총 페이지 조회수) ▲20%	페이지 좋아요 2월 6일~2월 12일 136 페이지 좋아요 ▼26%
표시 지표	총 페이지 활동 : 페이지의 연락처 정보 및 행동 유도 버튼 클릭 수와 전주 대비 변동률	총 페이지 조회 수 : 페이지와 각 섹션을 조회한 횟수와 전주 대비 변동률	페이지 좋아요 : 새로운 좋아요 수와 전주 대비 변동률
비고	[페이지 활동] 탭에서 상세 정보 확인 가능	[페이지 조회] 탭에서 상세 정보 확인 가능	[좋아요] 탭에서 상세 정보 확인 가능

구분	도달 영역	게시물 참여 영역	동영상 조회 영역
표시 화면	도달 9월 12일~9월 18일 5 (도달) ▲150%	게시물 참여 8월 18일~8월 24일 207 (게시물 참여) ▲22%	동영상 2월 6일~2월 12일 2 총 동영상 조회수 ▼60%
표시 지표	도달 : 페이지 게시물을 본 사용자 수와 전주 대비 변동률, 요일별 도달 추이 비교 게시물 참여 : 좋아요/댓글/공유하기 참여 수와 전주 대비 변동률	게시물 참여 수 : 사람들이 좋아요, 댓글, 공유를 통해 게시물에 참여한 횟수와 전주 대비 변동률	총 동영상 조회 수 : 3초 이상 재생된 동영상 조회 수와 전주 대비 변동률
비고	[도달 범위] 탭에서 상세 정보 확인 가능	[게시물] 탭에서 상세 정보 확인 가능	[동영상] 탭에서 상세 정보 확인 가능

최근 게시물

구분	최근 게시물 5개 영역
표시 화면	(최근 게시물 5개 목록 화면)
표시 지표	도달 범위 : 페이지 게시물이 무료 배포를 통해 노출된 순 사용자 수인 유기적 도달 수와 광고 결과로 노출된 순 사용자 수인 유료 도달 수, 한 사람에게 여러 번 노출될 수 있으므로 도달 수는 노출 수보다 작을 수 있음 참여도 : 게시물 클릭 수와 좋아요, 댓글, 공유 수
비고	[게시물] 탭에서 상세 정보 확인 가능

경쟁 페이지

내 페이지의 인사이트 메뉴는 [좋아요] 수가 30명이 넘으면 활성화되고, [좋아요] 수가 100명이 넘으면 경쟁 페이지 목록을 만들어 경쟁 페이지를 모니터링할 수 있습니다. 경쟁 페이지를 추가하면 해당 페이지 운영자에게 알림이 전송되지만 누가 경쟁사로 등록했는지 전달되지는 않습니다.

구분	경쟁 페이지 영역
표시 화면	(경쟁 페이지 목록 화면)
표시 지표	현재 페이지와 등록한 경쟁 페이지의 총 페이지 좋아요 수, 이번 주 게시물 수, 참여 수치 비교
비고	경쟁 페이지 이름을 클릭하면 인기 게시물 정보 창이 열림

좋아요 수 파악, [좋아요] 탭

[좋아요] 탭은 총 페이지 좋아요, 순 좋아요, 페이지를 좋아한 위치 영역으로 구성되어 있습니다. 최근 28일 동안 있었던 일자별 추이 변화를 보여 주며, 벤치마크에서 지표를 선택하면 선택한 지표의 최근 28일 동안의 평균값과 이전 기간 동안의 평균값을 비교한 추이 변화까지 보여 줍니다. 그래프에서 특정 기간을 블록으로 지정하면 선택한 기간 동안의 [좋아요] 출처와 [좋아요 취소] 출처를 확인할 수 있습니다.

총 페이지 좋아요

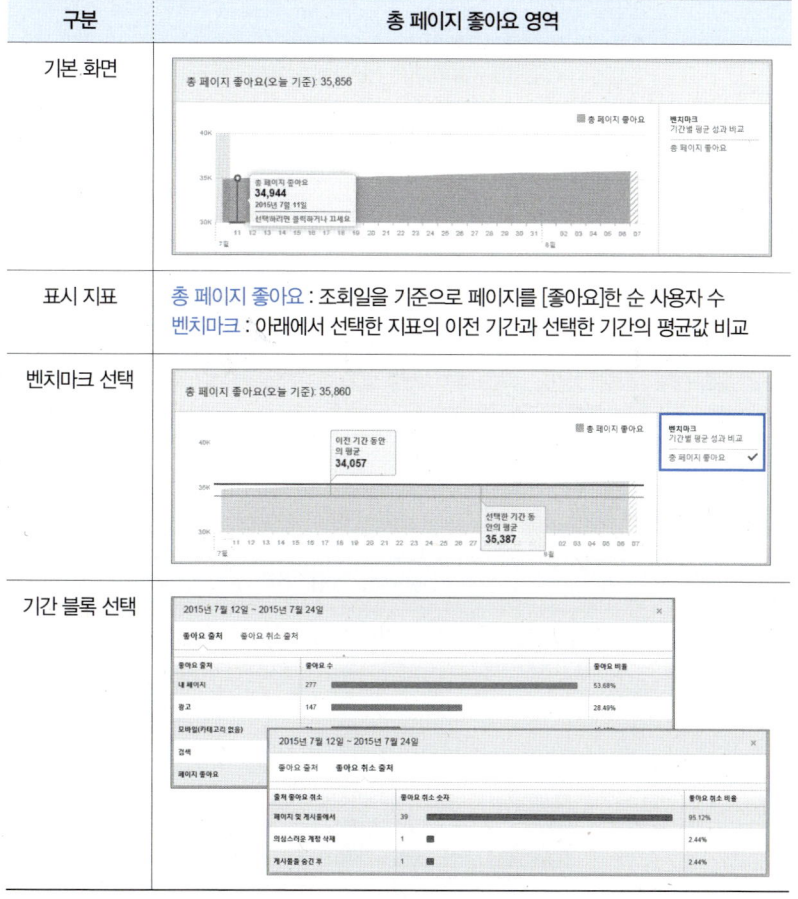

순 좋아요

구분	순 좋아요 영역
기본 화면	(그래프: 좋아요 취소, 유기적 좋아요, 유료 좋아요, 순 좋아요)
표시 지표	순 좋아요 : 유기적 좋아요 + 유료 좋아요 – 좋아요 취소 유기적 좋아요 : 광고를 통하지 않고 입소문으로 늘어난 좋아요 수 유료 좋아요 : 유료 광고 홍보로 늘어난 좋아요 수 좋아요 취소 : 좋아요를 취소한 수 벤치마크 : 선택한 지표의 이전 기간과 현재 기간의 평균값 비교
벤치마크 선택	(그래프: 이전 기간 동안의 평균 22, 선택한 기간 동안의 평균 46)
기간 블록 선택	특정 기간을 블록으로 지정했을 때 나오는 팝업 창은 좋아요/좋아요 취소 출처로 다른 영역과 동일

페이지를 좋아한 위치

구분	페이지를 좋아한 위치 영역
기본 화면	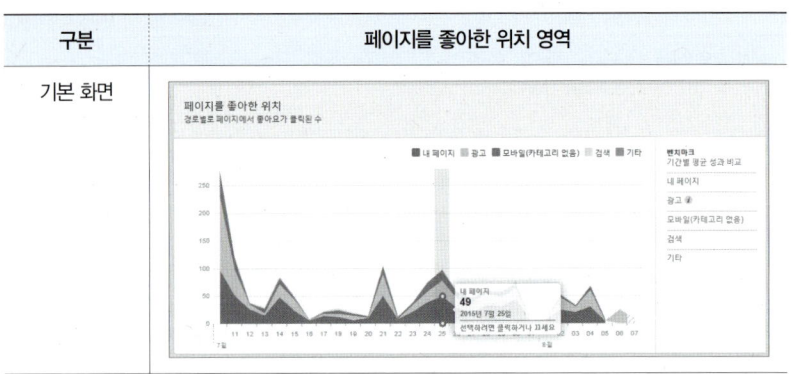

표시 지표	페이지를 좋아한 위치 : 내 페이지, 모바일, 페이지 추천, 검색 경로별로 페이지 좋아요가 클릭된 수 벤치마크 : 상기 지표의 이전 기간과 현재 기간의 평균값 비교
벤치마크 선택	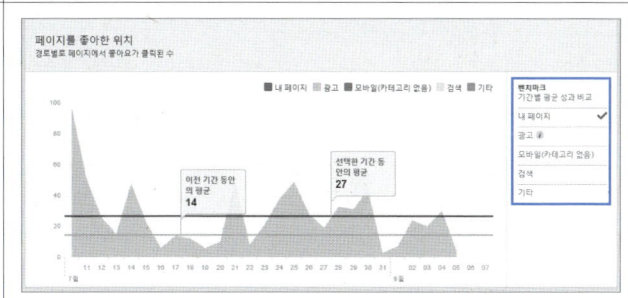
기간 블록 선택	다른 영역과 달리 블록을 지정하면 좋아요 출처만 표시

게시물의 노출 정도, [도달 범위] 탭

[도달 범위] 탭은 게시물 도달, 좋아요/댓글 및 공유, 숨기기/스팸으로 신고/좋아요 취소, 총 도달 영역으로 구성되어 있습니다. [좋아요] 탭과 마찬가지로 최근 28일 동안 있었던 일자별 추이 변화와 선택한 벤치마크 지표에 따른 평균값과 이전 기간 동안의 평균값을 비교할 수 있습니다. 또한 특정 기간을 블록으로 지정하면 선택한 기간 동안의 활성 게시물에 대한 노출 수, 게시물 클릭 수, 참여도(좋아요, 댓글, 공유) 수 등을 확인할 수 있습니다.

게시물 도달

구분	게시물 도달 영역
기본 화면	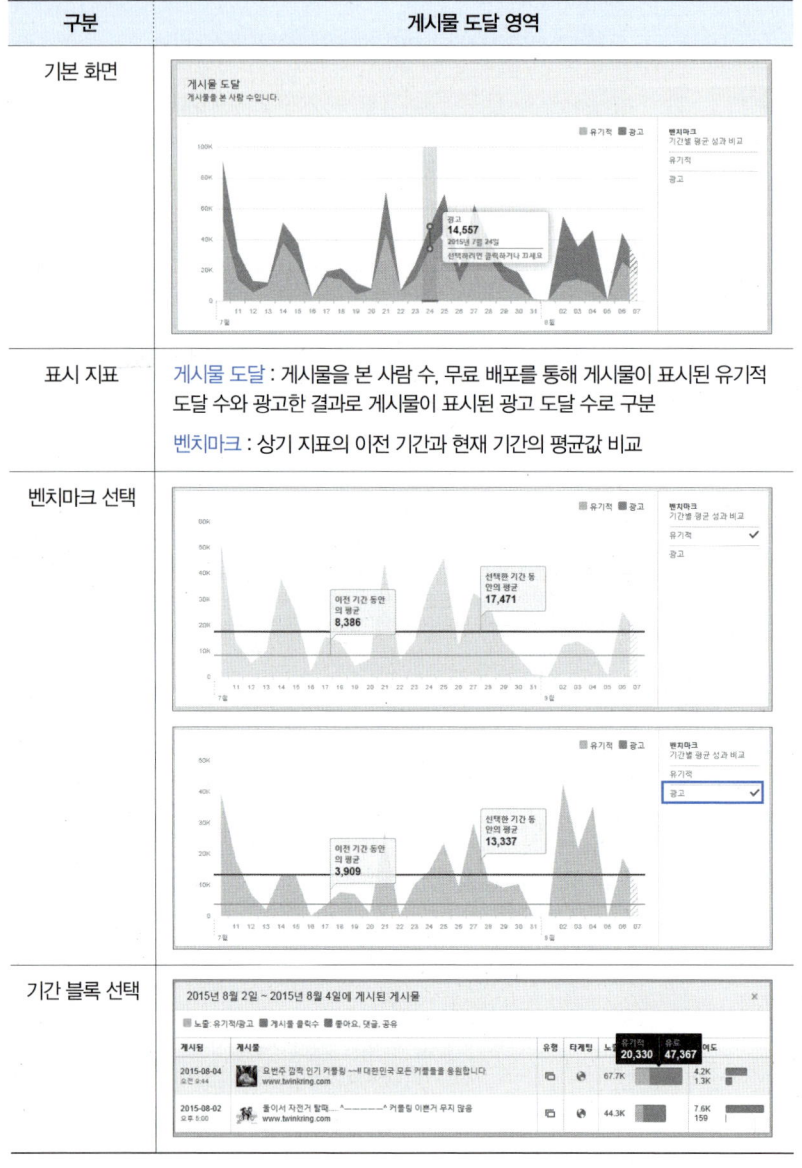
표시 지표	게시물 도달 : 게시물을 본 사람 수, 무료 배포를 통해 게시물이 표시된 유기적 도달 수와 광고한 결과로 게시물이 표시된 광고 도달 수로 구분 벤치마크 : 상기 지표의 이전 기간과 현재 기간의 평균값 비교
벤치마크 선택	
기간 블록 선택	

긍정 반응(좋아요, 댓글, 공유)

구분	좋아요, 댓글, 공유 영역
기본 화면	(그래프)
표시 지표	좋아요, 댓글, 공유 : 더 많은 사람에게 영향을 주는 활동 수 벤치마크 : 상기 지표의 이전 기간과 현재 기간의 평균값 비교
벤치마크 선택	(그래프)
기간 블록 선택	기간을 선택하면 해당 기간 활성화, 게시물 목록 팝업은 상단 영역과 동일

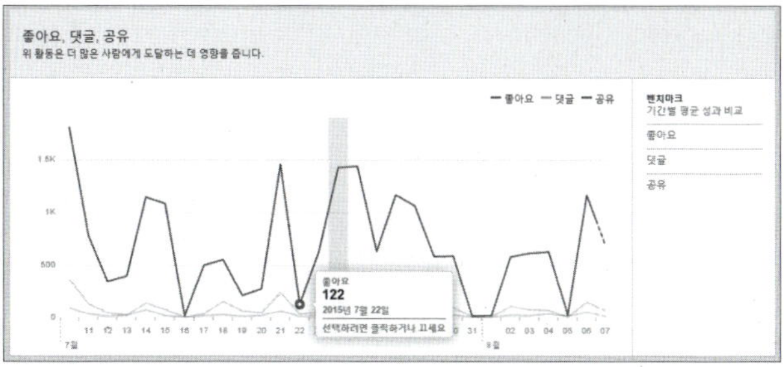

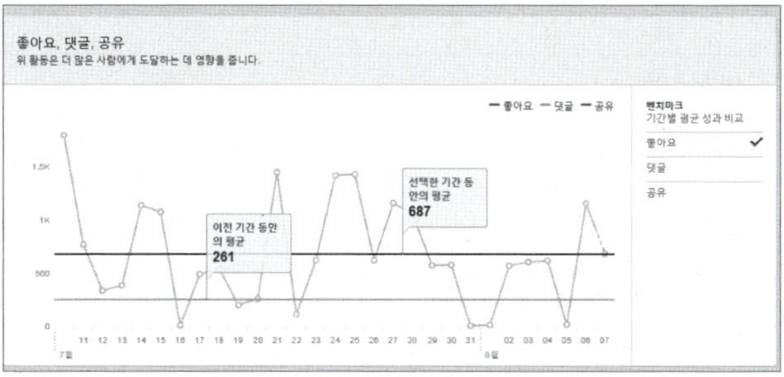

부정 반응(숨기기, 스팸으로 신고, 좋아요 취소)

구분	숨기기, 스팸으로 신고, 좋아요 취소 영역
기본 화면	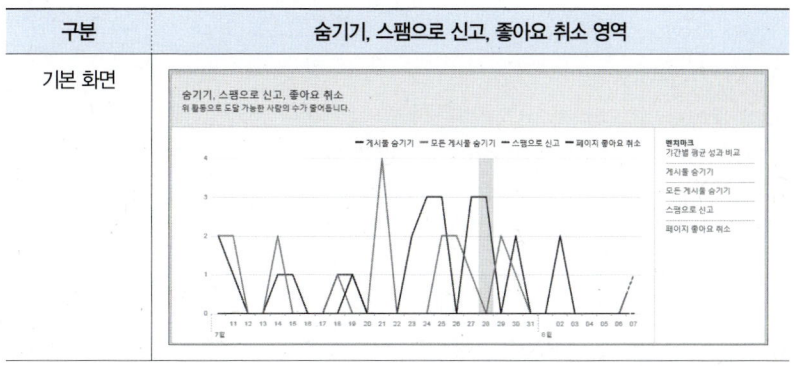

구분	
표시 지표	숨기기, 스팸으로 신고, 좋아요 취소 : 도달 가능한 사람 수가 줄어들도록 만든 활동 수 벤치마크 : 상기 지표의 이전 기간과 현재 기간의 평균값 비교
벤치마크 선택	
기간 블록 선택	기간을 선택하면 해당 기간 활성화, 게시물 목록 팝업은 상단 영역과 동일

총 도달

구분	총 도달 영역
기본 화면	
표시 지표	총 도달 : 게시물, 다른 사람이 작성한 페이지 게시물, 페이지 좋아요 광고, 언급, 체크인 등 페이지 활동에 노출된 사람 수 벤치마크 : 상기 지표의 이전 기간과 현재 기간의 평균값 비교
벤치마크 선택	

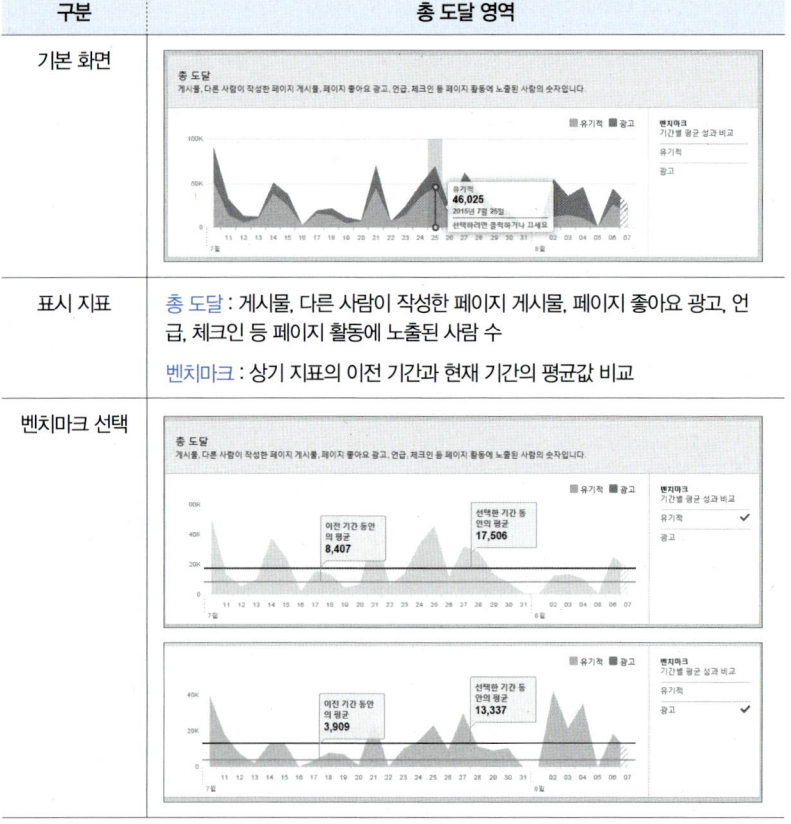

기간 블록 선택	총 도달 : 2015년 8월 2일 ~ 2015년 8월 4일			
	날짜	총 도달	유기적	광고
	8월 2일	54,990	12,379	42,611
	8월 3일	35,513	13,876	21,637
	8월 4일	45,969	10,550	35,419

내 페이지 조회 및 조회한 사람 수, [페이지 조회] 탭

[페이지 조회] 탭은 페이지 조회 수, 페이지를 조회한 사람 수, 유입(출처) 영역으로 구성되어 있습니다. 최근 7일 동안 총 조회 수, 조회한 총 사람 수의 추이 변화와 섹션별(메뉴별), 일자별 수치 변화를 확인할 수 있습니다.

총 조회 수(섹션별 조회 수)

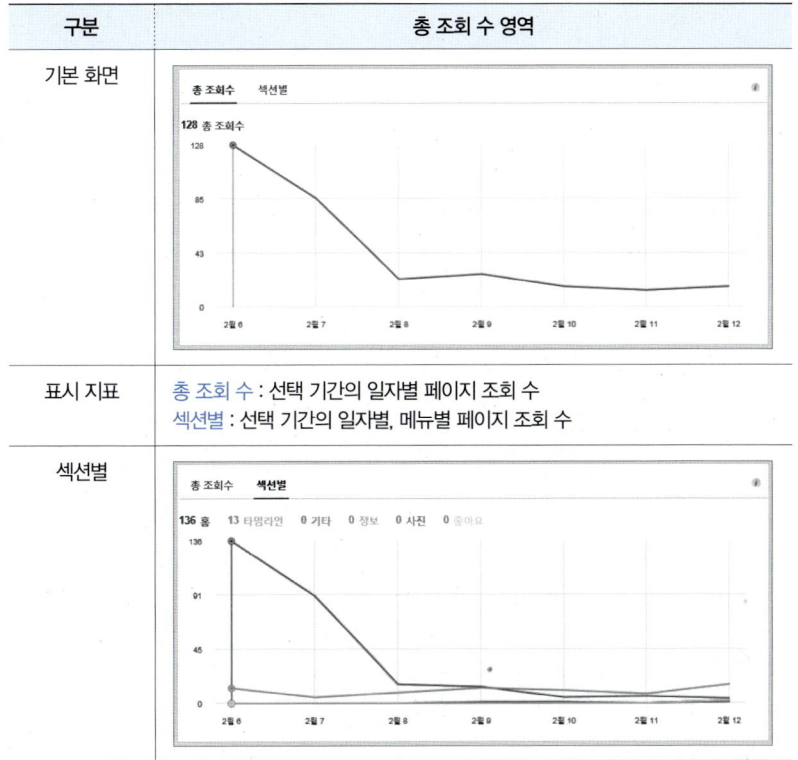

조회한 총 사람 수(섹션별 조회한 사람 수)

구분	조회한 총 사람 수 영역
기본 화면	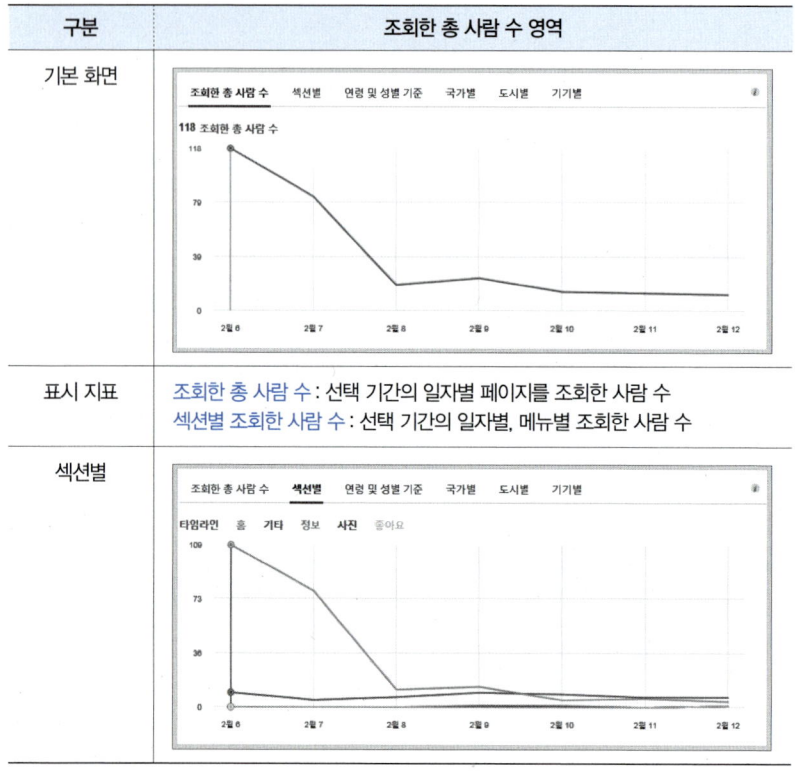
표시 지표	조회한 총 사람 수 : 선택 기간의 일자별 페이지를 조회한 사람 수 섹션별 조회한 사람 수 : 선택 기간의 일자별, 메뉴별 조회한 사람 수
섹션별	

유입 수(경로별 유입 수)

구분	가장 많은 출처 영역
기본 화면	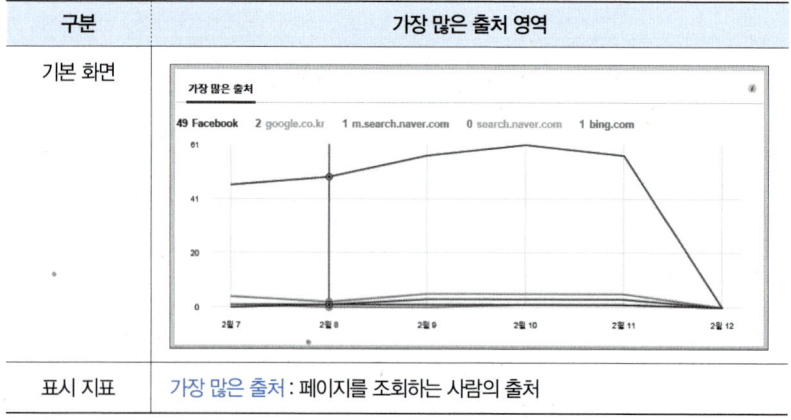
표시 지표	가장 많은 출처 : 페이지를 조회하는 사람의 출처

연락처 정보와 행동 유도 버튼 클릭 수, [페이지 활동] 탭

[페이지 활동] 탭은 총 페이지 활동, 페이지 행동 유도, 찾아가는 길, 전화번호, 웹사이트를 클릭한 사람 영역으로 구성되어 있습니다. 일자별로 페이지의 연락처 정보와 행동 유도 버튼에 반응한 수와 추이를 확인하고, 클릭한 사람의 연령 및 성별/국가별/도시별/기기별 분석을 통하여 주로 활용되는 정보 및 정보를 확인하는 사람의 연령 및 성별, 국가, 도시, 기기 등을 파악할 수 있습니다.

총 페이지 활동

구분	총 페이지 활동 영역
기본 화면	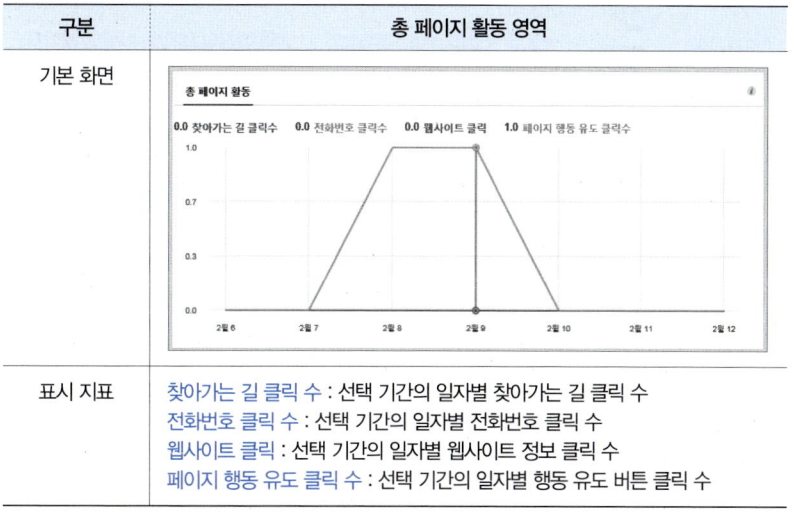
표시 지표	찾아가는 길 클릭 수 : 선택 기간의 일자별 찾아가는 길 클릭 수 전화번호 클릭 수 : 선택 기간의 일자별 전화번호 클릭 수 웹사이트 클릭 : 선택 기간의 일자별 웹사이트 정보 클릭 수 페이지 행동 유도 클릭 수 : 선택 기간의 일자별 행동 유도 버튼 클릭 수

페이지 행동 유도

구분	페이지 행동 유도를 클릭한 사람 영역
기본 화면	![페이지 행동 유도를 클릭한 사람 그래프]
표시 지표	페이지 행동 유도를 클릭한 사람 : 선택한 기간에 일자별로 행동 유도 버튼을 클릭한 사람 수 연령 및 성별/국가별/도시별/기기별 통계 : 선택 기간의 일자별, 메뉴별 페이지 활동 막대그래프

찾아가는 길/전화번호/웹사이트

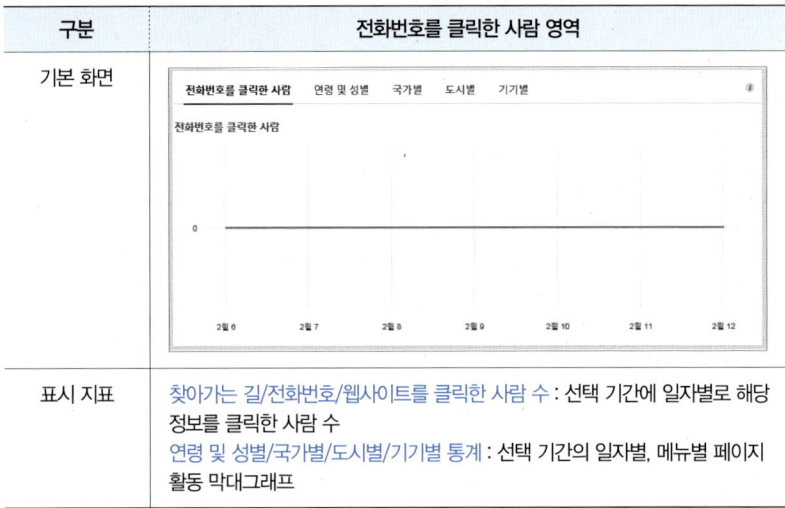

구분	전화번호를 클릭한 사람 영역
기본 화면	(그래프)
표시 지표	찾아가는 길/전화번호/웹사이트를 클릭한 사람 수 : 선택 기간에 일자별로 해당 정보를 클릭한 사람 수 연령 및 성별/국가별/도시별/기기별 통계 : 선택 기간의 일자별, 메뉴별 페이지 활동 막대그래프

팬들의 활동 시간 분석 및 게시물 유형, [게시물] 탭

[게시물] 탭은 내 팬들의 접속 시간, 게시물 유형, 경쟁 페이지의 인기 게시물, 게시된 모든 게시물 영역으로 구성되어 있습니다. 요일이나 시간대에 따른 팬들의 접속 패턴을 확인하고, 게시물의 유형별 도달 범위와 평균 참여도, 타게팅한 게시물과 타게팅하지 않은 게시물에 대한 도달 범위와 참여도 분석을 통하여 어떠한 게시물을 언제 올리는 것이 효과적인지 분석할 수 있습니다.

내 팬들의 접속 시간

내 팬들의 접속 수가 많을수록 게시물의 유기적 도달률이 높아집니다. 당연히 게시물을 업데이트할 때는 내 팬들의 접속 시간 변화와 요일별 접속률을 비교하여 최적의 시점을 정하여 올리는 것이 좋습니다.

구분	내 팬들의 접속 시간 영역
기본 화면	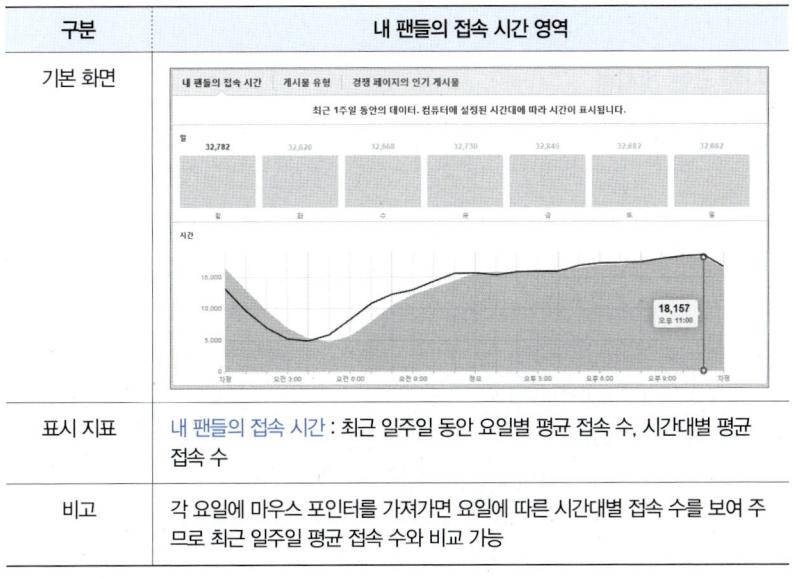
표시 지표	내 팬들의 접속 시간 : 최근 일주일 동안 요일별 평균 접속 수, 시간대별 평균 접속 수
비고	각 요일에 마우스 포인터를 가져가면 요일에 따른 시간대별 접속 수를 보여 주므로 최근 일주일 평균 접속 수와 비교 가능

게시물 유형

구분	게시물 유형 영역
기본 화면	(게시물 유형별 평균 도달 범위 및 평균 참여도 그래프)
표시 지표	게시물 유형 : 최근 일주일 동안 게시물 유형별 평균 도달 범위, 평균 참여도(게시물 클릭 수, 좋아요, 댓글, 공유) 표시, 옵션을 선택해 모든 게시물과 타게팅한 게시물을 제외한 참여도를 확인할 수 있음

게시된 모든 게시물

구분	게시된 모든 게시물 영역
기본 화면	(게시된 모든 게시물 목록 화면)
표시 지표	게시물 유형 : 게시물별 유형, 타겟, 도달 범위, 참여도 정보 표시 도달 범위 옵션을 클릭하여 도달 수, 도달 범위 : 유기적/유료, 노출 : 유기적/광고, 도달 : 팬/팬이 아님 중 선택 가능 참여도 옵션은 게시물 클릭/좋아요, 댓글 & 공유, 좋아요/댓글/공유, 게시물 숨기기, 모든 게시물 숨기기, 스팸 신고, 페이지 좋아요 취소, 참여율 중 선택 가능

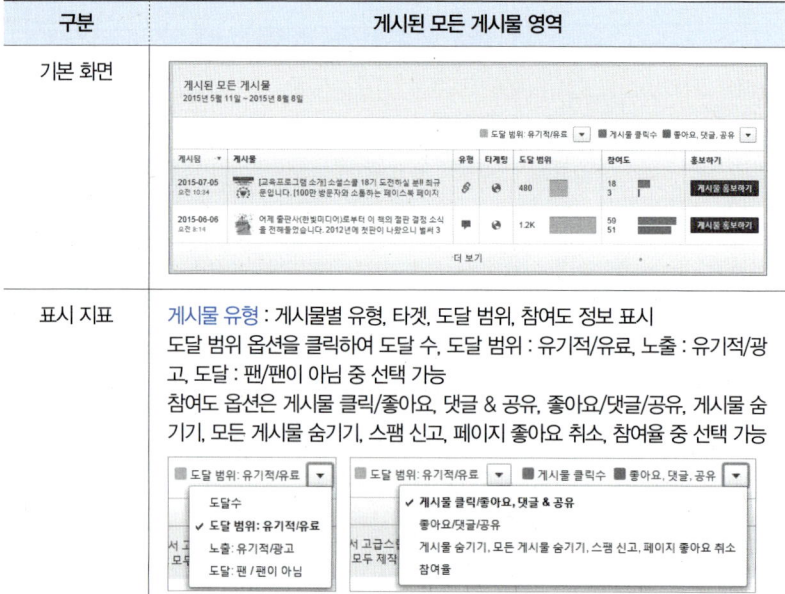

게시물 선택	각 게시물을 클릭하면 상세 정보가 표시됨
	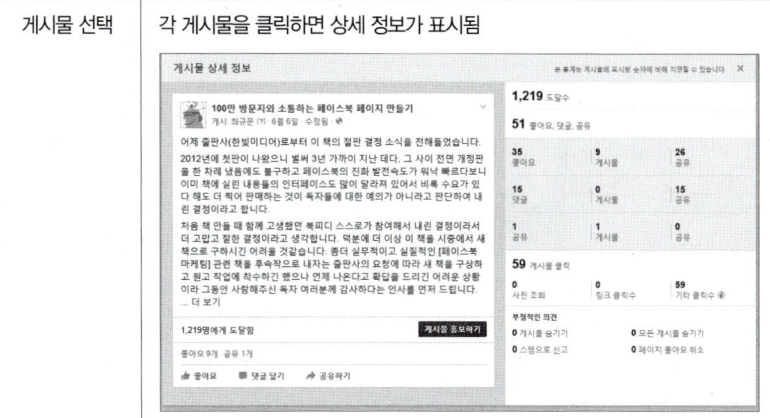

동영상 조회 및 재생 횟수, [동영상] 탭

[동영상] 탭은 동영상 조회, 30초 동안 재생, 인기 동영상 영역으로 구성되어 있습니다. 동영상이 3초 이상 조회된 횟수와 30초 이상 조회된 횟수를 유기적/광고에 의한 재생 횟수, 자동 혹은 클릭에 의한 재생 횟수, 고유 재생 혹은 재생 반복 횟수별로 구분하여 확인할 수 있습니다. 일자 혹은 기간 블록을 지정하면 해당 기간 동안 선택한 지표별 평균값을 확인할 수 있습니다.

동영상 조회

구분	동영상 조회 영역
기본 화면	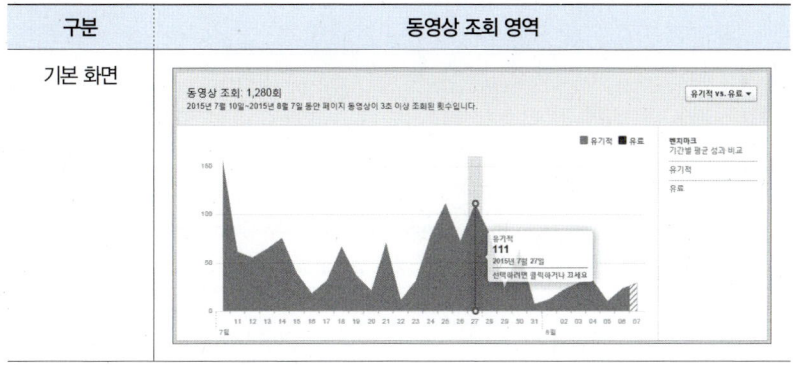

기본 화면	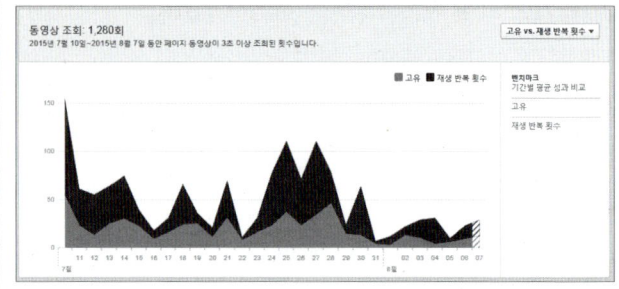 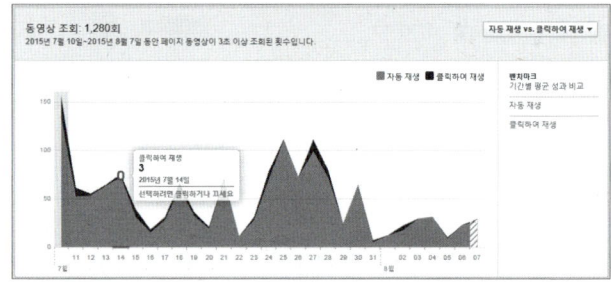
표시 지표	동영상 조회 수 : 최근 28일 동안 페이지 동영상이 3초 이상 조회된 횟수 유기적 vs. 유료 자동 재생 vs. 클릭하여 재생 ✓ 고유 vs. 재생 반복 횟수 옵션을 선택하여 페이스북 안에서의 고유 활동과 광고 홍보에 의한 조회 수(유기적 vs 유료), 뉴스피드의 자동 재생과 사용자가 직접 클릭한 재생 수(자동 재생 vs 클릭하여 재생), 자동 설정에 의한 재생과 의도적인 반복 재생 수(고유 vs 재생 반복 횟수)를 비교
벤치마크 선택	
일자 혹은 기간 블록 선택	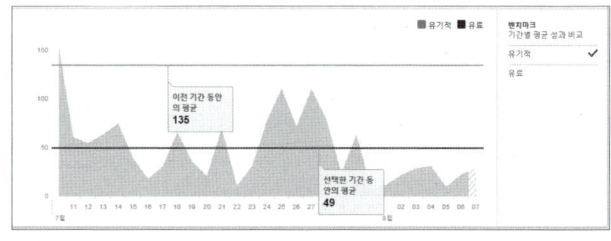

30초 동안 재생 조회

구분	30초 동안 재생 조회 영역
기본 화면	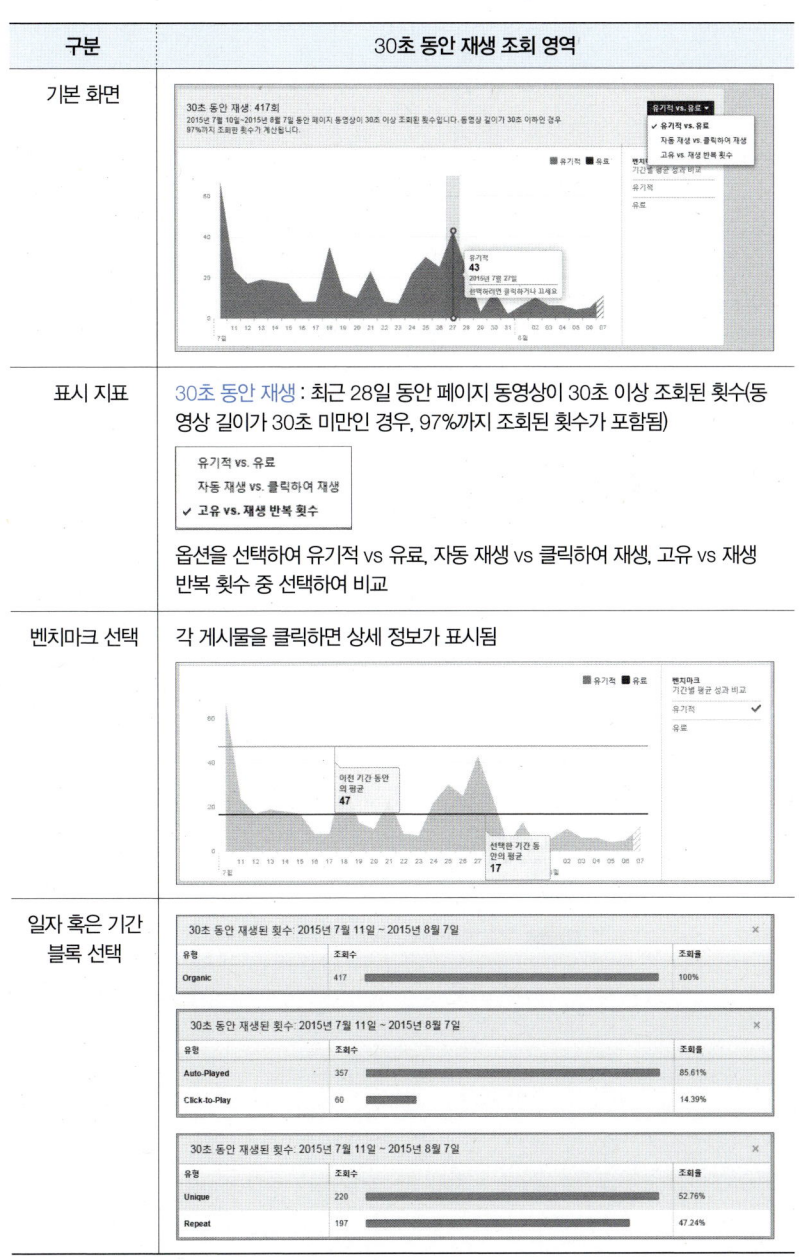
표시 지표	30초 동안 재생 : 최근 28일 동안 페이지 동영상이 30초 이상 조회된 횟수(동영상 길이가 30초 미만인 경우, 97%까지 조회된 횟수가 포함됨) 유기적 vs. 유료 자동 재생 vs. 클릭하여 재생 ✓ 고유 vs. 재생 반복 횟수 옵션을 선택하여 유기적 vs 유료, 자동 재생 vs 클릭하여 재생, 고유 vs 재생 반복 횟수 중 선택하여 비교
벤치마크 선택	각 게시물을 클릭하면 상세 정보가 표시됨
일자 혹은 기간 블록 선택	

인기 동영상

최근 28일 동안 제작된 동영상이면서 3초 이상 재생된 동영상 중 조회 수가 가장 높은 동영상이 표시됩니다.

페이지 팬들에 대한 인구 통계, [사람] 탭

[사람] 탭은 회원님의 팬, 도달 대상, 참여한 사람들 영역으로 구성되어 있습니다. 내 페이지를 좋아하는 사람들과 최근 28일 동안 페이지 게시물의 도달 대상, 게시물에 참여한 사람들의 인구 통계 데이터를 확인할 수 있습니다.

회원님의 팬

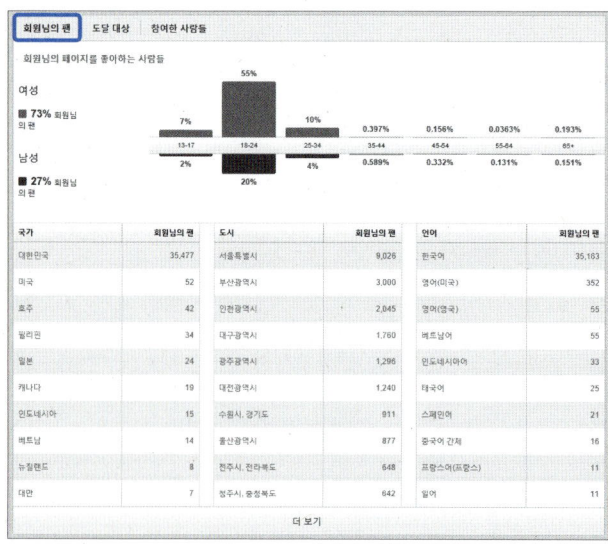

사용자가 자신의 프로필에 입력한 데이터를 기반으로 연령대와 성별 정보를 파악하고, 페이스북을 사용한 IP주소를 기반으로 국가 및 도시 정보를 파악하며, 기본 언어 설정을 기반으로 사용 언어의 통계 데이터를 파악합니다.

내 브랜드/비즈니스 페이지를 좋아하는 사람들의 연령대와 성별을 확인할 수 있습니다. 브랜드/비즈니스의 주 관심 고객층을 확인하고 마케팅 전략을 세우는 데 활용할 수 있습니다.

도달 대상

도달 대상은 지난 28일 동안 내 페이지의 콘텐츠를 본 사람을 의미합니다. 현재의 팬과 잠재 고객이 될 수 있는 사람들의 성향을 알 수 있으므로 이벤트를 계획할 때 활용하기 좋습니다.

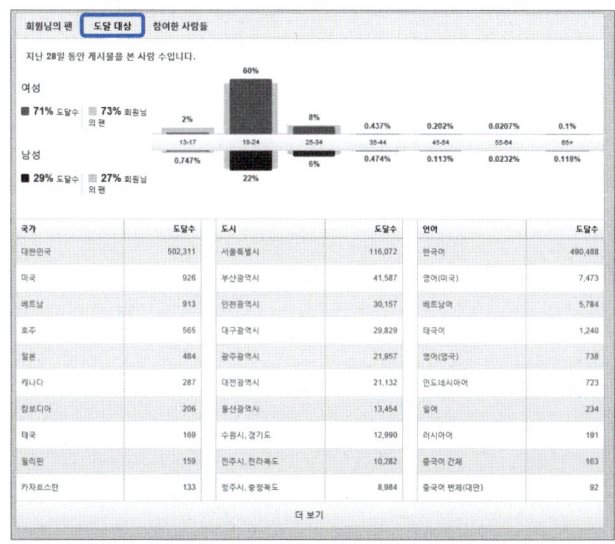

참여한 사람

지난 28일 동안 게시물에 [좋아요]를 클릭하거나 댓글을 달거나 게시물을 공유하거나 참여한 사람들의 성향을 확인할 수 있습니다. 현재 게시한 게시물에 반응한 사람들의 인구 통계를 확인할 수 있는 정보이므로 반응을 더 잘 이끌어 내기 위한 방법을 모색하는 데 도움을 주며 반응률을 모니터링하는 지표로 활용할 수 있습니다.

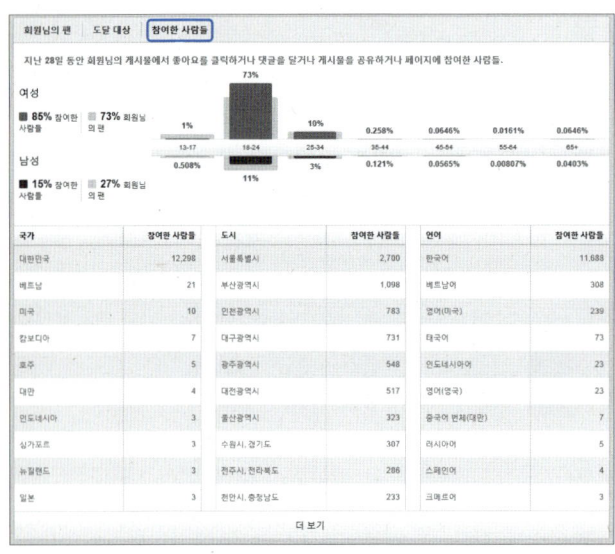

페이지 노출을 위한 최적의 타겟 그룹

CHAPTER 05
SECTION 02

인사이트 분석을 통해 얻어낸 팬과 도달 대상의 연령, 성별, 위치, 사용 언어 통계 데이터를 공개 대상을 제한할 때 참고하면 콘텐츠를 효과적으로 게시하고 운영할 수 있습니다. CHAPTER 06에서 다룰 페이스북 광고 사용 방법도 알아야 하지만, CHAPTER 05 〉 SECTION 01에서 다룬 인사이트 분석만 잘 활용해도 광고할 타겟을 정교하게 설정할 수 있습니다. 하지만 지금보다 더 구체적인 통계 데이터를 가지고 광고 타겟을 찾으려면 어떻게 해야 할까요?

내 페이지를 [좋아요]한 사람들의 관심사 및 공개 성향 정보들에 대한 통계를 확인할 수 있고 설정한 옵션으로 타겟을 생성할 수 있으며 내가 만든 타겟을 분석할 수 있는 [타겟 인사이트]를 활용하는 것이 좋습니다.

페이스북에서는 사용자가 공개 설정한 정보를 마케팅 데이터로 활용합니다. [타겟 인사이트] 기능을 활용하면 내가 운영하고 있는 페이지를 [좋아요]한 팬, 특정 페이지를 [좋아요]한 팬 정보를 활용해 특정 분야에 관심을 가진 타겟 그룹을 찾을 수 있습니다. 혹은 내가 운영하고 있는 그룹의 회원이나 페이스북 사용자가 공개한 성향이나 관심사 정보를 선택하여 '스포츠에 관심 있는 사람들'이라는 새로운 그룹을 만들어 광고 타겟으로 활용할 수 있습니다.

[광고 관리자] 안에 있는 [타겟] 메뉴를 활용하여 맞춤 타겟과 유사 타겟 그룹을 만들어서 광고의 타겟으로 활용할 수 있으며, [타겟 인사이트] 메뉴를 활용하여 내가 만든 그룹의 성향을 분석할 수 있습니다.

맞춤 타겟	기존 고객, 즉 내가 보유하고 있는 고객 목록 혹은 온라인 활동 로그를 기반으로 추출할 수 있는 타겟 예) 내가 운영하고 있는 페이지를 좋아하는 팬 목록
유사 타겟	기존 고객과 위치, 연령, 성별 및 관심사 등이 비슷한 사람으로 페이스북이 찾아준 타겟

타겟 그룹 만들기

광고 타겟을 만들고 분석할 수 있는 [타겟], [타겟 인사이트] 메뉴는 광고 관리자 하위 메뉴에 있습니다. 상단의 주소 표시줄에 광고 관리자 URL인 http://www.facebook.com/ads/manager/audiences/manage를 입력하거나 개인 프로필 이름으로 로그인한 상태에서 고정 메뉴 영역 맨 오른쪽에 있는 ▼ 버튼을 클릭한 후 [광고 관리] 메뉴를 선택하면 광고 관리자 화면이 나타납니다.

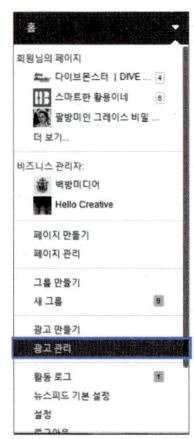

TIP 지금까지 한 번도 게시물이나 페이지를 페이스북 광고로 홍보한 적이 없다면 [광고 관리] 메뉴가 보이지 않습니다. [광고 만들기] 메뉴를 선택하여 광고를 집행한 후에 활성화되는 메뉴입니다.

광고 관리자 화면이 나타나면 화면 왼쪽 위에 있는 [도구] 아이콘을 클릭하여 팝업 메뉴를 펼칩니다. 팝업 메뉴에서 [전체 도구] 링크를 클릭하여 모든 메뉴를 펼친 후 자산 영역에 있는 [타겟]을 선택하면 타겟 화면으로 이동합니다.

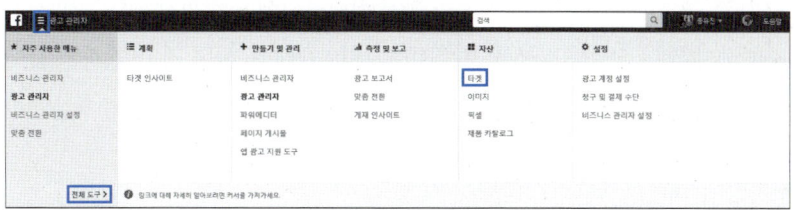

여기서 광고할 타겟 그룹을 미리 만들어 둘 수 있습니다. 타겟 그룹을 만든 다음 타겟 메뉴에 접속하면 기존에 만들어 둔 타겟이 목록으로 표시됩니다. 타겟을 새로 만들고 싶다면 [타겟 만들기] 버튼을 클릭하여 팝업된 메뉴에서 [맞춤 타겟] 혹은 [유사 타겟] 등 작성할 타겟 그룹을 선택하여 생성할 수 있습니다.

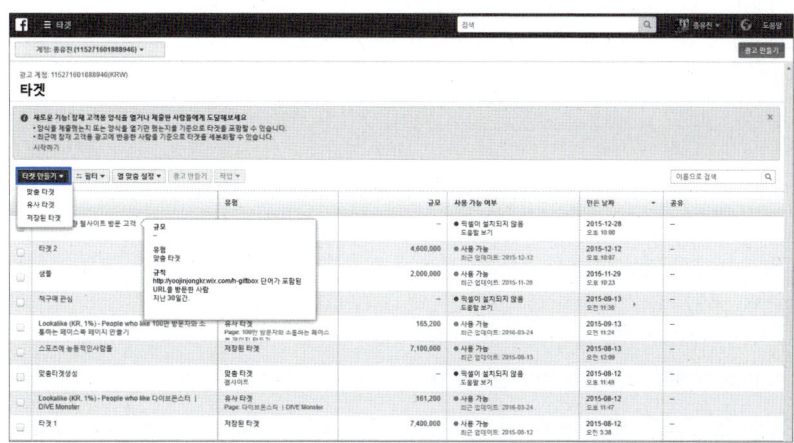

맞춤 타겟 만들기

맞춤 타겟은 내가 보유하고 있는 고객에게 마케팅을 해야 하거나 웹에서 특정한 행동을 한 사람들을 대상으로 마케팅을 해야 할 때 사용합니다. 예를 들어 내가 운영하는 쇼핑몰에 방문을 하고 장바구니에 물건까지 담아 두었지만 구매하지 않는 고객을 대상으로 상품에 대한 광고를 하면 광고 효과를 극대화할 수 있을 것입니다. 이처럼 맞춤 타겟은 광고 대상이 명확하거나 운영하고 있는 웹사이트가 있어 활용할 수 있다면 매우 유용합니다.

고객 리스트 : 보유한 고객 정보(이메일, 전화번호, 페이스북 ID 등) 목록을 업로드한 다음 페이스북 사용자 정보와 대조하여 맞춤 타겟을 만듭니다.

웹사이트 트래픽 : 페이스북 픽셀 코드를 내 웹사이트에 추가하여 웹사이트에 방문하거나 특정 웹페이지를 조회한 사용자 목록으로 맞춤 타겟을 만듭니다. 웹사이트 트래픽을 사용하는 방법은 243쪽에서 자세히 설명합니다.

앱 활동 : 앱/게임에서 특정 행동을 취한 사용자 목록으로 맞춤 타겟을 만듭니다.

Facebook 참여도 : Facebook에서 내가 올린 동영상을 시청했거나 내가 작성한 광고를 열거나 반응한 사람들을 대상으로 맞춤 타겟을 만듭니다.

유사 타겟 만들기

유사 타겟은 잠재 고객층의 정확성을 높일 때 활용합니다. 스포츠 브랜드 페이지를 운영하는 경우 특정 연령대의 불특정 다수에게 광고를 하는 것보다 유사한 다른 스포츠 브랜드를 좋아하는 팬 혹은 스포츠에 관심이 있는 사람에게 광고를 하는 것이 효과적입니다. 유사 타겟 만들기는 맞춤 타겟 또는 내 페이지의 팬과 유사한 성향의 사람들을 찾아 주는 기능입니다. 소스에서 만들어 놓은 유사 타겟이나 내 페이지를 선택하고 국가와 범위를 선택한 다음 [확인] 버튼을 클릭하면 선택한 타겟의 성향을 분석하여 이와 유사한 성향을 보이는 타겟을 페이스북이 찾아서 만들어 줍니다.

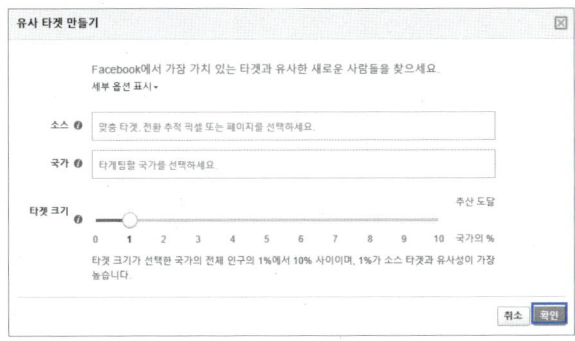

선택한 타겟과 유사한 성향의 타겟을 찾기 시작하면 타겟 목록의 사용 가능 여부에 '타겟 업데이트 중'이라고 표시됩니다. 타겟을 모두 찾았다면 최근 업데이트된 시각이 표시되고 상태가 '사용 가능'으로 바뀌면서 활용할 수 있는 상태가 됩니다.

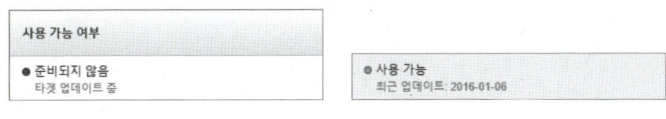

▲ 처음 타겟을 찾는 시점   ▲ 유사 타겟 찾기가 완료된 시점

저장된 타겟 만들기

페이스북에 공개된 정보들을 조합하여 타겟을 만드는 기능입니다. 맞춤 타겟, 위치, 연령, 성별, 언어, 관심사, 행동, 연결 관계 옵션을 지정하여 타겟 그룹을 만듭니다.

맞춤 타겟 또는 유사 타겟을 하나라도 만들면 처음 모습과 다르게 만든 타겟 그룹 목록이 표시됩니다. 추가로 새로운 타겟 그룹을 만들 때는 [타겟 만들기] 버튼을 클릭한 후 하위 메뉴를 선택합니다.

맞춤 타겟 만들기 → 웹사이트 트래픽 활용하기

[01] https://www.facebook.com/ads/manager/audiences/manage를 입력하여 타겟 화면으로 이동합니다. [타겟 만들기] 버튼을 클릭하면 나타나는 팝업 메뉴에서 [맞춤 타겟]을 선택합니다. 맞춤 타겟 만들기 창이 나타나면 특정 웹페이지를 방문한 사람들이 타겟이 되도록 [웹사이트 트래픽]을 클릭합니다.

[02] 타겟 만들기 창이 열리면 웹사이트 트래픽 옵션을 [특정 웹페이지 방문]으로 설정하고 포함할 URL 정보와 기간을 설정합니다. 기간은 타겟에 포함되는 일수로 최대 180일까지 설정할 수 있습니다. [타겟 만들기] 버튼을 클릭하면 맞춤 타겟이 완료되었다는 메시지가 표시되며, 앞서 생성한 맞춤 타겟이 목록에 표시됩니다. 목록에서 사용 가능 여부 영역을 보면 '픽셀이 설치되지 않음'으로 표시되는 것을 확인할 수 있습니다.

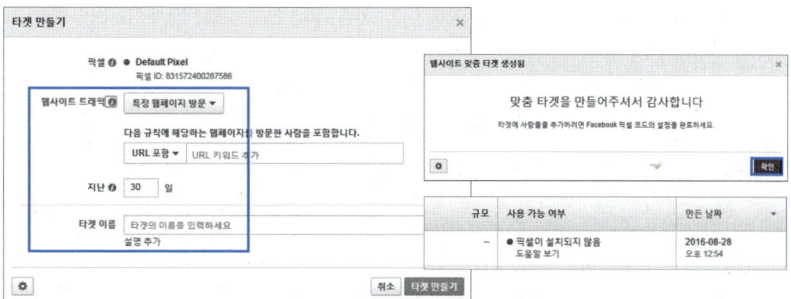

TIP 위와 같이 맞춤 타겟을 만들어 특정 웹사이트의 방문 내역을 확인하려면 특정 웹사이트에 맞춤 픽셀을 추가해 둬야 합니다. 웹사이트에 픽셀을 추가하는 방법은 312쪽을 참고하세요.

타겟 인사이트 살펴보기

[타겟 인사이트] 메뉴에서는 [Facebook 회원 모두], [내가 관리자로 있는 페이지에 연결된 사람], [내가 생성한 맞춤 타겟]에 대한 통계 데이터를 확인할 수 있습니다. 타겟 인사이트 화면은 광고 관리자 화면에서 왼쪽 위에 있는 [도구] 아이콘을 클릭한 후 [타겟 인사이트]를 선택하거나 http://www.facebook.com/ads/audience-insights로 접속합니다.

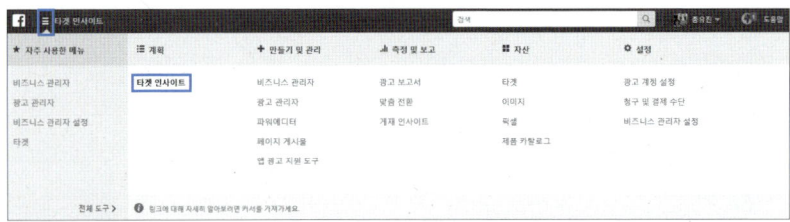

[01] 타겟 인사이트 화면으로 이동하면 별도의 창이 열립니다. [새로 만들기] 탭을 클릭하여 [Facebook 회원 모두/회원님의 페이지에 연결된 사람/맞춤 타겟] 중 어떤 타겟을 분석할지 선택합니다.

[02] 왼쪽 세부 타겟 옵션을 조정하여 분석할 타겟층을 지정할 수 있습니다. 선택한 타겟의 수, 여섯 유형의 인구 통계, 페이지 좋아요, 위치, 활동, 가족, 구매 카테고리별 통계 데이터를 통해 타겟층을 파악할 수 있습니다.

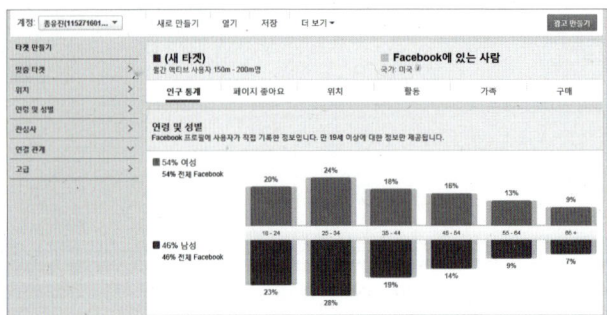

[03] 위치, 연령 및 성별, 관심사, 연결 관계, 고급(행동, 언어, 결혼/연애 상태, 학력, 직장, 금융, 집, 시장 부문, 부모, 정치(미국), 중요 이벤트, 기기 소유자, 카테고리) 등의 옵션을 설정하여 타겟 대상을 선택합니다.

[04] 선택한 타겟의 통계 정보를 이후에도 볼 수 있도록 위쪽에 보이는 [저장] 버튼을 클릭합니다. 이후 작성한 타겟을 조회하고 싶다면 [열기] 버튼을 눌러 목록에서 타겟을 선택하여 조회할 수 있습니다.

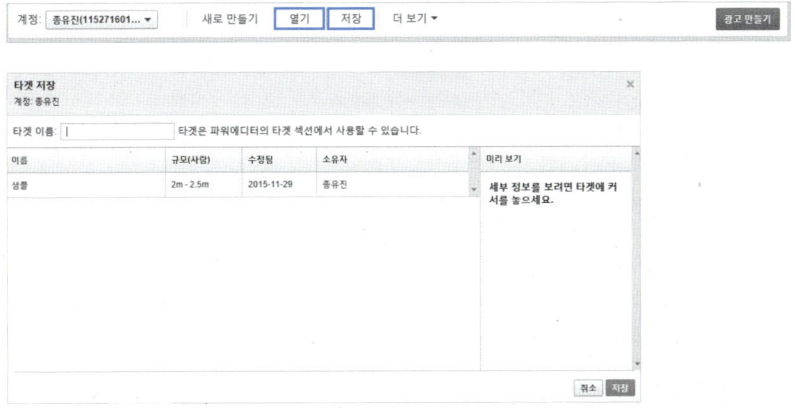

선택한 타겟은 여섯 가지 유형으로 통계 데이터를 확인할 수 있습니다. 상세 통계 데이터는 다음과 같습니다. [가족]과 [구매] 탭의 데이터는 타겟이 미국일 때에만 데이터를 확인할 수 있습니다.

- 인구 통계학적 특성 : 연령 및 성별, 라이프스타일, 결혼/연애 상태, 학력 수준, 직급 정보를 확인할 수 있습니다.

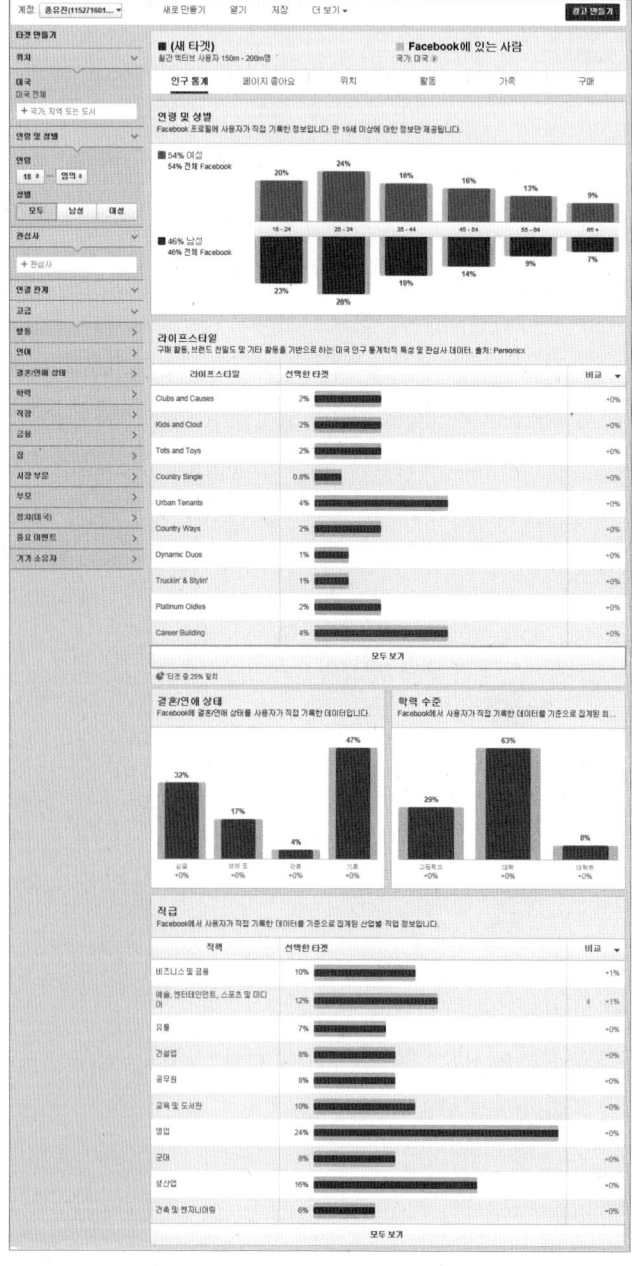

- **페이지 좋아요** : 페이지 좋아요 상위 열 개의 카테고리와 관련성이 높은 페이지 정보를 확인할 수 있습니다.

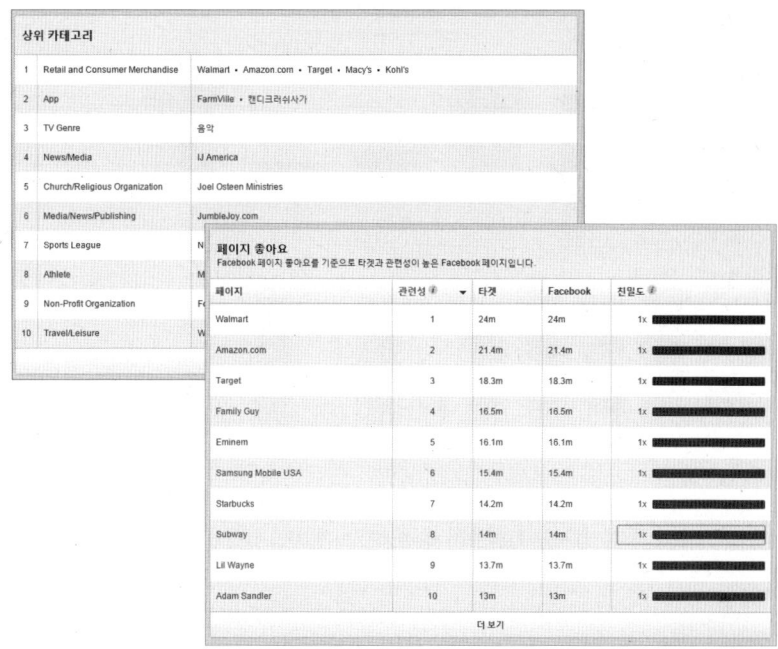

- **위치** : 타겟층의 국가, 도시, 언어 정보를 확인할 수 있습니다.

- **활동** : 활동 빈도, 사용 기기별 사용자 통계를 확인할 수 있습니다.

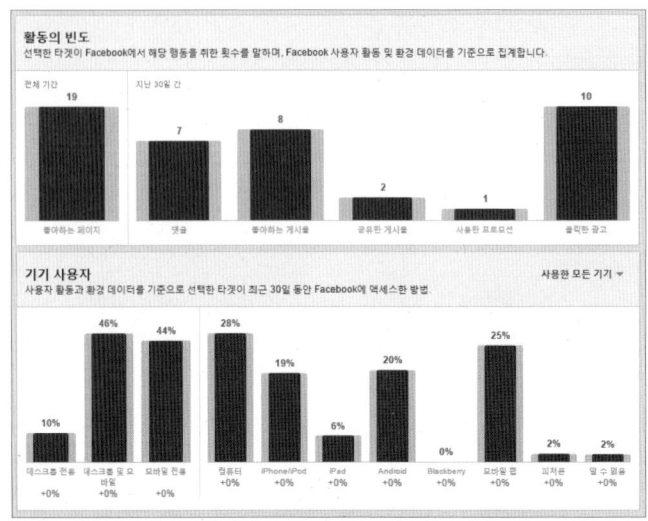

- **가족** : 가족 소득, 주택 소유, 가족 크기, 주택 시장 가격, 지출 방법 정보를 확인할 수 있습니다.

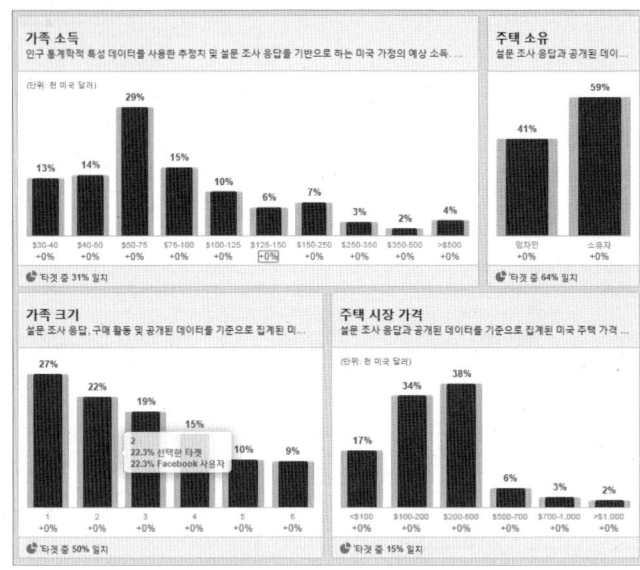

- 구매 : 유통 지출, 온라인 구매, 구매 행동 정보를 확인할 수 있습니다.

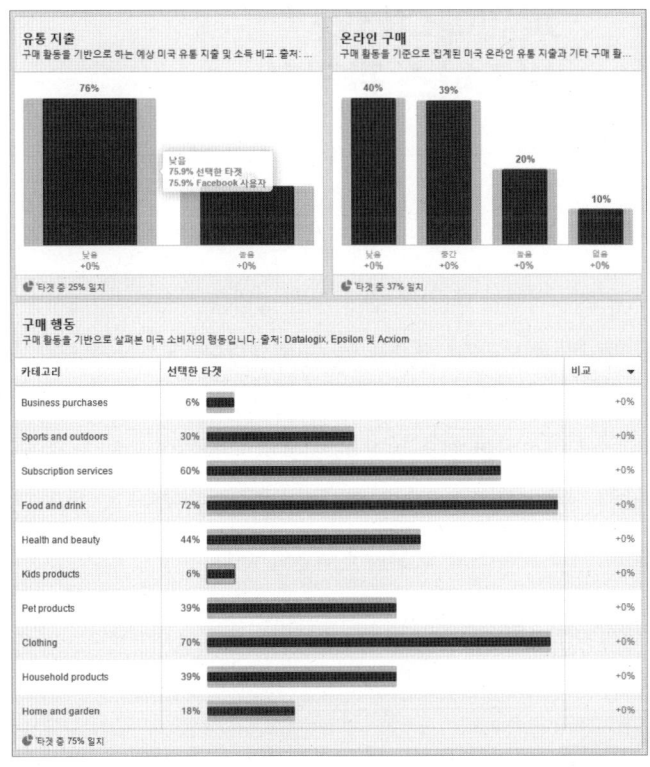

페이스북
광고의 모든 것

파워에디터와
비즈니스 관리자

페이스북에서 광고를 집행할 때 가장 쉽고 빠른 방법을 찾는다면 [게시물 홍보하기] 또는 [페이지 홍보하기] 광고를 쓸 수 있습니다. 게시물 홍보하기는 페이스북 페이지에 올린 게시물을 유료로 광고할 때 쓰고, 페이지 홍보하기는 유료로 페이스북 페이지의 팬을 늘릴 때 사용하는 광고입니다. 누구나 쉽게 이용할 수 있는 편리한 방법이지만 페이스북에서 제공하는 다양한 광고 옵션을 고려할 때 가장 초보적인 활용법에 해당합니다.

▲ [페이지 홍보하기]와 [게시물 홍보하기] 광고 버튼

페이스북 광고를 집행할 때 광고 도달 대상(타겟), 광고 이미지, 광고 문안, 동영상 등은 광고 효과를 좌우하는 핵심 요소들입니다. 이 요소들을 원하는 대로 설정하여 광고 효과를 극대화할 수 있도록 [광고 관리자] 사용법을 확실히 익혀 둬야 합니다.

더불어 구글 크롬 브라우저에서 쓸 수 있는 [파워에디터]를 이용하면 광고 관리자에서 제공하는 것보다 캠페인 목표를 더 상세하게 설정하고 집행할 수 있습니다. 이미 만들어 놓은 캠페인이나 광고 세트 혹은 광고를 불러와 복제 또는 수정도 쉽고 빠르게 할 수 있습니다.

특히 페이지를 여러 개 운영하거나 페이지 하나를 여럿이 운영하는 경우라면 페이지를 조직적으로 운영할 수 있는 [비즈니스 관리자] 사용법을 알아둬야 합니다. [페이스북 광고의 모든 것 05]에서는 광고 관리자와 파워에디터를 이용하여 페이스북 광고를 운영하는 방법을 살펴봅니다. 더불어 비즈니스 관리자 계정이 왜 필요하고 어떻게 다룰 수 있는지도 알아보겠습니다.

'사람을 통한' 콘텐츠 평판 자동화 시스템

이제 막 페이지를 개설하고 타임라인에 게시물을 한두 개 올린 상태에서 페이지의 팬(페이지를 [좋아요]한 사람)을 늘리는 것이 홍보에 얼마나 도움이 될까요? 팬을 아무리 많이 모은다 해도 보여 줄 콘텐츠가 충분치 않다면 광고 효과 역시 크지 않을 것입니다. 하지만 페이지를 개설하기 전에 홈페이지나 블로그 혹은 다른 SNS 활동을 꾸준히 해 온 덕분에 홍보할 만한 콘텐츠가 웹사이트 어딘가에 쌓여 있는 상태라면 이야기는 달라집니다.

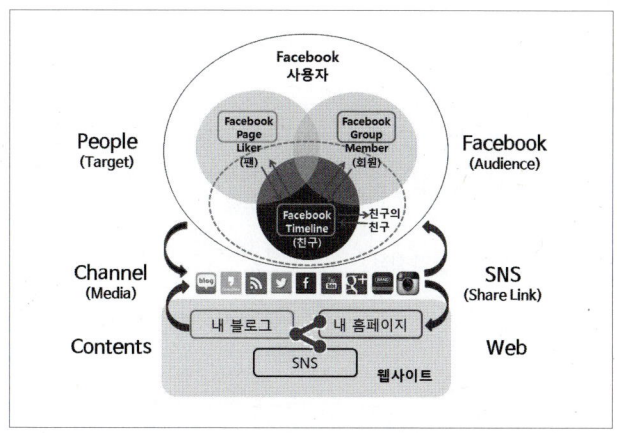

▲ 페이스북을 통한 콘텐츠 전파 구조

홈페이지나 블로그에 있는 글이나 사진을 페이스북 담벼락(타임라인)에 공유하고, 해당 게시물을 다시 페이스북 친구나 그룹 멤버 혹은 페이지의 팬이나 페이스북 사용자를 대상으로 노출할 수 있기 때문입니다. [공유하기]로 콘텐츠를 게시할 때는 해당 링크에 담긴 내용에 대한 짤막한 소개 글과 어떤 사람이 읽으면 좋은지 짤막한 추천 글을 남기는 것만으로도 충분합니다. 이렇게 하면 공유한 원문의 '콘텐츠 가치'에 공유한 사람의 '평판 가치'가 더해집니다. 여기에 댓글이나 [좋아요] 혹은 공유하기 등의 반응이 더해지면 '콘텐츠 확장' 효과가 발생하게 됩니다.

페이스북의 숨은 역할은 친구나 지인들이 어떤 글에 얼마나 공감하고 공유하는지 실시간 반응을 보여줌으로써 사용자들 스스로가 콘텐츠 가치 평가 작업을 수행토록 하는 것입니다. 페이스북은 검색 알고리즘이나 로봇이 아닌 사람들의 반응 행동을 통해 읽을 만한 글과 읽을 가치가 없는 글을 실시간으로 구별하여 드러내고 걸러내는 자동화된 '콘텐츠 선별 시스템'인 셈입니다.

페이스북 광고, 누구나 할 수 있다?

페이스북 광고는 누구나 할 수 있을 만큼 쉽다는 이야기를 들어 보았을 것입니다. 하지만 막상 광고를 집행해 보면 생각보다 꽤 어렵다는 것을 느낍니다. 다음 표는 페이스북 광고를 정석대로 진행하려고 할 때 검토해야 할 기본적인 요소를 광고 프로세스에 따라 생각나는 대로 열거해 본 점검 목록입니다.

항목	구분	내용	실행 작업
1	캠페인 기획	1-1 캠페인 목적&목표 설정	광고 효과 및 이해 당사자의 기대 합의점 도출
2		1-2 캠페인 예산&총액 확정	적정 예산 규모 설정 및 배분 비율 최적화 계획
3		1-3 캠페인 기간&일정 수립	집행 기간과 가용 예산에 따른 일정 배분
4		1-4 모니터링 지표&KPI 선정	광고 효과 평가의 요소 및 평가 항목 합의

5	캠페인 기획	1-5 성패&효과 평가 기준 설정	성공과 실패의 정의 및 평가 판단 기준치 설정
6		1-6 결과 피드백 체계 마련	모니터링 및 평가 주기, 일정 마련
7	미디어 채널 통합	1-7 여타 광고 병행 채널 선정	오프라인 캠페인 또는 프로모션 이벤트 기획
8		1-8 타 매체 집행 계획 수립	블로그, 검색 광고, 신문, 방송 광고 병행 방안
9		1-9 타 SNS 집행 계획 수립	유튜브, 카카오, 밴드, 기타 매체 결합 방안
10	캠페인 만들기	2-1 캠페인 유형 선택	팬 모집/게시물 참여/동영상 조회/전환 등
11		2-2 목적 게시물/광고물 선택	포스트, 이미지, 동영상 등 콘텐츠 선정 및 제작
12		2-3 광고 콘텐츠 제작/의뢰	내부 작업자 또는 외주업체 지정
13	광고 세트 생성	3-1 광고 대상 타겟 설계(설정)	지역(위치), 성별, 연령, 기타 특성별 구분
14		3-2 광고 대상 추출 조건 설계	키워드, 행동, 연결 관계, 포함 및 제외 대상 설정
15		3-3 광고 집행 기간(일정) 수립	시작, 종료일, 집행 시간대 설정
16		3-4 예산 수립(총액/일일 한도)	캠페인당 총액 예산 한도 설정
17		3-5 광고비 지불 방식 선택	CPM, CPC, CPA 등 광고 세트별 지불 방식 설정
18		3-6 기타 부가 조건 선정	A/B 테스트 조건 설계 및 분석과 기획
19	광고 만들기	4-1 광고 콘텐츠 유형 선택	게시물, 웹사이트, 동영상, 이미지 등
20		4-2 광고 이미지/포스트 준비	광고 노출 콘텐츠 크리에이티브
21		4-3 광고 타이틀(캡션) 준비	눈길 사로잡기, 궁금증 유발하기
22		4-4 광고 홍보 문구(카피) 준비	명백한 소구점, 간결한 제안 문구
23		4-5 광고 랜딩 페이지 준비	판매 제안, 참여 행동 제안, Call to Action
24		4-6 이벤트 결합 시 관련 준비	광고 효과 촉진 부가 프로모션 계획 입안

25	광고 만들기	4-7 쿠폰 발급 시 할인 대상 준비	쿠폰 발급 대상 품목(카테고리) 및 할인율 책정
26		4-8 쇼핑몰 상품/이벤트 준비	당첨 또는 참여자 선물 및 제공 혜택
27	광고 게시/집행	5-1 비즈니스 관리자 계정 개설	비즈니스 관리자 기본 페이지 매칭 설정
28		5-2 파워에디터 사용법 학습	크롬 브라우저 설치, 기본 메뉴 사용법
29		5-3 파워에디터 광고 세트 준비	광고 대상, 일정, 예산, 추적 조건 설정
30		5-4 파워에디터 보고서 개발	보고서 생성 구간(기간), 표시 항목 설정
31	픽셀 설치/추적	6-1 페이스북 픽셀 발급	광고 관리자, 파워에디터 픽셀 만들기
32		6-2 웹사이트 픽셀 설치	쇼핑몰, 홈페이지, 블로그, 워드프레스 페이지 등
33		6-3 랜딩 페이지 픽셀 설치	이벤트 진행 페이지 등 픽셀 삽입
34		6-4 전환 추적 페이지 URL 설정	맞춤 전환 추적 URL 사전 확인 세팅
35		6-5 광고 만들기 추적 옵션 선정	전환 추적 픽셀 형식/추적 조건 선택
36	맞춤 타겟 생성	7-1 기존 고객 리스트 맞춤 타겟	전화번호, 이메일, 앱 사용자 ID
37		7-2 웹사이트 방문자 맞춤 타겟	맞춤 타겟, 유사 타겟, 저장된 타겟
38		7-3 특정 페이지 방문자 타겟	특정 추적 조건별 맞춤 타겟 생성, 누적 관리
39		7-4 유사 타겟 및 타겟 조합 설정	포함 조건과 제외 조건 설정
40		7-5 리마케팅 조건 설계, 집행	추적 결과에 따른 리타게팅 대상, 키워드 최적화

▲ 페이스북 광고 집행 프로세스 및 체크리스트

대략 헤아려도 마흔 가지가 넘습니다. 과연 이 작업이 쉬울까요? 목록을 보는 순간 힘이 빠지는 이도 있을 것입니다. 아직 페이스북 페이지가 무엇이고 페이스북 광고가 무엇인지 모르는 초보자라면 좌절감마저 들 것입니다. 하지만 실망하기엔 이릅니다. 페이스북은 초보자도 어렵지 않게 광고를 할 수 있도록 도움을 주기 때문입니다. 페이스북 광고 제작 관리 도구를 익히기에 앞서 많은 페이스북 초보자들이 페이스북 광고와 동의어로 여기는 [게시물 홍보하기] 기능부터 알아보겠습니다.

페이스북 즉석 광고, 게시물 홍보하기

페이스북 페이지를 개설했는데 아직 포스트를 하나도 올리지 못했나요? 괜찮습니다. 글이 없더라도 게시물 홍보하기를 이용해서 광고를 할 수 있습니다. 페이스북은 커버 사진을 올리는 것도 포스팅 행위로 봅니다. 따라서 페이지를 개설하고 커버 사진을 등록했다면 게시물 홍보하기를 이용해 광고를 진행할 수 있습니다.

운영 중인 블로그나 홈페이지 게시물의 링크 주소를 복사해서 페이지 게시물 입력란에 붙여 넣고 간단한 설명 글을 덧붙이는 것 역시 새로운 게시물로 봅니다. 블로그에 등록한 콘텐츠가 있다면 즉석에서 링크 포스트를 만들고 해당 포스트를 광고 대상으로 삼을 수 있다는 말입니다. 한마디로 게시물 홍보하기 광고는 페이지에 올린 사진 한 장, 링크 소개 글 하나만 있어도 지금 당장 사용할 수 있는 '즉석 광고 상품'인 셈입니다.

이해를 돕기 위해 네이버 블로그에 게시한 글을 페이스북 페이지에 링크 게시물로 올린 다음, 이 링크 포스트를 게시물 홍보하기 광고로 전파하는 과정을 예로 들어 사용법을 실습해 보겠습니다.

블로그 포스트로 링크 콘텐츠 만들기

[01] 운영하는 블로그에 접속합니다. 홍보(광고)용으로 쓸 포스트를 열고 포스트의 링크 주소를 복사합니다(Ctrl+C).

[02] 링크 콘텐츠를 게시할 페이스북 페이지의 타임라인에 접속합니다. 게시글 입력란에 앞에서 복사한 링크 주소를 붙여 넣습니다(Ctrl+V). 블로그 원문에 포함된 이미지 섬네일, 제목, 본문 일부(보통 리드문이라 부름)가 자동으로 호출되어 나타납니다.

TIP 링크 포스트를 게시할 때 본문 입력란에 링크 주소를 붙여 넣으면 아래쪽에 제목과 리드문이 나타납니다. 제대로 나타나면 붙여 넣은 링크를 삭제해도 됩니다. 뉴스피드 알고리즘을 연구하는 사람들 중 본문에 링크 주소가 포함되면 페이스북이 광고나 스팸성 글로 오인하여 포스트 도달률을 떨어트린다고 말하는 사람도 있습니다. 이들은 링크 주소는 글이 호출되고 나면 삭제하는 게 낫다고 말합니다.

[03] 제목 및 리드문이 호출되면 아래쪽에 사용할 수 있는 이미지를 선택하는 영역과 각종 포스트 옵션 도구가 표시되고 [게시물 홍보하기] 버튼도 보입니다. 블로그 원문에 이미지가 포함되어 있을 때 자동으로 추가되는 첫 이미지가 게시물 홍보하기 광고에서 노출되는 대표 이미지가 됩니다. 추가된 이미지가 여러 장일 때는 원하는 이미지를 드래그하여 순서를 바꿀 수도 있습니다. 필요에 따라 감정 표현, 위치 태그 등의 옵션을 설정하고 [게시물 홍보하기] 버튼을 눌러 곧장 광고 게시 모드로 들어갑니다. [게시] 버튼을 눌러 해당 포스트를 게시한 후 게시물 홍보하기 광고를 진행해도 이후 과정은 동일합니다.

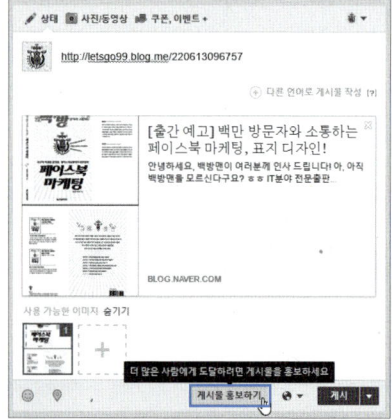

TIP 대표 이미지에서 텍스트가 차지하는 면적이 전체 면적의 20%를 넘으면 광고 이미지 사용 제한 규칙에 따라 광고 노출률이 크게 떨어집니다. 그러므로 대표 이미지에 포함된 텍스트가 20%를 넘으면 + 아이콘을 눌러 텍스트 비중이 적은 이미지를 추가하여 대표 이미지를 변경하도록 권합니다.

타겟 및 예산 설정하고 광고 집행하기

[01] 게시물 홍보하기 창에 [내 페이지를 좋아하는 사람들]이 타겟으로 선택되어 있습니다. 필요에 따라 [기본 타겟]을 선택하거나 [새 타겟 만들기] 링크를 클릭하여 대상 타겟을 변경할 수 있습니다. 먼저 [새 타겟 만들기] 링크를 클릭해 봅니다.

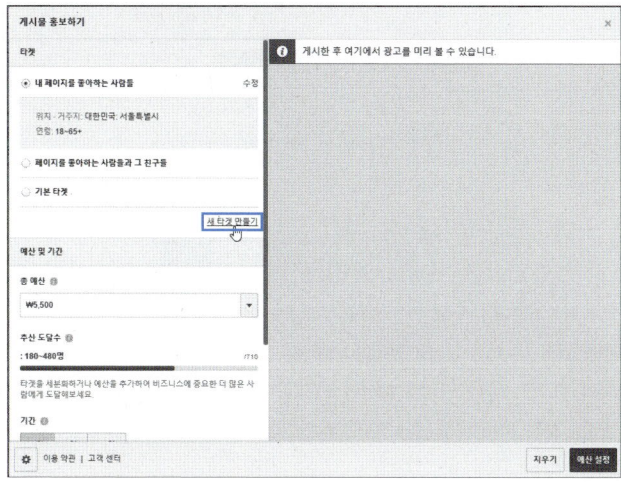

[02] 타겟 만들기 창에서 타겟 이름을 부여하고 성별, 연령, 위치 및 관심사 키워드를 설정합니다. 원하는 키워드를 포함시키거나 제외한 다음 [저장] 버튼을 클릭합니다.

[03] 다음으로 총 예산 금액을 적정 금액으로 바꿔 보겠습니다. 금액 입력란 오른쪽 끝에 있는 팝업 단추를 클릭해 예산에 따른 추산 도달 수를 확인합니다. 적정한 금액을 선택하거나 직접 입력하고 [예산 설정] 버튼을 클릭합니다.

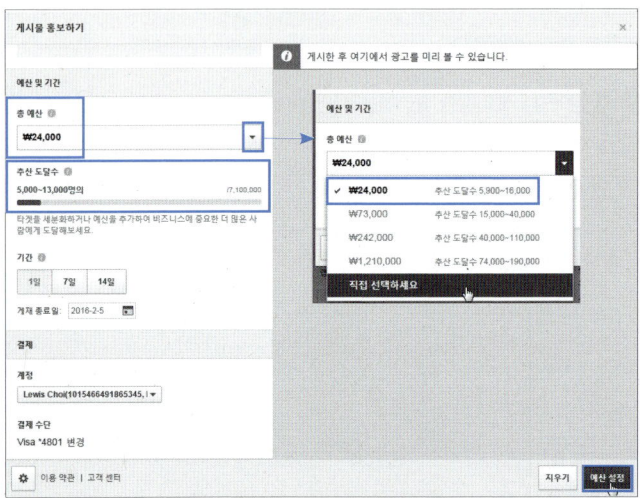

TIP 총 예산을 변경하면서 달라지는 추산 도달 수를 살펴봅니다. 예산에 따른 추산 도달 수의 변경 폭이 눈에 띄게 줄어드는 구간이 있습니다. 이런 과정을 반복하여 예산에 따라 도달 효율이 가장 높아지는 구간(금액)을 찾을 수 있습니다. 광고는 설정한 기간 및 예산이 소진되기 전이라도 중간에 중단할 수 있으므로 예산 범위 이상으로 금액을 설정하여 광고를 일단 개시한 후 예산이 바닥나는 시점에 광고를 중단하는 방법도 생각해 볼 수 있습니다.

[04] 미리 등록해 둔 결제 수단이 없거나 등록해 둔 결제 수단(신용카드)의 지불 상태에 문제가 있다면 다음과 같은 안내 메시지가 나타납니다. 이런 경우에는 해외 결제가 가능한 신용카드 정보를 등록하고 [계속] 버튼을 클릭합니다. 페이스북이 주최한 이벤트나 행사에서 받은 Facebook 광고 쿠폰이 있다면 쿠폰 금액만큼 무료로 광고를 집행할 수 있습니다.

[05] 결제 수단에 이상이 없다면 [(지정한 예산)에 광고 세트 홍보] 버튼이 나타납니다. [게시] 버튼을 클릭합니다.

[06] [(지정한 예산)에 맞추어 홍보됨] 버튼으로 바뀌면서 광고 승인 단계로 넘어갑니다.

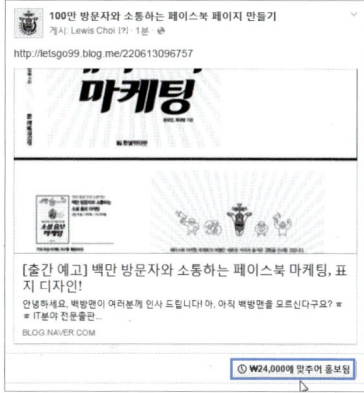

[07] 게시한 광고 승인 단계에서 승인 거절 메시지가 올 수 있습니다. 이럴 때는 거절 사유를 확인하고 문제를 해결한 후 새로 광고를 만들어 게시합니다. 게시물 홍보하기 광고는 광고 승인 단계를 거쳐 최종 광고 진행 여부가 결정됩니다. 광고를 집행하면 24시간 이내(빠르면 한두 시간 안)에 광고가 정상적으로 동작하고 있는지 광고 관리자 화면에서 확인해야 합니다.

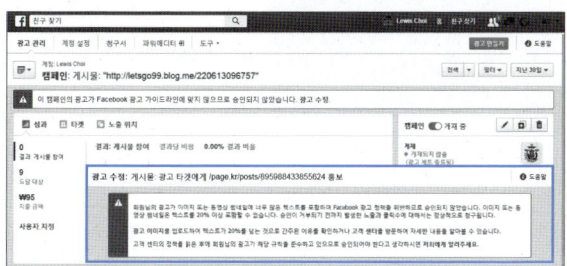

TIP 광고 승인 단계에서 광고 이미지에 텍스트가 많거나 페이스북 상징 로고를 썼거나 표현물을 임의로 사용한 경우에도 광고가 자동으로 중지되고 중단 사유 안내 메시지가 페이스북 알림으로 전달됩니다. 이 상태에서는 수정을 할 수 없습니다. 따라서 승인이 거절된 원인을 찾아 해결한 후 새 포스트를 작성해서 올려야 광고를 할 수 있습니다. 게시물 홍보하기 광고를 할 때는 최종 [게시] 버튼을 클릭하기 전에 광고 이미지 안에 텍스트가 지나치게 많지 않은지, 포스트에 삽입한 하이퍼링크 등이 바르게 동작하는지 꼭 확인한 후 [게시] 버튼을 클릭하는 습관을 기릅니다. 특히 포스트 안에 쇼핑몰 상품 상세 페이지나 주문 페이지로 연결되는 링크를 삽입했다면 해당 상품의 카테고리를 수정하거나 진열 위치를 변경했을 때 링크한 URL 주소가 바뀌지 않도록 유의해야 합니다.

광고 관리자에서 페이지 홍보하기

게시물 홍보하기 광고만 익혀도 페이스북 광고의 전반적인 프로세스나 기본 요소에 대해 감을 잡을 수 있을 것입니다. 이러한 이유로 페이스북 광고를 공부할 때는 게시물 홍보하기 광고를 먼저 시도해 보길 권합니다. 하지만 이것은 준비 운동에 불과합니다. 이제부터 본격적으로 비즈니스 마케팅 차원의 페이스북 광고를 살펴보겠습니다.

이번 실습에서는 페이지 개설 초기에 많이 사용하는 페이지 홍보하기 광고를 광고 관리자를 이용해 집행해 보겠습니다.

광고 관리자를 열고 광고 만들기

[01] 페이스북 개인 계정으로 접속한 상태에서 팝업 단추를 클릭하고 [광고 만들기] 또는 [광고 관리] 메뉴를 선택합니다.

TIP 페이스북 페이지를 개설하고 한 번도 광고를 만든 적이 없다면 [광고 만들기] 메뉴와 [Facebook에서 광고하기] 메뉴가 표시됩니다.

[02] [광고 관리] 메뉴를 선택하면 광고 관리자 화면이 나타납니다. 오른쪽 위에 있는 [광고 만들기] 버튼을 클릭합니다.

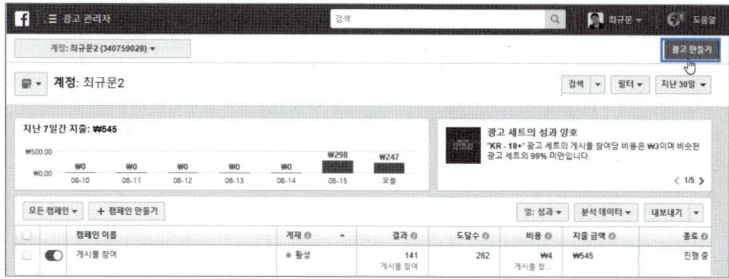

TIP 개인 계정에 비즈니스 관리자 광고 계정이나 다른 사람들의 광고 계정이 여러 개 연결되어 있을 때는 캠페인에 사용할 광고 계정을 먼저 선택해야 위 화면이 나타납니다. 사용할 광고 계정을 선택하면 집행 중인 광고의 활성화 여부 및 집행 내역을 확인할 수 있습니다.

[03] 광고 계정을 읽고 이전 설정 상태를 확인하여 광고 만들기 작업이 가능한 상태로 준비하는 단계를 거쳐 캠페인 화면이 나타납니다.

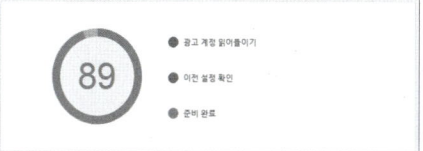

캠페인 : 목표 선택하기

[01] 캠페인 : 목표 선택하기 창에서 캠페인 목표를 선택합니다. 여기서는 개설한 페이지의 팬을 늘리기 위해 [페이지 홍보하기]를 클릭합니다.

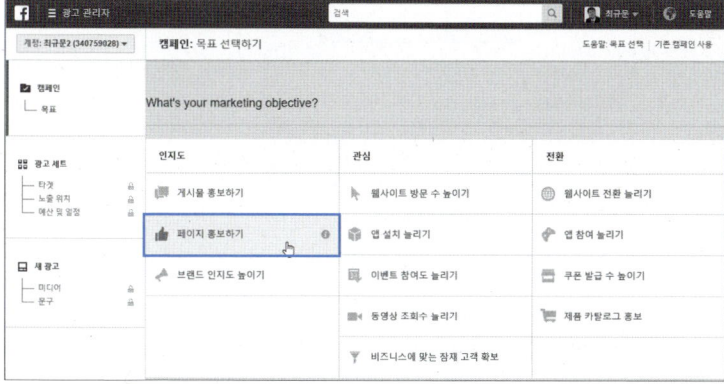

TIP [페이지 홍보하기]는 페이지 [좋아요]를 누르도록 요청하는 '팬 모집' 광고로 [페이지 좋아요] 광고로도 불립니다. 보통 페이지 상징 이미지 또는 페이지 소개 동영상과 150자 이내의 간략한 기본 홍보 문구로 구성됩니다. 인스타그램 계정이 있다면 해당 광고를 페이스북과 동시에 인스타그램 사용자에게도 노출할 수 있습니다.

[02] 적절한 캠페인 이름을 입력한 후 [계속] 버튼을 클릭합니다.

TIP 최근 업데이트 이후 캠페인 이름 입력란이 화면 상단으로 이동하였습니다.

[03] 광고 세트 설정 화면에서 가장 먼저 홍보할 대상 페이지를 선택합니다. 이어서 나타나는 광고 세트 설정 메뉴들(타겟, 노출 위치, 예산 및 일정)을 차례로 설정합니다.

[04] 190쪽에서 설명하는 [2단계 광고 세트 설정]을 참고해서 광고 세트 설정을 마치고 광고 세트 이름을 부여한 뒤 [계속] 버튼을 클릭합니다.

광고(Creative) 만들고 주문하기

[01] 광고 세트 설정을 마치면 광고 : 미디어, 텍스트, 링크 선택하기 창이 나타납니다. 가장 먼저 광고를 대표하는 이미지(미디어)가 광고용으로 적합한지 살펴봅니다. 대표 이미지를 바꾸려면 [이미지]를 클릭합니다. [페이지 홍보하기]에서는 커버 사진으로 사용한 이미지를 대표 이미지로 추천하고 문구에는 페이지 정보의 간략한 소개 글이 표시됩니다.

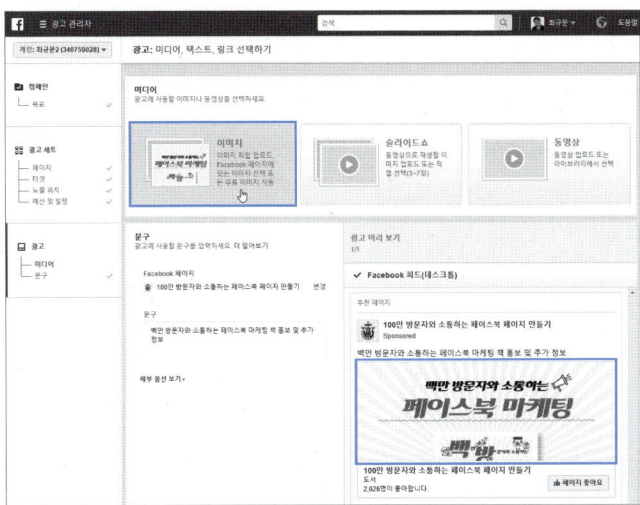

[02] 자동으로 불러온 커버 사진 이미지와 함께 [이미지 추가] 버튼이 표시됩니다. [이미지 추가] 버튼을 클릭하여 광고에 사용할 이미지를 추가할 수 있습니다. 이미지는 광고할 페이지의 특성을 한눈에 나타내는 이미지라야 합니다. 지나치게 자극적이지 않으면서도 호기심이나 궁금증을 유발하는 이미지로 스크롤을 멈추게 할 만큼 주목을 끄는 이미지가 좋습니다.

TIP 페이스북 광고용 이미지는 모바일 화면에 최적화된 비율과 해상도를 유지하는 것이 좋습니다. 가로와 세로 비율은 8:3이고 해상도는 1200×444픽셀인 이미지를 권장합니다. 직접 준비한 이미지가 마땅치 않다면 [무료 이미지 모음] 버튼을 클릭하여 페이스북에서 제공하는 이미지를 활용해도 좋습니다.

[03] 추가해서 선택한 이미지가 광고 미리 보기 영역에 제대로 표시되는지 확인하고 문구(광고 카피)를 적절하게 수정합니다. 필요에 따라 [세부 옵션 보기] 링크를 눌러 광고 제목을 추가하거나 해당 광고를 클릭했을 때 첫 화면으로 표시될 랜딩 페이지의 위치를 [타임라인], [사진], [동영상] 등으로 바꿀 수 있습니다. 필요에 따라 픽셀 추적 옵션도 변경합니다. 마지막으로 [주문 검토] 버튼을 눌러 확인하고 [주문하기] 버튼을 눌러 광고 승인을 요청합니다.

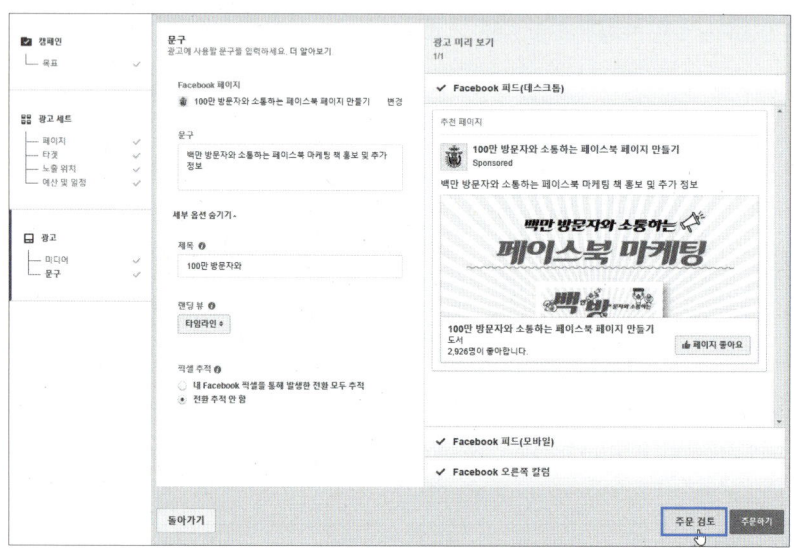

파워에디터로 웹사이트 방문 수 늘리기

파워에디터는 옵션과 기능을 세부적으로 조절할 수 있어 한층 전문적인 맞춤 광고를 만들 수 있습니다. 이미 집행한 광고와 목적이 유사한 광고를 집행할 때는 광고 세트나 광고를 복제하여 필요한 부분만 수정하여 재활용할 수도 있습니다. 페이스북 광고를 잠깐 하고 말 게 아니라면 파워에디터 사용법은 반드시 익혀 둬야 합니다.

파워에디터는 메뉴가 다양하고 사용법도 낯설어 개괄적인 설명만 들어서는 이해하기 어렵습니다. 실습을 반복하여 시행착오를 거치다 보면 깨우칠 수 있다는 생각으로 배우길 권합니다. 여기에서는 파워에디터를 이용해 [웹사이트 방문 수 늘리기] 광고를 집행하는 과정을 실습해 보겠습니다.

파워에디터 사용을 위한 크롬 브라우저 설치하기 | 백만 **방**문자를 부르는 **팁**

파워에디터는 크롬 브라우저에서만 사용할 수 있습니다. 익스플로러에서 파워에디터를 실행하면 다음과 같은 경고 메시지가 나타납니다. 경고 메시지에서 [Google Chrome을 다운로드] 링크를 클릭하면 바로 설치 화면으로 이동합니다.

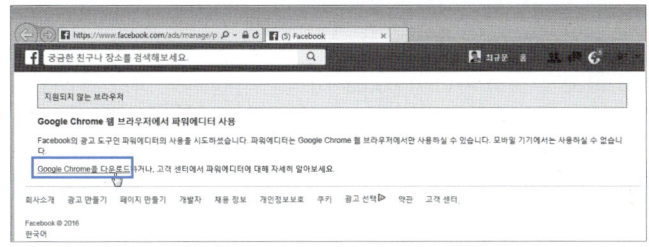

https://www.google.co.kr/chrome/browser/를 입력해서 직접 다운로드 페이지에 접속해도 됩니다. 크롬 공식 다운로드 화면이 나타나면 [Chrome 다운로드] 버튼을 클릭해 설치합니다.

파워에디터를 실행하고 주요 지표 파악하기

페이스북 메인 메뉴에서 팝업 메뉴를 펼친 후 [광고 관리]를 선택합니다.

광고 관리자 화면에서 왼쪽 상단 [도구] 아이콘을 클릭하여 광고 관리 메뉴를 펼친 후 만들기 및 관리 항목에서 [파워에디터]를 선택합니다.

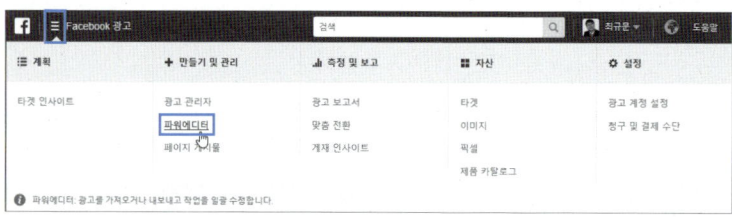

파워에디터는 페이스북 광고를 좀 더 효율적으로 집행하기 위한 크롬 브라우저용 광고 관리 프로그램입니다. 작업을 마치고 [업로드]([변경 검토] 버튼 클릭)하여 동기화하지 않으면 파워에디터에서 작업한 내용이 브라우저에 '업로드 대기 상태'로 남아 광고가 집행되지 않습니다. 특히 작업한 내용을 업로드하지 않은 상태에서 파워에디터를 빠져 나왔다 다시 [파워에디터]를 재실행하면 앞서 파워에디터에서 작업해 놓은 내용이 모두 사라지므로 주의해야 합니다.

관리할 광고 계정을 선택하여 펼쳐지는 파워에디터 화면의 다양한 지표 중 다음 지표를 눈여겨봐야 합니다.

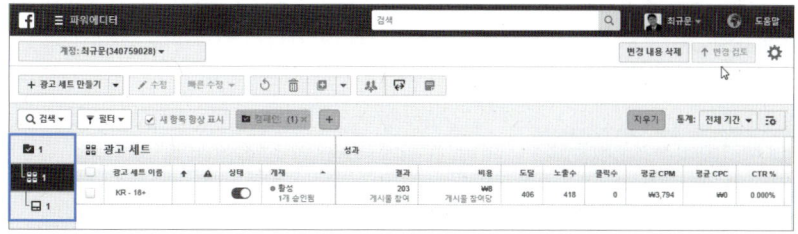

▲ 파워에디터의 다양한 지표

도달 수와 노출 수 : 광고가 노출된 사람 수와 노출 횟수

평균 CPM : 1,000번을 노출하는 데 소요된 광고비

평균 CPC : 광고 1회 클릭당 비용

결과 및 비용 : 설정한 광고 목표를 달성하는 데 소요되는 평균 비용

CTR : 노출 수 대비 클릭 수 비율(디스플레이 배너 광고의 성과를 보여 주는 핵심 지표)

파워에디터에서 캠페인 만들기

파워에디터는 [캠페인 → 광고 세트 → 광고] 단계로 이루어지며, 왼쪽에 구조 트리가 나타납니다. 트리는 캠페인- 광고 세트- 광고로 나타나며 각 단계의 영역을 클릭하면 단계별 목록이 펼쳐집니다. 파워에디터에서 새 캠페인 광고를 만들려면 [+ 캠페인 만들기] 버튼을 클릭합니다.

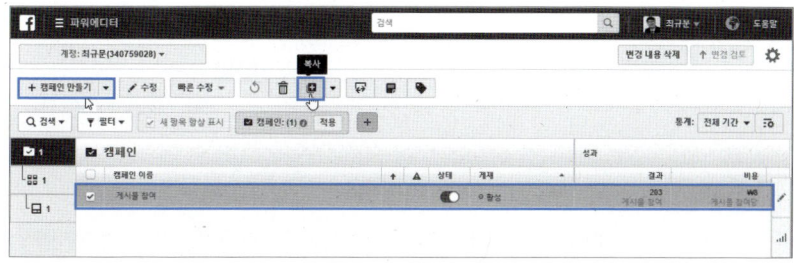

여기에서는 파워에디터를 이용해 [웹사이트 방문 수 높이기] 캠페인 광고를 만들어 올리는 과정을 실습해 보겠습니다.

[01] 파워에디터 화면 왼쪽 상단에 있는 [+ 캠페인 만들기] 버튼을 클릭합니다. 처음 파워에디터로 캠페인을 만든다면 새로운 버전의 광고 만들기 방법에 대한 안내가 나타날 수 있습니다. [지금 사용해보기] 버튼을 클릭합니다

> **파워에디터로 복사할 때 유의사항**　　**백만 방문자를 부르는 팁**

기존에 사용한 캠페인이나 광고 세트 혹은 광고를 복사하려면 왼쪽 구조 트리에서 원하는 단계를 클릭하고 목록이 표시되면 사용할 항목(들)을 체크한 다음 복사 🗐 아이콘을 클릭합니다. 이때 상위 단계를 복사하면 하위 단계까지 포함되어 복사됩니다. 즉 캠페인을 복사하면 해당 캠페인에 포함된 광고 세트와 광고가 한꺼번에 복사됩니다. 따라서 어느 수준에서 복사하는 것이 새 광고에 적용하기 가장 편리한지 고려해야 합니다.

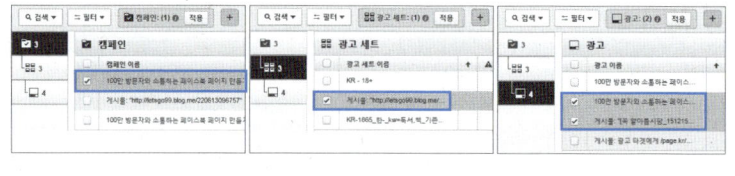

[02] 캠페인 : 목표 선택하기 창이 나타나면 기본 설정 항목인 [웹사이트 방문 수 높이기]를 선택합니다. 이어서 아래쪽에 있는 입력란에 적당한 캠페인 이름을 입력하고 [계속] 버튼을 클릭합니다. 화면 맨 아래에 있는 캠페인 지출 한도의 [한도 설정] 링크를 클릭하여 해당 캠페인에 사용될 예산 한도액을 미리 설정해 두는 것이 좋습니다.

TIP 캠페인 지출 한도는 캠페인 1개당 사용할 수 있는 총 예산을 입력합니다. 파워에디터를 이용해 광고를 관리하면 여러 개의 광고 세트와 광고를 쉽게 복사해서 동시에 집행하기 때문에 각 캠페인 단위로 예산 지출 총액 한도를 설정해 두지 않으면 지출액이 예산액을 초과할 수 있습니다. 캠페인 지출 한도 최저 설정 기준 금액은 10만원이며 한도 금액은 중간에 수정할 수 있으나 반영되는 데 약 15분이 소요됩니다.

[03] 타겟 설정 화면이 나타나면 앞서 190 ~ 191쪽 [2단계 광고 세트 설정] 내용을 참고하여 광고 대상 타겟을 설정합니다.

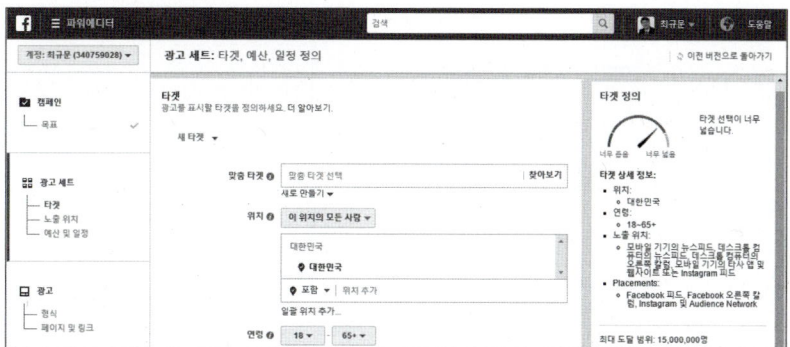

[04] 노출 위치 영역에서는 [노출 위치 수정]을 선택하여 광고 노출 위치를 상세하게 설정할 수 있습니다. 인스타그램 및 타겟 네트워크(페이스북과 광고 제휴 파트너 관계에 있는 앱 및 모바일 웹사이트)를 포함하거나 제외할 수 있습니다. 심지어 모바일 기기 사용자를 배려하여 Wi-Fi 환경에서만 노출되도록 설정할 수도 있습니다.

[05] 계속해서 예산 및 일정을 설정합니다. [일일 예산]을 사용하려면 [시작 및 종료 날짜 설정] 옵션을 선택해서 광고 종료일을 반드시 확정해야 합니다. 잠시 관리를 소홀히 하는 사이에 일일 예산이 지속적으로 지출되어 예산이 예상을 넘어 초과될 수 있기 때문입니다.

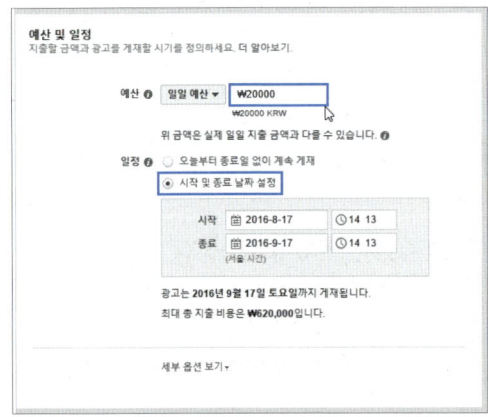

[06] 예산 및 일정 영역 아래쪽에서 [세부 옵션 보기] 링크를 클릭하여 광고 게재 최적화 기준을 선택하고 입찰 금액 및 청구(과금) 방식을 설정합니다. 기본 설정은 페이스북에서 캠페인 목적에 따라 최적 조건을 찾아서 설정되어 있으므로 초보자라면 그대로 유지하는 것이 낫습니다.

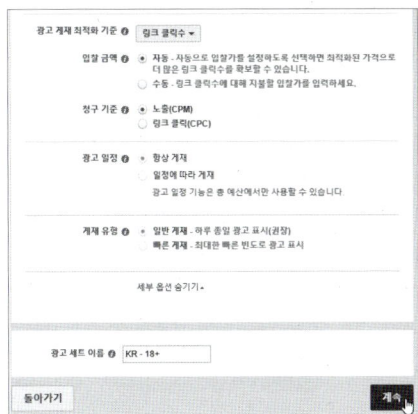

TIP 기본 설정을 유지한 광고를 집행하는 동시에 설정을 변경한 광고를 추가로 만들어 어느 광고가 더 효율적인지 확인해 보는 것이 좋습니다. 효율이 떨어지는 광고가 보이면 타겟이나 콘텐츠 소재를 수정하여 재활성화하지 말고 해당하는 광고를 일단 중단하고 그 광고를 복사한 다음 필요한 요소만 수정해서 새 광고를 만들어 집행하길 권합니다. 요소를 변경했을 때 효율이 얼마나 개선되는지 비교할 수 있기 때문입니다.

[07] 광고 세트의 상세 정보 설정을 마치면 광고 세트 이름을 적절히 부여한 후 [계속] 버튼을 클릭합니다. [새로운 광고 만들기] 탭이 열리면 먼저 광고에 표시할 이미지 형식을 선택합니다. 단일 이미지나 동영상, 또는 여러 장의 이미지나 동영상을 섞어 5장까지 슬라이드 스토리 방식으로 표시할 수 있습니다.

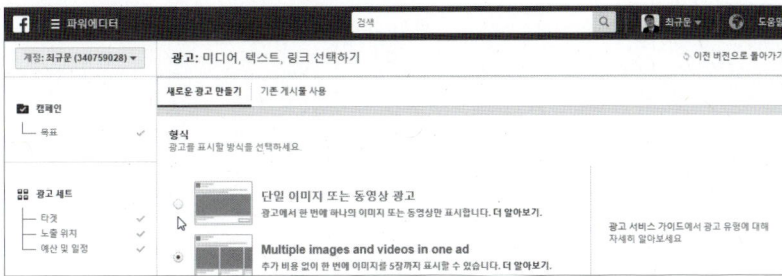

[08] 페이지 및 링크 설정 영역에서는 광고와 연계할 페이스북 페이지를 선택합니다. 추가로 인스타그램 채널에 광고 노출을 원하면 인스타그램 아이콘이 그려진 [계정 추가] 버튼을 클릭하여 인스타그램 계정 주소를 설정합니다. 문구 입력란에는 광고 카피를 입력하면 됩니다.

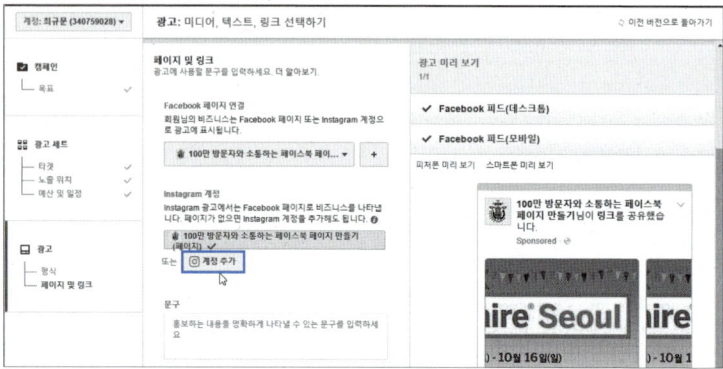

[09] 오른쪽 미리 보기 화면을 참고하여 이미지 표시 형식과 내용(제목, 설명)을 추가하고, 광고를 클릭할 때 연결될 웹사이트(랜딩 페이지)의 URL을 입력합니다. 이외에 이미지 슬라이드나 동영상을 사용할 때 마지막 장면에 표시될 URL 주소를 더 보기 URL 입력란에 입력합니다. 또한 클릭 시 기대하는 행동 유도 버튼 등을 설정하고 [임시 저장] 버튼을 클릭합니다. 필요에 따라 [세부 옵션 보기] 링크를 클릭하여 전환 추적 옵션 등을 설정합니다.

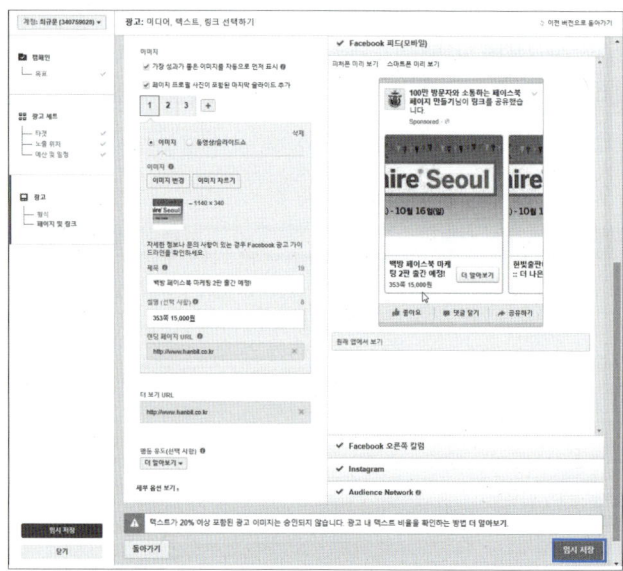

[10] 모든 설정을 마치면 파워에디터 오른쪽 위에 있는 [변경 검토] 버튼을 클릭하여 광고 게재를 신청합니다. 파워에디터 광고 만들기 과정에는 [주문하기] 버튼이 따로 표시되지 않으며 업로드 과정([변경 검토] 버튼 클릭)이 곧 광고 승인을 신청하는 과정입니다.

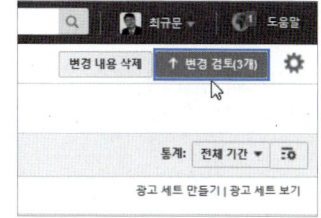

기업용 광고 관리 도구, 비즈니스 관리자 활용하기

지금까지 배운 게시물 홍보하기, 광고 관리자, 파워에디터만 제대로 사용해도 페이스북 광고를 충분히 만들고 관리할 수 있습니다. 하지만 다음과 같은 경우를 만나면 어떻게 해야 할까요?

❶ 취급하는 상품이나 브랜드가 여러 종류일 때
❷ 여러 아이템을 관리하기 위해 만든 웹사이트 도메인 주소가 여러 개일 때
❸ 관리할 페이지는 하나지만 관리하는 사람이 여러 명일 때
❹ 광고 대행사처럼 직원 한 사람이 페이지를 여러 개 관리해야 할 때
❺ 관리자의 보직 변동으로 새로운 사람이 관리를 대신해야 할 때
❻ 페이지 운영 지식과 경험이 부족해 외부에 관리를 맡겨야 할 때

페이스북 광고를 비즈니스 현장에서 실제로 운영해 보면 위와 같은 상황을 상당히 자주 접합니다. 물론 위의 상황에서도 다른 사람에게 자신이 운영하는 광고 계정에 대한 접속 권한을 부여(공유)하거나 공용 계정 등을 이용해 광고를 관리할 수는 있습니다. 하지만 그렇게 하면 알리고 싶지 않은 개인 정보나 사내 정보가 타인이나 외부에 공개될 수 있으므로 조심해야 합니다.

무엇보다 담당자(관리자)가 바뀔 때마다 페이지 및 광고 계정에 대한 접속 정보(아이디, 패스워드)를 공유하거나 변경해야 하므로 매우 번거롭습니다. 특히 공용 아이디를 쓰면서 비밀번호를 공유하면 계정 보안이 취약해집니다. 또 어떤 글이나 응답이 문제가 되었을 때 누가 올린 글인지 확인되지 않아 업무 혼선을 빚거나 책임 소재를 확인하기 어려울 수도 있습니다.

이런 문제점을 해소하고 기업이나 공식 비즈니스 업무 단위에서 페이지 및 페이스북 광고 기능을 쉽고 편리하게 이용할 수 있도록 제공하는 도구가 비즈니스 관리자입니다.

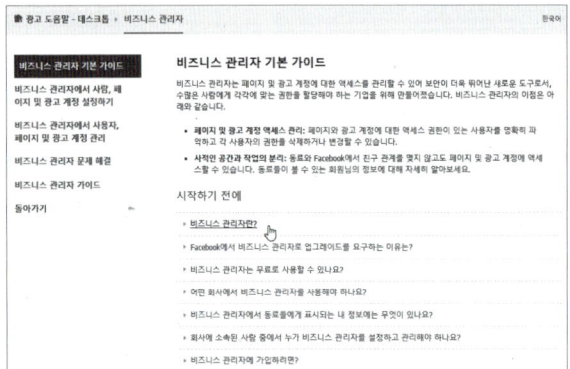

▲ 비즈니스 관리자 기본 가이드(https://www.facebook.com/business/help/113163272211510/)

여기에서는 비즈니스 관리자를 어떤 순서로 만들고 사용하는지, 비즈니스 관리자를 사용하기 위해 어떤 요소들을 미리 설정해야 하는지, 비즈니스 관리자를 효과적으로 활용하려면 어떤 기능을 더 배우고 익혀야 하는지 핵심적인 사항만 추려 살펴봅니다.

비즈니스 관리자 계정을 만들고 시작하기

[01] 페이스북 개인 계정으로 로그인한 상태에서 https://business.facebook.com로 접속합니다. [계정 만들기] 버튼을 클릭합니다.

[02] **새 비즈니스 관리자 계정 만들기_** 비즈니스 이름 입력란에 적당한 이름을 입력하고 [계속] 버튼을 클릭합니다. 비즈니스 이름은 회사 상호나 대표 브랜드 이름을 사용하면 좋습니다. 비즈니스 이름 하나에는 하위 광고 계정을 여러 개 추가할 수 있으므로 개별 상품명이나 하위 브랜드 등 좁은 범위를 나타내는 이름은 피합니다.

[03] **프로필 만들기_** 광고 집행과 관련한 정보를 받아 볼 이메일 주소를 입력하고 [마침] 버튼을 클릭합니다. 여기서 입력한 이메일 주소는 페이스북 광고 지원팀과 정보 및 알림 메시지를 주고받을 때 이용되므로 실제 수신이 가능한 '살아 있는' 이메일 주소를 입력합니다.

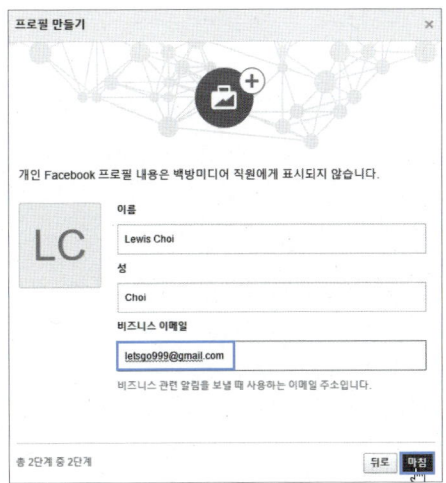

[04] 입력한 이름으로 비즈니스 계정이 생성되고 비즈니스 관리자 안내 화면이 나타납니다. 내용을 확인하고 [비즈니스 관리자 설정 가이드] 버튼을 클릭합니다.

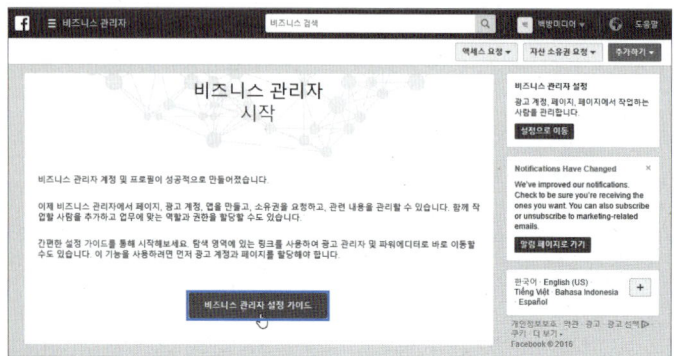

[05] 비즈니스 관리자 설정 가이드 화면이 나타나며 '주요 작업 시작하기' 안내문이 표시됩니다. 각 안내 항목의 제목 링크를 클릭하여 모든 내용을 펼쳐서 꼼꼼하게 읽어 봅니다.

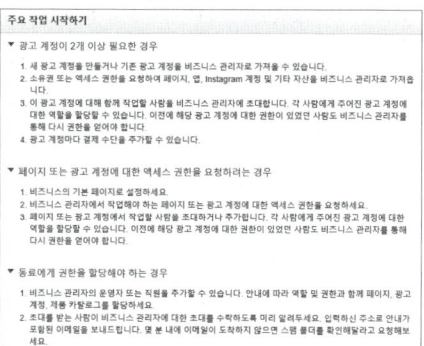

TIP 페이스북은 새로운 기능 추가 및 인터페이스 변화가 잦고, 업데이트 주기 역시 무척 짧습니다. 이러한 변화에 적응할 수 있도록 페이스북은 고객 센터 도움말을 통해 신규 기능의 소개나 설명을 매우 빠르고 자세히 알려줍니다. 페이스북의 새로운 기능은 물론이고, 기존 기능이라 하더라도 자세히 알고 싶다면 [고객 센터]나 [광고주 지원] 도움말을 꼼꼼하게 읽어 보길 권합니다.

[06] '주요 작업 시작하기' 설명문 아래쪽에는 비즈니스 관리자를 이용하는 데 필요한 핵심 요소 세 가지(광고 계정, 페이지, 사람)에 대한 바로가기 버튼이 나열되어 있습니다. 여기서 각 버튼을 클릭해 소유권 및 액세스 권한을 요청하거나 광고 계정이나 페이지를 새로 만들 수 있습니다. 각 기능은 뒤에서 설명하는 사용법을 먼저 익힌 후 이용하길 권합니다. 우선은 비즈니스 관리자 화면을 닫고 이어지는 실습에서 비즈니스 관리자 화면으로 이동하는 방법부터 시작해 보겠습니다.

비즈니스 관리자 : 기본 페이지 연결하기

비즈니스 관리자는 '누가, 어느 페이지를, 어떤 광고 계정으로' 관리할 것인지 설정하고, 그에 필요한 접속 권한과 자원을 할당하는 도구입니다. 세 가지 기본 요소 중 하나라도 없으면 실행되지 않으므로 사용 전에 각 요소를 미리 설정해야 합니다. 기본 페이지 연결하기→기본 광고 계정 생성하기→사람 및 자산 설정하기 순으로 준비하면 편리합니다.

[01] 페이스북 기본 화면에서 오른쪽 끝에 보이는 팝업 버튼을 클릭합니다. 비즈니스 관리자 항목이 추가되고, 앞서 생성한 비즈니스 관리자 계정이 표시되는 것을 확인할 수 있습니다. 해당 계정을 클릭합니다.

[02] 비즈니스 관리자 화면이 열리면 화면 왼쪽 상단에서 [도구] 아이콘을 클릭하여 광고 관리 메뉴를 펼친 후 [비즈니스 관리자 설정]을 선택합니다. [비즈니스 관리자 설정] 메뉴가 보이지 않는다면 팝업 메뉴 아래쪽에 있는 [전체 도구] 링크를 클릭하면 됩니다.

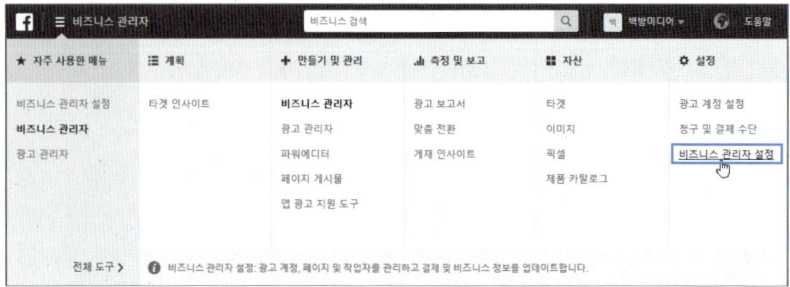

[03] [사람 및 자산] 탭이 열리면 왼쪽에서 [페이지] 아이콘을 클릭합니다. [새 페이지 추가] 버튼을 클릭하고 [페이지 소유권 요청]을 선택합니다.

[**04**] **Facebook 페이지 소유권 요청_** 입력란에 기본 페이지로 설정할 페이지 이름 또는 URL을 입력하고 [페이지 소유권 요청] 버튼을 클릭합니다. 관리 중인 페이지가 여러 개라면 비즈니스를 대표할 수 있는 페이지 하나를 기본 페이지로 설정합니다.

페이지 소유권 요청 권한 | 백만 방문자를 부르는 팁

페이지 소유권을 요청하려면 해당 페이지의 관리자 권한을 갖고 있어야 합니다. 해당 페이지 관리자에게 다음과 같이 소유권 승인 요청 메시지가 전달됩니다. 페이지 관리자가 [요청에 응답] 버튼을 클릭하여 소유권 변경 요청을 [승인]하고 [저장] 버튼을 클릭하면 그 페이지의 소유권은 비즈니스 관리자에게 이전됩니다. 비즈니스 관리자가 소유권을 가지게 되면 해당 페이지를 처음 만든 사람(관리자)일지라도 개인 계정으로 로그인한 상태로는 더 이상 해당 페이지에 대해 관리 작업 권한을 유지하지 못합니다. 즉 비즈니스 관리자 계정에 기본 페이지로 연결된 페이지에 대한 관리 권한은 개인이 아닌 비즈니스 조직(사업체)이 갖게 되는 것입니다. 타임라인 게시물 업로드를 비롯해 해당 페이지에 대한 제반 운영 관리 작업은 비즈니스 관리자로부터 접속 권한을 부여받은 사람(직원)이 해당 비즈니스 관리자 계정으로 접속해야만 가능합니다.

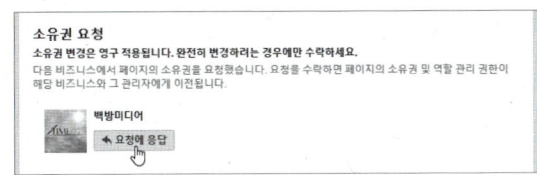

[05] 페이지 소유권이 정상적으로 부여되면 다음과 같이 페이지 목록에 새로 등록한 페이지 이름이 나타납니다. 해당 페이지에 대해 관리 권한이 부여된 사람 목록과 접근 권한 등도 표시됩니다. 페이지를 관리할 사람을 추가하려면 [사람 추가] 버튼을 클릭합니다. [새 페이지 추가] 버튼을 클릭하여 추가로 다른 페이지를 비즈니스 관리자 계정의 관리 대상에 추가할 수도 있습니다.

비즈니스 관리자 [광고 계정] 만들기

비즈니스 관리자 계정을 처음 개설할 때 작성한 프로필은 비즈니스 관리자 계정의 운영자(본인)로 자동 추가됩니다. 기본 페이지까지 연결했다면 이제는 비즈니스 광고 계정만 추가하면 됩니다. 비즈니스 광고 계정은 개인 광고 계정과 달리 비즈니스 조직(사업체)의 광고 계정이므로 여러 사람이 각자에게 주어진 권한에 따라 공동으로 협력하여 작업을 할 수 있습니다.

[01] [사람 및 자산] 탭에서 광고 계정 아이콘을 클릭합니다. 광고 계정 메뉴 화면이 나타나면 [새 광고 계정 추가] 버튼을 클릭하고 [+ 새 광고 계정 만들기]를 클릭합니다.

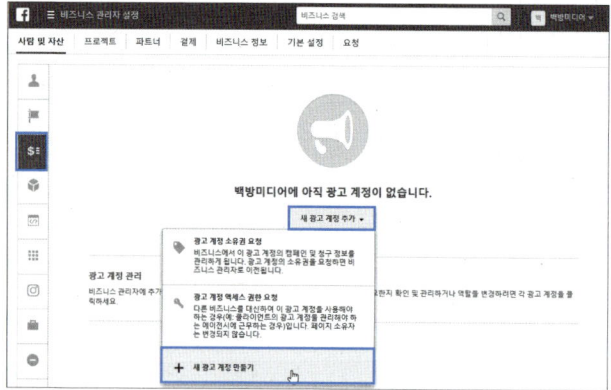

[02] **새 광고 계정 만들기_** 광고 계정 이름을 입력하고 광고주 및 시간대와 통화 단위를 선택한 후 [광고 계정 만들기] 버튼을 클릭합니다. 한 번 설정된 시간대 및 통화 단위는 수정할 수 없으므로 앞으로 사용할 지불 통화 단위를 숙고하여 선택합니다. 달러 등 외환을 기본 통화 단위로 설정하면 환전 수수료를 절약할 수 있지만 CPC, CPM 금액 등 광고 성과를 직관적으로 비교하고 싶을 때는 국내 통화로 설정하는 게 바람직합니다. 여기서는 시간대를 [GMT +09:00 Asia/Seoul], 통화를 [KRW—대한민국 원]으로 설정했습니다.

 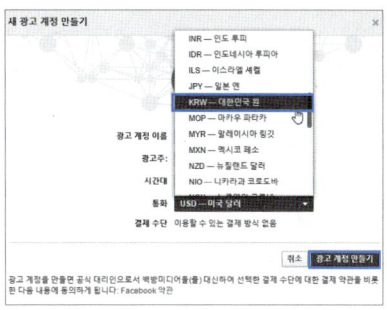

[03] **계정 관리자 추가하기_** 해당 광고 계정에 대한 관리 권한을 부여할 사람 이름 앞에 체크를 하고 각자의 권한을 선택한 다음 [변경 내용 저장] 버튼을 클릭합니다.

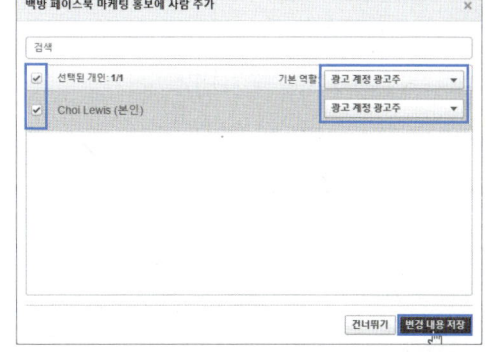

[04] 새 광고 계정이 생성되었다는 창이 나타나면 [확인] 버튼을 클릭합니다. 참고 문구에서 [결제 수단] 링크를 클릭하면 결제 수단을 등록할 수 있으며, 이후에는 비즈니스 관리자 화면의 [결제] 탭에서 추가하면 됩니다.

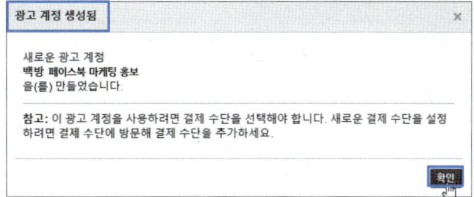

[05] 새 광고 계정이 만들어지면 해당 광고 계정을 관리할 사람을 추가하거나 다른 비즈니스 관리자 계정에서 이 계정을 공유할 수 있도록 파트너 할당을 합니다. 이렇게 관리 권한을 부여함으로써 광고 계정을 공동 운영하거나 분석 작업을 할 때 협력을 구할 수 있습니다. 필요하면 [새 광고 계정 추가] 버튼을 클릭해서 새로운 광고 계정을 만들 수도 있습니다.

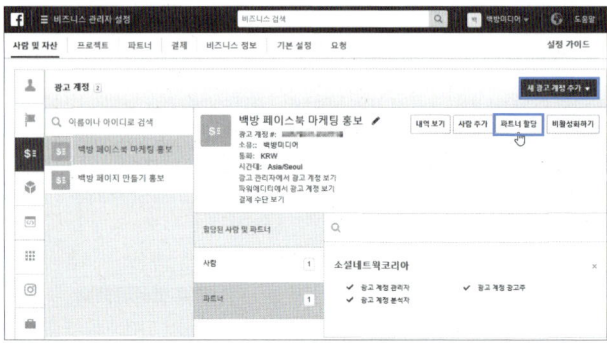

TIP 비즈니스 관리자 계정 하나에는 광고 계정을 기본 2개까지 만들 수 있습니다. 보안 및 악성 사용자의 악용을 막기 위한 조치랍니다. 만일 광고 대행사와 같이 추가로 광고 계정이 필요한 경우라면 페이스북 광고팀에 요청하여 1,000개까지 추가로 광고 계정 생성 권한을 받을 수 있습니다.

비즈니스 관리자 [사람 및 자산] 추가하기

이제 비즈니스 관리자 계정을 운영하는 데 필요한 기본 설정이 마무리되었습니다. 하지만 조직 계정이므로 관리해야 할 페이지나 광고 계정이 늘어나면 필요한 사람(운영자나 직원)을 추가로 등록할 수 있어야 합니다. 추가로 등록하는 방법을 알아보겠습니다.

[01] [사람 및 자산] 탭에서 사람 아이콘을 클릭하고 [새로운 사람 추가] 버튼을 클릭합니다.

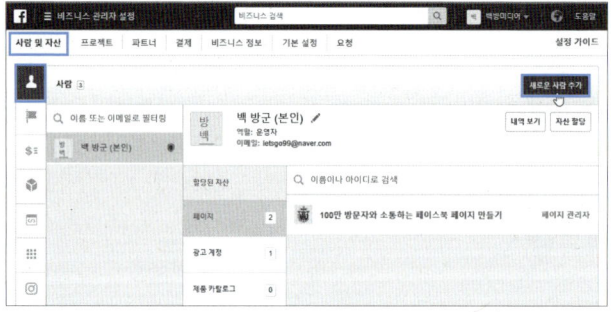

[02] **새로운 사람 추가하기_** 해당 비즈니스 계정을 함께 관리할 사람의 이메일 주소를 입력하고 역할을 할당(선택)한 다음 [사람 추가] 버튼을 클릭합니다. 추가할 사용자는 페이스북 가입자여야 하며, 입력한 이메일 주소는 초대할 사용자의 페이스북 개인 계정에 등록된 것이어야 합니다.

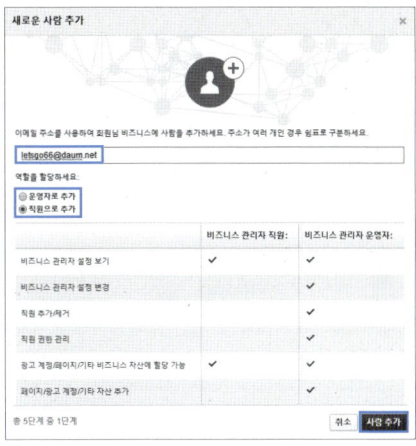

[03] 초대를 받은 사람에게는 이메일이 전송되며, 이메일 본문의 [시작하기] 버튼을 클릭하여 페이스북 비밀번호를 입력한 다음 [Facebook으로 확인] 버튼을 클릭하는 등의 수락 절차를 거칩니다.

비즈니스 관리자 계정 액세스 요청하기 : 파트너 할당

비즈니스 관리자 계정에서 관리하는 페이지나 광고 계정은 [파트너 할당] 기능을 이용해 다른 비즈니스 관리자 계정에게 접속 권한을 부여할 수 있습니다. 비즈니스 관리자 설정의 파트너 할당 입력 창에 상대방의 비즈니스 관리자 계정 ID를 입력하는 것만으로 간단히 처리할 수 있습니다.

[01] 비즈니스 관리자 설정 화면에서 위쪽에 있는 [비즈니스 정보] 탭을 클릭한 후 파트너 할당을 요구할 비즈니스 관리자 계정의 ID 숫자를 드래그하여 블록으로 지정하고 Ctrl+C를 눌러 복사합니다.

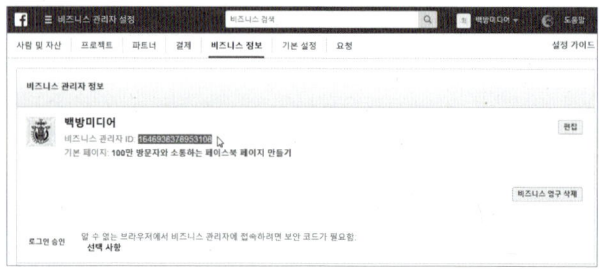

[02] 비즈니스 관리자 ID는 다음과 같이 비즈니스 관리자 화면에 접속했을 때 상단 URL에 표시되는 숫자와 동일하며, 비즈니스 관리자 화면에서 [액세스 요청] 버튼을 클릭한 후 [광고 계정]을 선택해서 표시되는 팝업 창을 이용해서 확인할 수도 있습니다. 이 ID

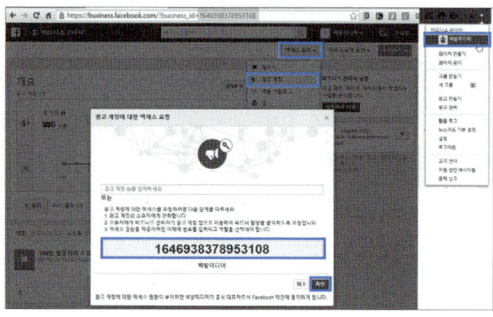

를 계정 액세스를 요청할 다른 비즈니스 관리자 계정 운영자에게 전달합니다.

[03] ID를 전달받은 다른 비즈니스 계정의 운영자는 비즈니스 관리자 설정 화면의 [사람 및 자산] 탭에서 [광고 계정]을 클릭하고 [파트너 할당] 버튼을 클릭합니다. 입력란에 전달받은 ID를 입력하고 [다음]을 클릭합니다.

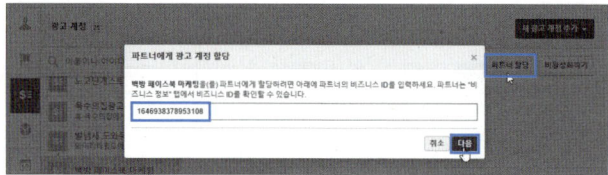

[04] 파트너 역할 할당하기_ 해당 파트너에게 제공할 권한 범위를 체크하여 설정하고 [다음] 버튼을 클릭합니다. 파트너가 할당되었다는 안내 창이 뜨면 [확인] 버튼을 클릭합니다.

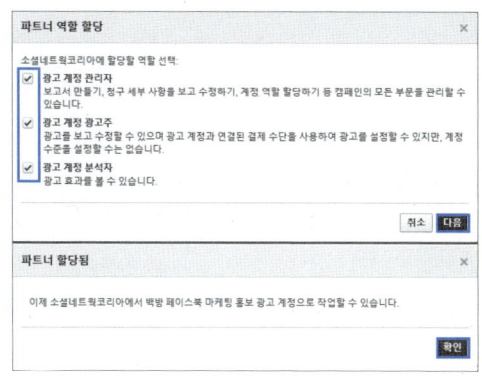

파트너 할당의 유용성과 제거

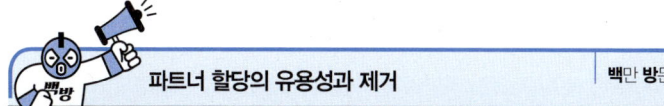

페이스북 광고 집행 경험이 충분하지 않은 초보자인 경우, 광고 기획 및 집행 업무를 모두 외부 광고 대행사에 맡긴 경우, 외부 전문가에게 광고 결과 등에 대한 분석 작업을 의뢰한 경우에는 파트너 할당 방식을 통해 상대방에게 접속 권한을 부여할 수 있습니다. 이렇게 하면 페이지나 광고 계정에 대한 소유권은 유지한 채로 필요한 권한만 상대방에게 제한적으로 제공할 수 있습니다. 필요할 때는 언제라도 [파트너 제거] 버튼을 클릭해 권한을 해제할 수 있으므로 보안 및 권한 관리 측면에서도 유용합니다.

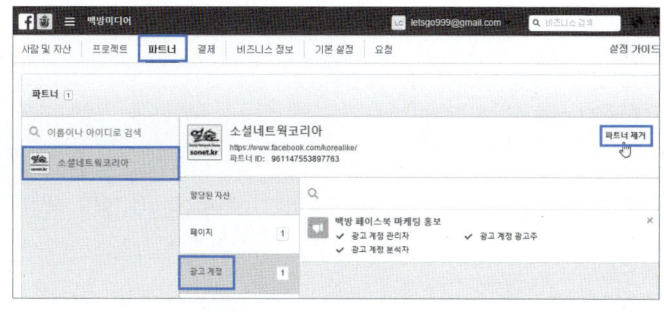

CHAPTER **06**

페이스북 광고로 타겟 마케팅하기

페이스북을 방문하는 사용자의 뉴스피드에는 친구들의 업데이트 정보, 내가 [좋아요]한 페이지의 업데이트 소식과 함께 그들이 관심을 가질 만한 정보도 함께 노출됩니다. 친구들이 [좋아요]하거나 댓글을 단 페이지의 게시물이나 친구와 연관된 게시물이 포함될 수 있습니다. 또한 이와 같은 형식으로 의도적으로 업데이트 정보를 노출할 수 있는 페이스북 광고 기능이 있습니다. 운영하고 있는 페이스북 페이지나 페이지의 게시물을 지정된 선호도를 가진 사용자에 노출되도록 하는 타겟 광고를 생성할 수 있습니다. CHAPTER 06에서는 유료로 진행하는 페이스북 광고를 활용하여 타게팅 광고를 작성하는 방법에 대해 살펴보겠습니다.

페이스북 광고의
유형과 특징

CHAPTER 06
SECTION 01

전 세계 15억 명이 넘는 사람이 페이스북에서 관심사를 이야기하고, 이 중 10억 명이 넘는 사람이 매일 페이스북을 방문합니다. 페이스북에 페이지를 개설한 후에는 관계 네트워크를 기반으로 자연적인 구전 효과를 일으켜 고객을 확보하고, 비즈니스를 위한 기반 인프라로 활용할 수 있습니다. 빠른 시간 안에 더욱 효과적으로 페이지의 팬 네트워크를 넓히고 싶거나 중요한 고객들에게 적극적으로 홍보를 해야 할 때는 페이스북 광고를 활용합니다.

페이스북 광고는 사용자가 직접 페이스북에 설정한 선호도 옵션과 축적된 개인 정보를 활용하기 때문에 타겟 마케팅을 하는 데 매우 효과적입니다. 일단 [좋아요]를 눌러 팬이 된 사람들에게는 이후 추가로 광고비를 지출하지 않고도 지속적으로 홍보 콘텐츠를 노출할 수 있습니다.

내 페이지에 관심이 있고 반응하는 사용자의 인구 통계학적 데이터를 확인할 수 있는 인사이트 메뉴뿐만 아니라 페이스북 광고 관리자에서는 페이스북 사용자 분석을 통한 타겟을 만들 수 있으며, 이로써 좀 더 정확한 광고 타겟을 지속적으로 만들어 낼 수 있습니다. 이러한 사용자 분석을 거듭하면 광고 효과는 더 높아지게 됩니다. 페이스북 광고의 구조와 페이스북 광고 방법에 대해 살펴보겠습니다.

페이스북 광고

페이스북 광고는 페이스북이라는 플랫폼에서 제공하는 광고 기능으로 페이스북 사용자의 프로필 입력 정보를 활용하기 때문에 사용자 간의 상호작용을 기반으로 하는 타겟 마케팅이 가능합니다.

페이스북은 사용자들이 [좋아요]하거나 댓글을 다는 등의 페이스북 활동을 기초로 사용자의 관심사를 파악하며, 축적된 개인들의 성향 및 선호도 옵션 등 개인이 입력한 정보와 페이스북 내에서의 활동에 기반을 둔 관심사 정보를 기준으로 광고 타겟을 선정합니다. 따라서 기존의 불특정 다수를 대상으로 하는 포털 키워드 광고보다 저렴한 비용으로 비교적 정확한 타겟에게 광고를 할 수 있는 광고 효과가 높은 플랫폼입니다.

페이스북 광고 캠페인의 구조

페이스북 광고 캠페인은 캠페인^{Campaign} – 광고 세트$^{AD\ Set}$ – 광고^{AD} 구조로 구성되어 있습니다.

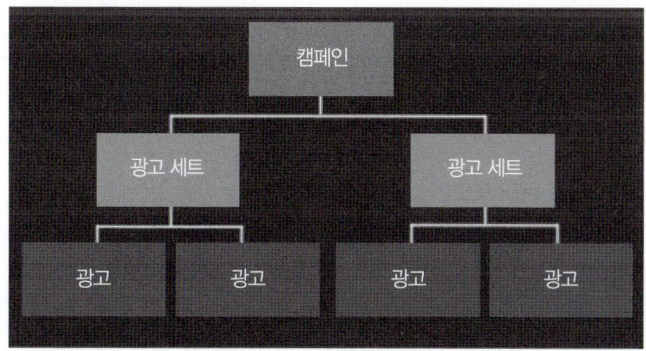

페이스북 광고 캠페인 구조	내용		
캠페인	광고의 목표, 즉 광고를 본 사람들에게 유도하려는 행동을 선택하는 단계		
	구분	캠페인 목표	제약
	인지도	게시물 홍보하기	-
		페이지 홍보하기	-
		브랜드 인지도 높이기	-
	관심	웹사이트 방문 수 높이기	-
		앱 설치 늘리기	-
		이벤트 참여도 늘리기	페이지 이벤트만 홍보 가능
		동영상 조회수 늘리기	-
		비즈니스에 맞는 잠재 고객 확보	-
	전환	웹사이트 전환 늘리기	웹사이트에 전환 픽셀 설치 필요
		앱 참여 늘리기	-
		쿠폰 발급 수 높이기	-
		제품 카탈로그 홍보	제품 카탈로그 작성 필요
광고 세트	• 광고 세트별로 예산과 일정을 설정하고 타겟, 광고 노출 위치, 입찰 정보 정의 • 타겟별로 지출할 예산을 설정하고, 광고 노출 기간을 설정하여 광고에 대한 타겟별 반응 확인 • 캠페인 내에 위치하며 하나 이상의 광고를 포함		
광고	타겟에게 메시지를 전달하기 위해 사용하는 이미지/링크/동영상/링크		

캠페인 목표별 광고 노출 위치

웹사이트와 앱 홍보를 뉴스피드에 표시되게 하려면 광고를 내는 사용자는 적어도 한 개 이상의 페이지를 운영하는 관리자여야 합니다. 페이지와 연결하여 뉴스피드에 광고를 내는 원리이기 때문입니다.

캠페인 목표	데스크톱 뉴스피드	모바일 뉴스피드	오른쪽 칼럼	타겟 네트워크
게시물 홍보하기	표시	표시(인스타그램)	X	X
페이지 홍보하기	표시	표시	표시	X
브랜드 인지도 높이기	표시	표시(페이지 연결) (인스타그램)	X	X
웹사이트 방문 수 높이기	표시(페이지 연결)	표시(페이지 연결) (인스타그램)	표시	표시
앱 설치 늘리기	표시(페이지 연결)	(인스타그램)	표시	X
이벤트 참여도 늘리기	표시(페이지 연결)	표시(페이지 연결)	표시	X
동영상 조회수 늘리기	표시	표시 (인스타그램)	표시	X
비즈니스에 맞는 잠재 고객 확보	표시	표시 (페이지 연결)	X	X
웹사이트 전환 늘리기	표시(페이지 연결)	표시(페이지 연결) (인스타그램)	표시	표시
앱 참여 늘리기	표시(페이지 연결)	(인스타그램)	표시	X
쿠폰 발급 수 높이기	표시	표시	표시	X
제품 카탈로그 홍보	표시(페이지 연결)	표시(페이지 연결) (인스타그램)	표시	표시

위 표에서 알 수 있듯이 내 페이스북 페이지를 알리려면 뉴스피드에 표시되는 광고와 페이스북 오른쪽에 표시되는 광고를 선택할 수 있습니다. 두 광고의 장단점은 다음과 같습니다.

구분	뉴스피드 광고 Sponsored Stories	페이스북 광고 Facebook Ads
설명	페이지에 게시한 콘텐츠를 페이지의 팬뿐만 아니라 지정한 타겟의 뉴스피드에 노출되도록 비용을 지불하는 방식	광고주가 공유하고자 하는 메시지 중심의 홍보 방식
특징	페이지에 연결된 광고만 뉴스피드에 표시될 수 있음	페이지가 없어도 광고 생성 가능 외부 웹사이트 광고 개인 타임라인 공개 이벤트
노출 대상	광고주가 설정한 타겟군 전체에게 공개되지만 이용자 간 상호작용 정보는 공유 설정 옵션에 따라 다르게 노출됨	광고주가 설정한 타겟군 전체 누구에게나 노출됨
노출 위치	뉴스피드 영역	화면 오른쪽 광고 영역(오른쪽 칼럼)
모바일 환경	모바일 뉴스피드에도 표시됨	미지원

페이스북 광고 만들기 3단계

광고 캠페인을 만들려면 페이스북 곳곳에 위치한 메뉴를 통하여 광고 만들기 페이지로 이동하거나 www.facebook.com/ads/create를 직접 입력하여 광고를 만들 수 있습니다. 기본적으로 1단계 캠페인 만들기, 2단계 광고 세트 만들기, 3단계 광고 만들기 과정을 거쳐 생성됩니다. 여기서는 진행 과정만 간단히 살펴보고 본격적인 광고 만들기는 이어지는 [실전 페이스북 광고 만들기]에서 자세히 다루겠습니다.

1단계 캠페인 만들기_ 캠페인을 만들어 본 적이 있다면 기존에 만들어 둔 캠페인을 다시 사용할 수 있습니다. 캠페인을 새로 만들려면 캠페인 목표를 선택한 후 이름을 입력하고 [계속] 버튼을 클릭합니다.

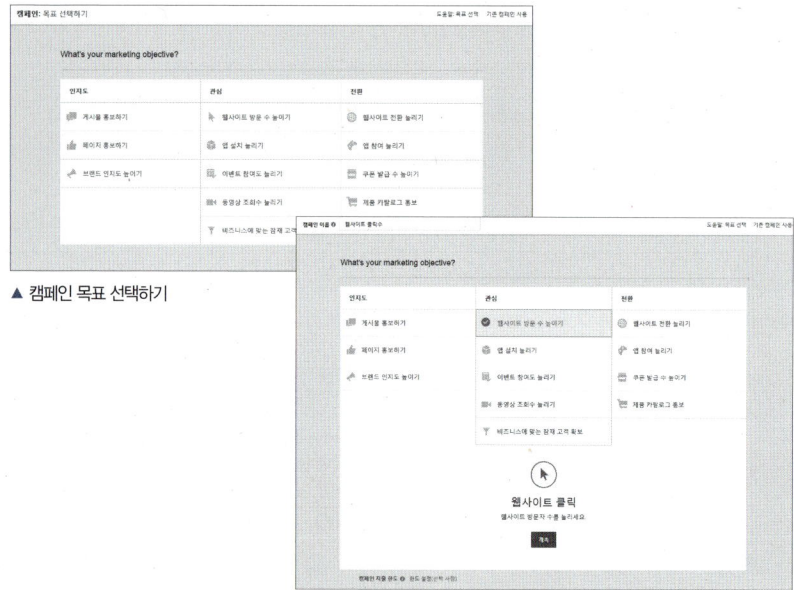

▲ 캠페인 목표 선택하기

▲ 캠페인 이름 입력

2단계 광고 세트 만들기_ 광고의 타겟, 일정, 내용 등을 설명할 수 있는 광고 세트 이름을 지정합니다. 광고할 타겟을 정의한 후 지출할 예산, 광고 일정, 노출 위치 등을 정의하고 [계속] 버튼을 클릭합니다.

▲ 타겟 정의

▲ 노출 위치 설정

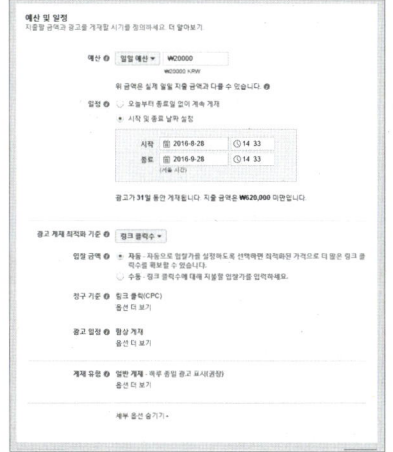

▲ 예산 및 일정 설정

3단계 광고 만들기_ 광고에 사용할 이미지/동영상을 선택하고 광고의 제목/문구, 행동 유도 버튼 추가, 표시할 위치를 선택하여 광고를 생성합니다. 먼저 광고 구성 방법과 사용할 이미지/동영상을 선택합니다. 웹사이트/앱 광고인 경우 뉴스피드에 노출되는 광고가 페이스북 페이지에 있는 콘텐츠 형태가 되도록 연결할 페이스북 페이지를 선택합니다. 뉴스피드 광고를 원하지 않는다면 [뉴스피드 광고 끄기]를 클릭합니다. 광고 유형은 예산에 따라 노출 위치가 포함되거나 삭제되기도 합니다. 필요하다면 행동 유도 버튼을 추가합니다.

▲ 형식 선택

▲ 옵션 설정

실전 페이스북 광고 만들기

인스타그램 동시 광고 기능은 2015년에 추가된 기능으로 페이스북 페이지의 게시물이나 웹사이트 등을 광고할 때 인스타그램에도 동시에 노출되도록 하는 기능입니다. 페이스북과 인스타그램 양쪽에서 광고를 진행함으로써 인스타그램 계정의 팔로워를 늘리는 효과를 얻을 수 있습니다.

[01] **캠페인 만들기_** 광고 만들기 페이지에서 캠페인 목표 중 인스타그램에도 노출할 수 있는 광고는 2016년 9월 기준 게시물 홍보하기/브랜드 인지도 높이기/웹사이트 방문 수 높이기/앱 설치 늘리기/동영상 조회수 늘리기/웹사이트 전환 늘리기/앱 참여 늘리기/제품 카탈로그 홍보입니다. 이 중 하나를 선택합니다.

[02] [게시물 홍보하기]를 선택했다고 가정해 보겠습니다. 적당한 캠페인 이름을 입력한 후 [계속] 버튼을 클릭해서 다음 단계로 이동합니다.

[03] **광고 세트 만들기_** 먼저 광고 노출 대상을 설정합니다. 위치, 연령, 성별, 언어 등의 인구통계학적 특성으로 제한하거나, 관심사, 행동, 추가 카테고리를 선택하여 대상을 한정합니다. 옵션을 변경할 때마다 화면 오른쪽 타겟 정의 영역에서 도달 범위 예상 수 변화를 확인할 수 있습니다. 이를 참조하며 적절한 타겟을 설정합니다.

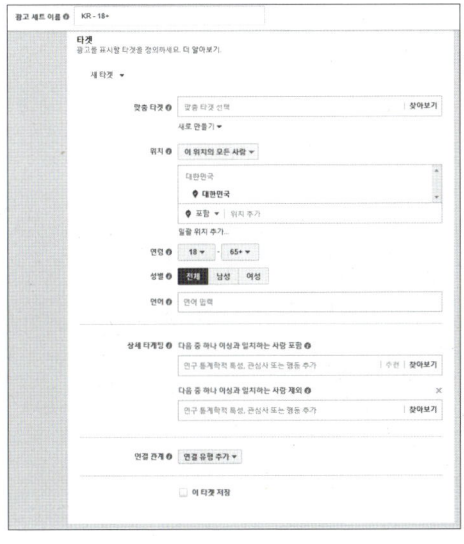 

[04] 다음으로 노출 위치를 설정합니다. 선택한 캠페인 목표에서 선택할 수 있는 노출 위치가 모두 선택된 상태로 표시됩니다. 체크 박스를 한 번 더 클릭해서 체크를 해제하여 광고할 위치만 체크되도록 설정합니다. 인스타그램에만 게시물을 광고할 거라면 다음과 같이 [Instagram]만 체크하면 됩니다.

[05] 예산은 일일 예산 혹은 총 예산으로 설정할 수 있습니다. 예산 설정 후에는 광고 세트가 노출되는 일정을 지정합니다. [세부 옵션 보기/숨기기] 링크는 광고를 좀 더 최적화된 비용으로 게재하기 위한 옵션으로 광고 게재를 위한 최적화 및 입찰 금액, 광고 일정 예약 등을 설정할 수 있습니다. 모든 설정을 마친 후 [계속] 버튼을 클릭하여 광고 만들기로 이동합니다.

[06] **광고 만들기_** 광고 만들기 화면에서는 광고를 위한 새로운 게시물을 만드는 [새로운 광고 만들기]와 기존 게시물을 활용하는 [기존 게시물 사용] 탭으로 구분되어 있습니다. 페이스북 페이지 혹은 인스타그램 게시물을 활용하기 위해 [기존 게시물 사용] 탭으로 이동한 후 연결할 페이스북 페이지를 선택하고 [계정 추가] 버튼을 클릭하여 인스타그램 계정을 연결합니다.

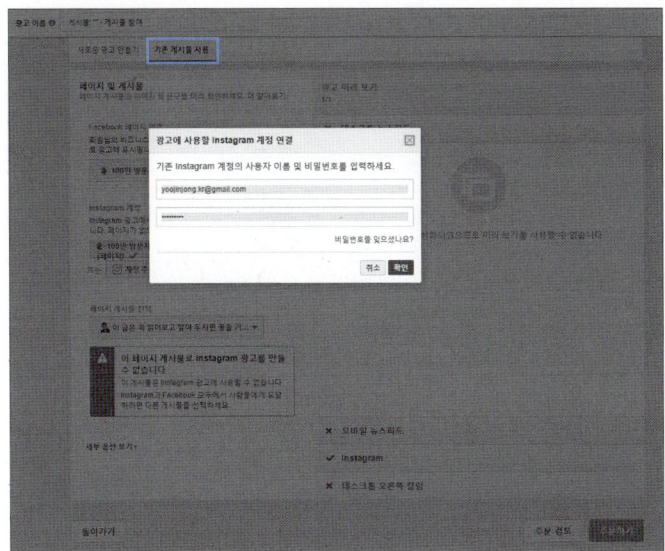

[07] 계속해서 페이지 게시물 선택 옵션에서 광고에 사용할 게시물을 선택합니다. 이때 인스타그램 광고를 진행하려면 [Instagram 광고와 함께 사용할 수 있는 게시물만 표시]에 체크한 후 표시된 게시물 중에 선택합니다.

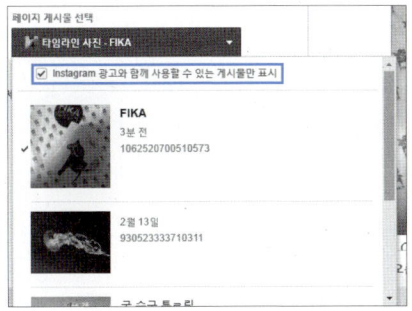

SECTION 01 페이스북 광고의 유형과 특징 | 297

[08] 화면 오른쪽 광고 미리보기 영역에서 표시되는 모습을 확인한 후 이상이 없다면 [주문하기] 버튼을 클릭하여 광고 주문을 접수합니다.

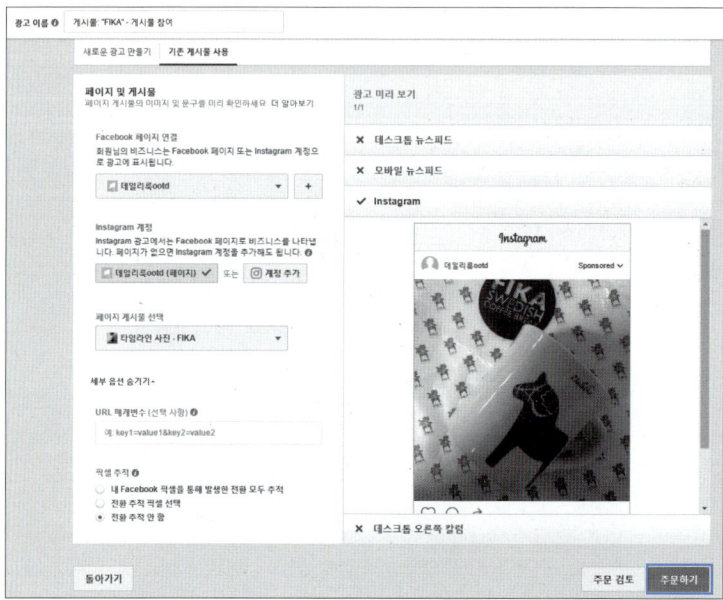

[09] 광고 주문이 접수되었다는 메시지가 나타납니다. 광고 승인이 완료되면 작성한 광고는 지정한 타겟에게 노출됩니다.

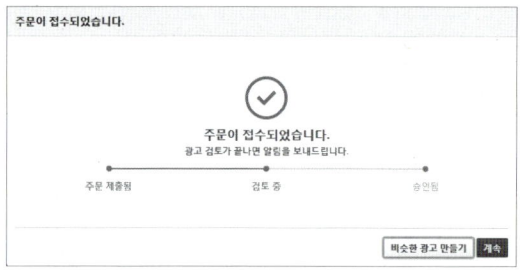

게시물 홍보하기 버튼으로 광고 만들기

페이지에 게시한 게시물에는 [게시물 홍보하기] 버튼이 표시됩니다. 이 버튼을 클릭하여 게시물의 도달 범위를 높일 수 있는 광고를 작성할 수 있습니다.

[01] 페이지에서 도달 범위를 높일 게시물에 표시된 [게시물 홍보하기] 버튼을 클릭합니다.

[02] 게시물을 홍보하고자 하는 타겟, 예산 및 기간, 결제 방법 등을 확인하고 [홍보] 버튼을 클릭합니다.

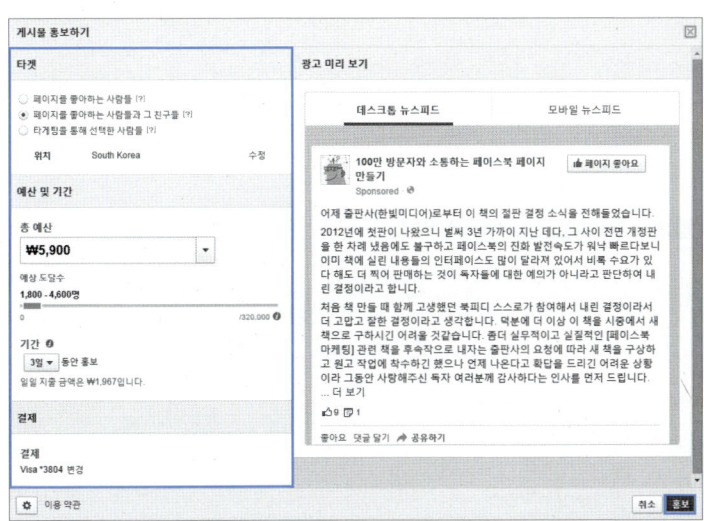

SECTION 01 페이스북 광고의 유형과 특징 | 299

CHAPTER 06
SECTION 02

페이스북 광고 관리자 살펴보기

페이스북 광고 관리자는 페이스북 광고의 진행 내역과 통계를 확인하거나 광고 캠페인의 성과를 모니터링하며 성공/실패/효과를 분석할 수 있는 기능을 제공합니다. 광고 관리자 메뉴로 이동하려면 광고 관리자 URL(https://www.facebook.com/ads/manager)을 입력하거나 [광고 관리] 메뉴를 선택합니다.

광고 관리자 화면

📄 : 새 보고서를 저장하거나 저장된 보고서 형식을 불러올 수 있습니다. 자주 살펴봐야 할 보고서 형식은 보고서로 저장해 둡니다. 옵션을 매번 다시 설정해야 하는 번거로움 없이 정해진 양식으로 보고서를 확인할 수 있습니다. 보고서를 저장할 때 이메일 예약 기능을 활용하면 보고서를 이메일로 주기적으로 받아 볼 수 있습니다.

- [새 보고서 저장] : 새로운 보고서 형식을 저장할 수 있습니다. 보고서 이름과 이메일 여부를 지정할 수 있습니다.
- [보고서 관리] : 보고서 형식을 한 개 이상 저장하는 경우, [보고서 관리] 메뉴가 활성화됩니다. 저장된 보고서를 조회하여 정의한 형식에 맞춰 광고 집행 내역을 확인할 수 있습니다.

필터링 결과를 보고서로 만들기

검색/필터/기간 옵션을 선택하여 설정한 필터와 표시할 보고서 열을 정의한 다음 선택한 보고서 형식을 맞춤 보고서로 생성해 둘 수 있습니다.

[01] 검색/필터를 지정하여 검색할 광고 캠페인을 한정하고, 성과/분석 데이터를 선택하여 보고서로 확인할 지표를 설정합니다. 계정 왼쪽에 있는 📄 아이콘을 클릭하고 [새 보고서 저장] 메뉴를 클릭합니다. 보고서 저장 옵션을 설정하고 [저장] 버튼을 클릭합니다.

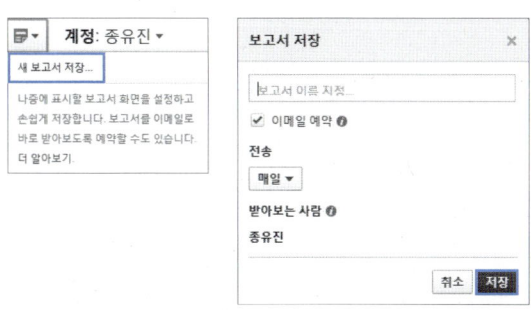

[02] 생성한 보고서는 📄 아이콘을 클릭하고 보고서 이름을 클릭하여 확인할 수 있습니다.

조회 옵션

- **검색** : 캠페인, 광고 세트, 광고 이름, ID 등을 검색 조건으로 설정하여 광고 캠페인을 조회할 수 있습니다.
- **필터** : 게재, 목표, 구매 유형, 노출 위치, 지표로 필터를 설정하여 광고 캠페인을 조회할 수 있습니다. 필터 옵션을 선택하면 필터 행 오른쪽에 [필터 저장] 버튼이 활성화됩니다. 한 번 저장한 필터는 [저장된 필터]를 선택하여 이후 검색에 활용할 수 있습니다.

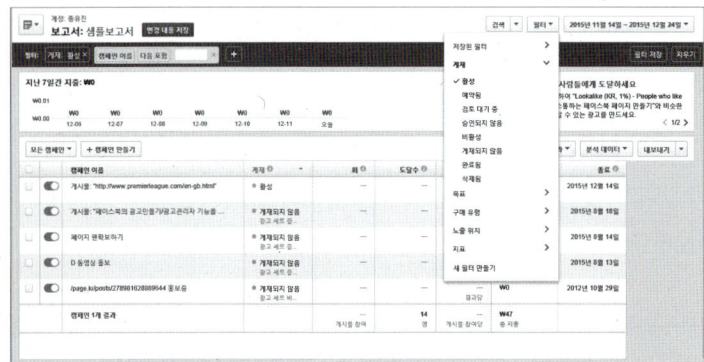

- **기간** : 검색 기간(전체 기간, 오늘, 어제, 최근 7일, 최근 14일, 지난 30일, 이번 달 등)을 선택합니다.
- **모든 캠페인** : 계정/모든 캠페인/모든 광고 세트/모든 광고/계정 내역 중 선택합니다.
- **열** : 성과(기본 설정), 게재, 참여, 동영상 참여, 앱 참여, 슬라이드 참여, 성과 및 클릭 수, 열 맞춤을 설정합니다.
- **분석 데이터** : 게재별, 행동별, 시간별로 선택할 수 있습니다.

광고 관리 표시 영역

지난 7일간의 지출 : 최근 7일 동안 일자별로 지출된 금액 그래프와 7일 동안 지출한 금액의 합계를 확인할 수 있습니다.

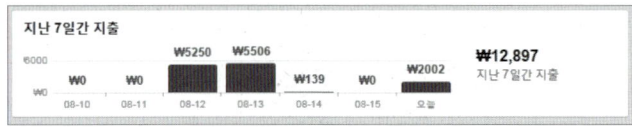

모든 캠페인/모든 광고 세트/모든 광고 : 선택한 옵션에 따라 지표별 분석 데이터를 확인할 수 있습니다. 최초로 표시되는 내용은 선택한 기간과 필터에 해당하는 모든 캠페인 내역입니다. 캠페인 목록에서 특정 캠페인을 클릭하여 선택하면 광고 세트 목록이 표시되고, 다시 특정 세트를 클릭해서 선택하면 하위 광고 목록이 표시됩니다.

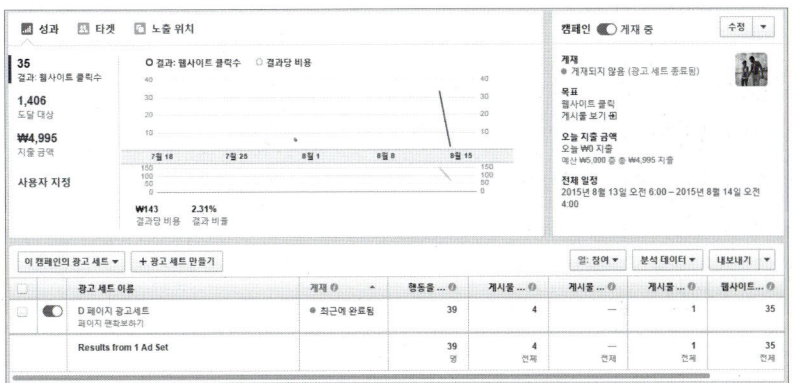

▲ 모든 캠페인 목록

▲ 광고 세트 목록

▲ 광고 목록

아이콘을 클릭한 후 광고 세트나 광고를 선택하면 왼쪽 위에 [성과], [타겟], [노출 위치] 지표가 표시됩니다. 각 항목을 클릭하면 해당하는 분석 그래프를 확인할 수 있습니다.

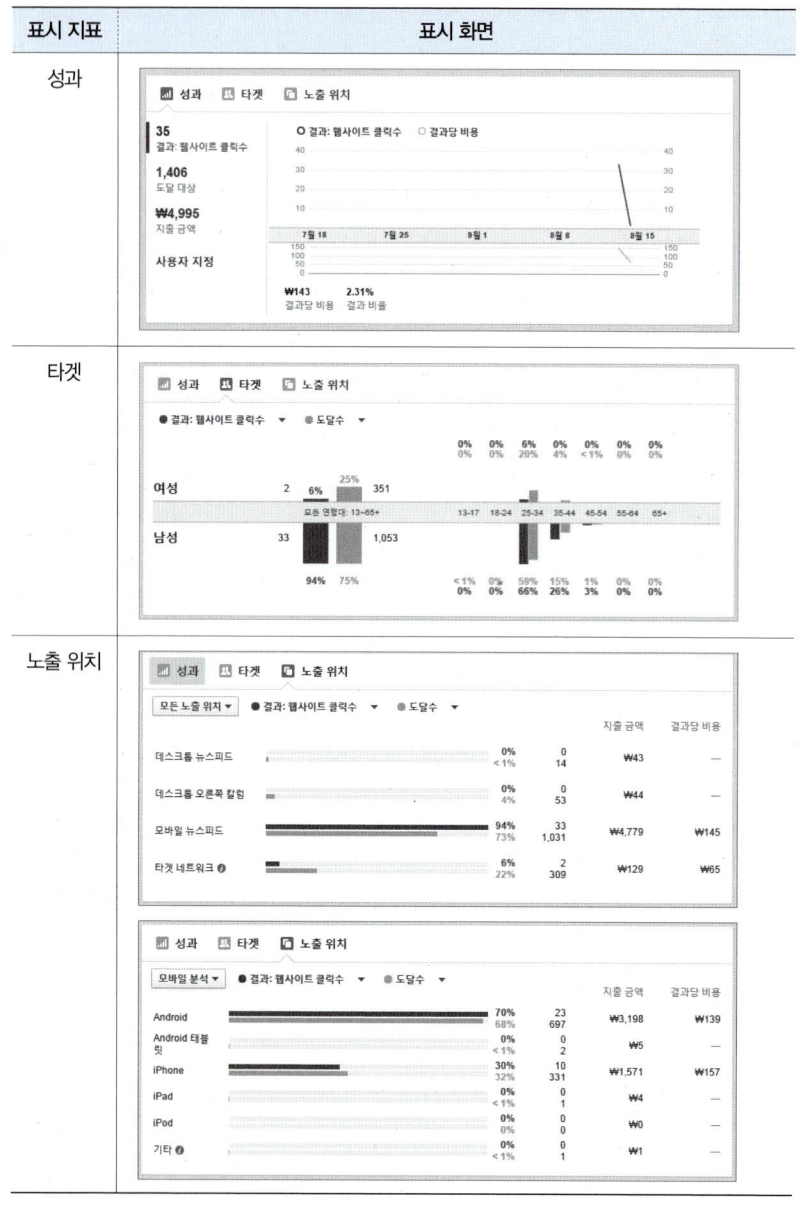

광고 계정 설정 화면

본인 계정으로 광고 청구 정보를 연결하여 운영하는 사용자의 광고 계정 설정 메뉴입니다. 광고 관리자 화면에서 왼쪽 위에 있는 [도구] 아이콘을 클릭한 후 [전체 도구] 링크를 클릭해서 전체 메뉴를 펼치면 [광고 계정 설정]을 선택해서 이동합니다.

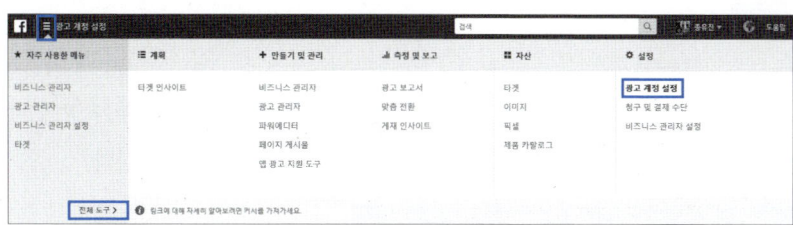

광고를 하는 계정에 대한 계정 정보, 광고 계정 역할, 계정 알림, 광고 관련 이메일 알림, Facebook 광고 알림, 향상된 타게팅 데이터 등의 옵션을 설정할 수 있습니다.

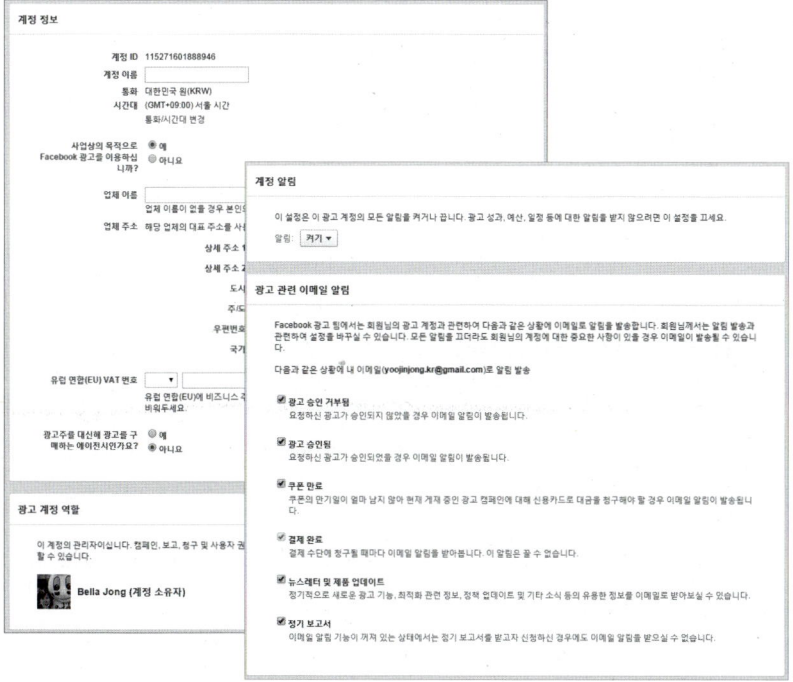

[광고 계정 비활성화] 옵션은 계정 설정 화면 맨 아래쪽에 나타납니다.

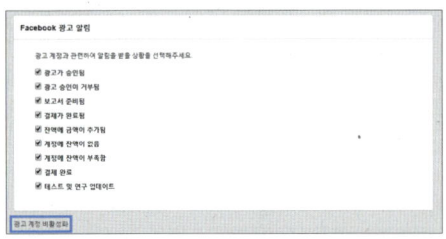

[광고 계정 비활성화] 옵션을 클릭하면 비활성화하려는 이유를 묻는 창이 나타납니다. 이유를 선택하고 [광고 계정 비활성화] 버튼을 클릭합니다.

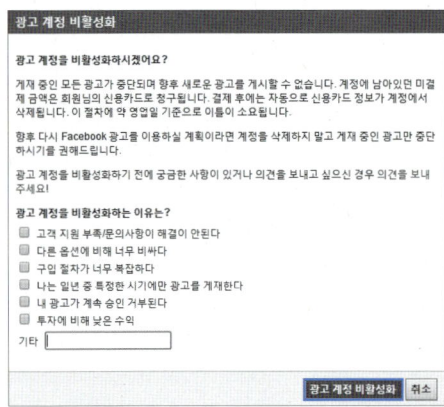

청구서 화면

청구 내역 요약 영역에서는 결제 예정 금액과 다음 결제 정보를 확인할 수 있습니다. 결제 수단 영역에서는 광고비 지불에 사용하는 결제 수단 정보를 확인 또는 변경할 수 있고, 계정 지출 한도 영역에서는 광고 계정에서 지출할 수 있는 총 금액 한도(계정 지출 한도)를 설정할 수 있습니다. 하단 리포트 영역에서는 거래별/페이지별 거래/계정 지출 한도별로 기간을 선택하여 청구 이력을 조회할 수 있습니다.

![청구서 화면]

TIP 청구서 화면은 [도구] 아이콘을 클릭한 후 전체 메뉴를 펼치고 [청구 및 결제 수단]을 선택해서 이동합니다.

파워에디터 화면

파워에디터는 구글 크롬 브라우저에서만 제공되므로 파워에디터를 사용하려면 크롬 브라우저를 통해 페이스북으로 접속합니다. 크롬 브라우저가 설치되어 있지 않다면 크롬 브라우저를 설치해야 합니다(https://www.google.com/intl/ko/chrome/browser).

파워에디터는 수백 개의 광고를 한꺼번에 만들고 정교하게 관리해야 하는 사용자를 위한 고급 광고 도구입니다. 인터넷이 연결되어 있지 않은 상태에서도 사용자 PC의 파워에디터에서 광고를 작성한 다음 온라인 상태에서 생성한 정보를 페이스북에 업로드하는 방법으로 광고를 관리할 수 있으며, 다양한 광고 계정에 있는 광고나 캠페인을 일괄적으로 작성하고 수정하고 관리할 수 있습니다. 파워에디터 화면은 광고 관리자 화면에서 [도구] 아이콘을 클릭한 후 [파워에디터]를 선택하거나 https://www.facebook.com/ads/manage/poweredito를 입력해서 이동합니다.

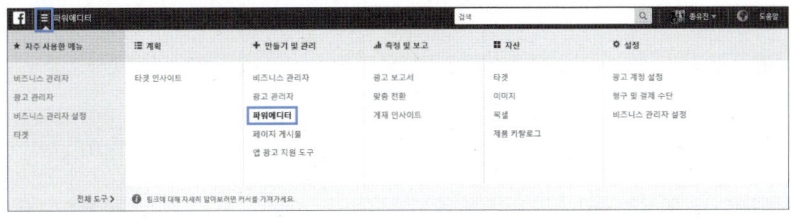

파워에디터로 이동하면 광고 계정 다운로드 창이 나타납니다. [다운로드] 버튼을 클릭하면 페이스북 광고 관리자 온라인 메뉴에 있는 내 계정의 광고 내역을 파워에디터로 불러옵니다.

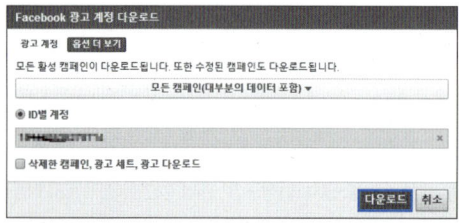

▲ 불러온 광고 내역

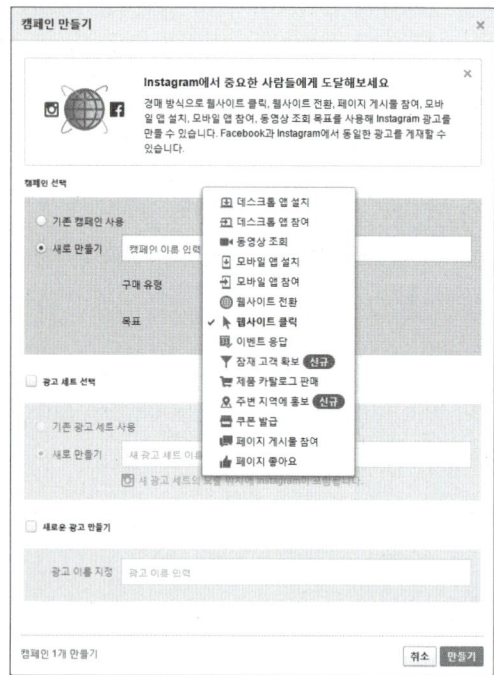

▲ 파워에디터 – 간편 광고 만들기

페이지 게시물 화면

운영하고 있는 페이지별로 예약된 게시물, 공개된 게시물, 광고 게시물을 확인할 수 있습니다. 먼저 [예약된 게시물]에서는 예약한 게시물 목록과 공개 범위, 게시될 날짜가 표시됩니다. [공개된 게시물]에서는 최근 게시된 목록과 함께 각 게시물의 인사이트 분석 정보를 확인할 수 있으며, [광고 게시물]에서는 광고한 게시물 목록과 도달, 참여 등의 광고 결과를 빠르게 확인할 수 있습니다.

▲ 예약된 게시물

▲ 공개된 게시물

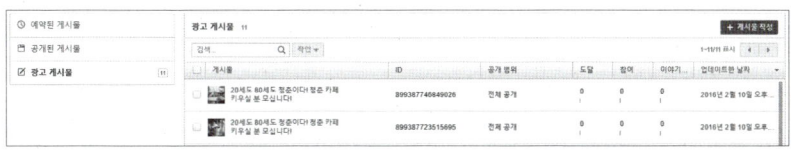

▲ 광고 게시물

측정 및 보고 영역 메뉴

광고 관리자에서 화면 왼쪽 위에 있는 [도구] 아이콘을 클릭한 후 [전체 도구] 링크를 클릭해서 팝업 메뉴를 펼치면 다음과 같이 광고 보고서, 맞춤 전환, 게재 인사이트 화면으로 이동할 수 있는 측정 및 보고 영역이 있습니다.

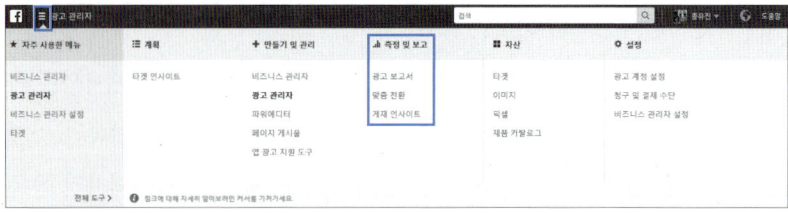

광고 보고서 화면 : 광고 관리자에서 저장한 보고서 목록이 표시되며, 생성한 보고서 결과를 확인하려면 각 보고서 이름을 클릭하면 됩니다. 일정한 주기로 생성되는 보고서를 이메일로 받으려면 작업 항목에서 연필 모양 아이콘을 클릭하고 [이메일 예약]에 체크한 후 이메일로 받도록 설정합니다.

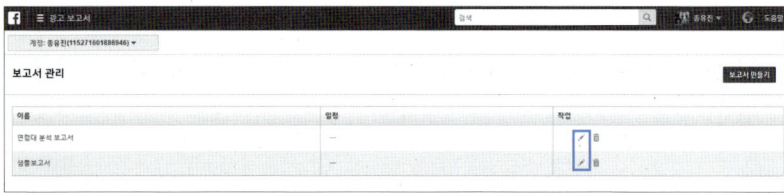

맞춤 전환 화면 : 여기서 전환이란 계산, 가입, 쇼핑, 장바구니에 추가, 특정 웹페이지 보기와 같이 웹사이트에서 사람들이 취하는 행동을 의미합니다. Facebook 픽셀 코드를 웹사이트 페이지에 추가하여 전환 행동 유형과 페이스북 광고를 연결하여 맞춤형 광고를 생성할 수 있습니다. 자세한 내용은 CHAPTER 06 〉 SECTION 03을 참고하세요.

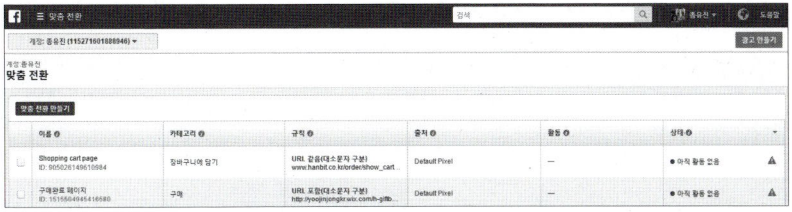

자산 영역 메뉴

자산 영역에는 타겟, 이미지, 픽셀, 제품 카탈로그 화면으로 이동할 수 있는 메뉴가 포함되어 있습니다.

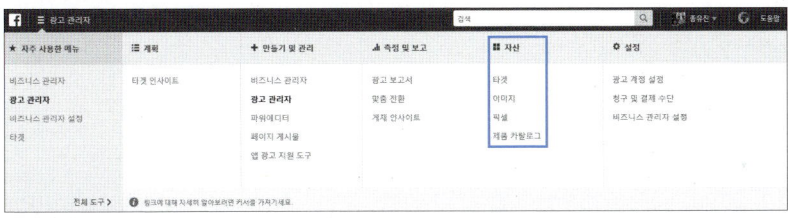

타겟 화면 : 페이스북에서 광고할 때 중요하다고 생각되는 사람들 혹은 비즈니스 요구에 맞게 타겟팅한 목록이 표시됩니다. 타겟 화면서는 광고할 타겟 그룹을 미리 생성하거나, 생성된 타겟 내역을 확인할 수 있습니다.

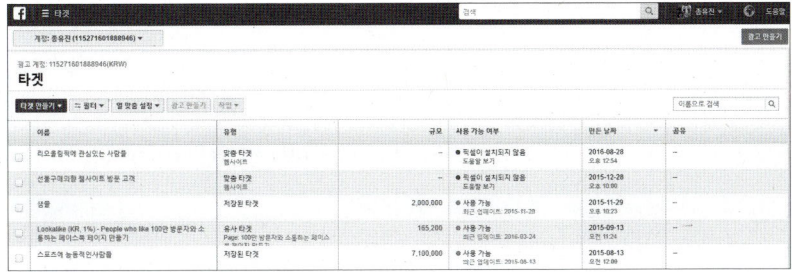

이미지 화면 : 현재 관리 중인 페이지 계정으로 올린 모든 이미지를 한번에 확인할 수 있습니다.

픽셀 화면 : 픽셀은 광고한 캠페인을 측정하고, 최적화하여 타겟을 구축할 수 있도록 웹사이트에 설치하는 스크립트 코드입니다. Facebook 픽셀, 전환 추적 픽셀의 최근 7일 동안의 활동 이력을 이벤트/URL/도메인/기기별로 확인할 수 있습니다.

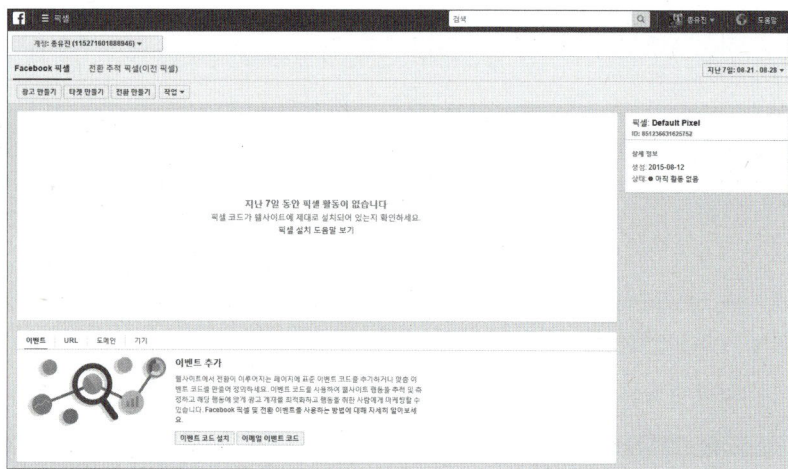

제품 카탈로그 화면 : 광고하려는 모든 제품 목록이 포함된 파일을 이용해 제품 피드를 만들어 업로드할 수 있습니다. 제품 카탈로그를 만들려면 비즈니스 관리자 계정이 있어야 합니다.

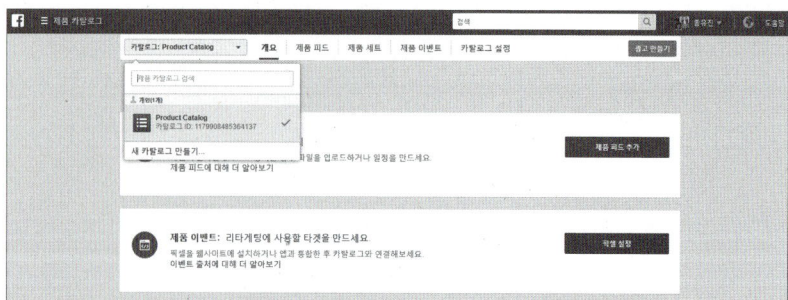

설정 영역 메뉴

설정 영역에는 광고 계정 설정, 청구 및 결제 수단, 비즈니스 관리자 설정 화면으로 이동할 수 있는 메뉴가 포함되어 있습니다.

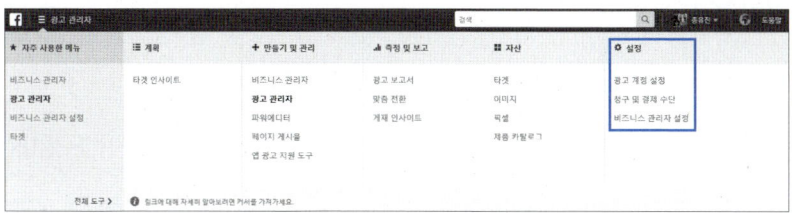

광고 계정 설정 화면 : 광고할 계정에 대한 정보를 확인하고 옵션을 변경할 수 있습니다.

청구서 화면 : [청구 및 결제 수단]을 선택하면 이동하는 화면으로 청구 내역 및 결제 수단 정보를 확인하고 옵션을 변경할 수 있습니다.

비즈니스 관리자 설정 화면 : 2곳 이상에서 관리자 역할을 부여 받았다면 먼저 비즈니스 관리자 화면이 나타나며 여기서 설정할 관리자 아이디를 선택합니다.

아이디를 선택하면 비즈니스 관리자 설정 화면이 나타나며 관련 메뉴와 탭이 표시됩니다. 자세한 내용은 [페이스북 광고의 모든 것] 중에서 [05. 파워에디터와 비즈니스 관리자]를 참고하세요.

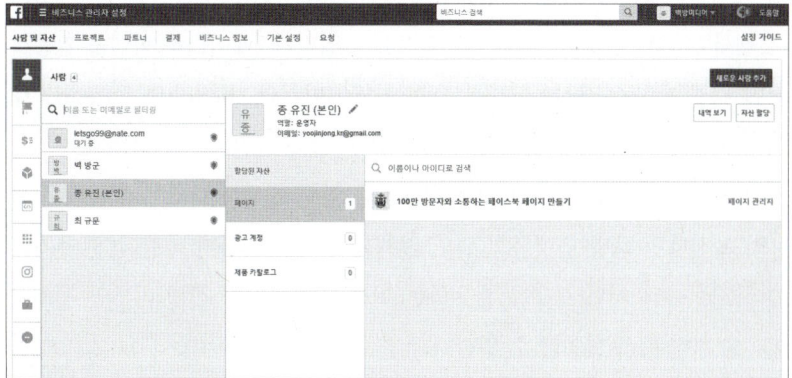

광고 도달률 분석을 위한 페이스북 픽셀

CHAPTER 06
SECTION 03

페이스북 광고는 페이스북 페이지나 게시물을 광고할 수도 있지만, 외부 웹사이트나 모바일 앱을 광고할 수도 있습니다. 또한 페이스북 픽셀을 이용하여 접속하는 기기, 웹사이트에서 일어나는 사용자의 실제 행동을 추적하여 실제 광고자가 원하는 행동을 취할 가능성이 높은 사람에게 광고할 수도 있습니다. 페이스북 픽셀이 무엇이고 어떻게 사용하는지 살펴보겠습니다.

페이스북 픽셀

페이스북 픽셀은 광고 캠페인을 측정 및 최적화하여 타겟을 구축할 수 있도록 웹사이트에 설치하는 자바스크립트 코드입니다. 페이스북 픽셀을 활용하려면 픽셀 자바스크립트 코드를 추적할 웹페이지의 〈head〉와 〈/head〉 태그 사이에 붙여 넣어야 합니다. 페이스북 픽셀을 지원하는 플랫폼에는 워드프레스나 Wix 등이 있습니다. 플랫폼마다 지원 정책이 다르므로 픽셀을 활용하고 싶다면 해당 플랫폼의 관리 정책을 먼저 확인하기 바랍니다. 추가로 페이스북 픽셀 지원 도구를 활용하면 픽셀의 성공적인 실행 여부와 실패한 이유에 관한 팁을 확인할 수 있습니다.

- 페이스북 픽셀 지원 도구 다운로드하기 : https://developers.facebook.com/docs/ads-for-websites/pixel-troubleshooting

페이스북 픽셀 코드는 기본 코드와 표준 이벤트 코드로 구성됩니다. 기본 코드는 웹사이트의 모든 페이지에 배치해야 하지만 표준 이벤트 코드는 광고를 추적하고 최적화하려는 웹사이트의 특정 페이지에만 추가하면 됩니다. 단, 맞춤 전환을 이용하면 기본 코드에 아무 것도 추가하지 않고 URL 규칙을 활용하여 행동을 추적하고 최적화할 수 있습니다. 페이스북 광고 관리자의 픽셀 화면(https://www.facebook.com/ads/manager/pixel)에서 [타겟 만들기] 버튼을 클릭하면 맞춤 타겟 픽셀을 생성할 수 있고, [전환 만들기] 버튼을 클릭하면 표준 이벤트를 이용한 전환 추적과 맞춤 전환을 생성할 수 있습니다.

맞춤 타겟 픽셀	운영하고 있는 웹사이트를 페이스북 사용자들에게 홍보할 수 있는 타게팅 코드입니다. 계정별로 맞춤 타겟 픽셀이 하나씩 있습니다.
전환 추적 픽셀	페이스북 광고를 클릭한 사람이 광고주가 목표로 한 메뉴까지 어느 정도 도달했는지 추적하는 코드입니다. 눈에 보이지 않는 1×1픽셀 이미지를 웹사이트에 삽입해야 합니다. 페이스북에서는 전환 추적 픽셀에서 보내온 정보를 분석하여 광고 지출에 대한 투자 수익을 확인합니다(2016년 하반기부터 페이스북 픽셀에 통합 예정).
페이스북 픽셀	전환 추적 픽셀과 맞춤 타겟의 장점을 하나의 픽셀에 담은 코드입니다. 기존 맞춤 타겟 픽셀이 있다면 전환 추적과 전환 최적화를 위해 표준 이벤트를 추가하면 됩니다.

픽셀별 특징

	타겟 리타게팅	유사 타겟	전환 추적	전환 최적화	다이나믹 프로덕트 광고	맞춤 전환
맞춤 타겟 픽셀	O	O	X	X	O	X
전환 추적 픽셀	X	O	O	O	X	X
페이스북 픽셀	O	O	O	O	O	O

페이스북 기본 픽셀 코드 만들기

[01] 광고 관리자 화면에서 왼쪽 위에 있는 [도구] 아이콘을 클릭한 후 [픽셀] 메뉴를 선택합니다. 픽셀 화면이 표시되면 [타겟 만들기] 버튼을 클릭합니다.

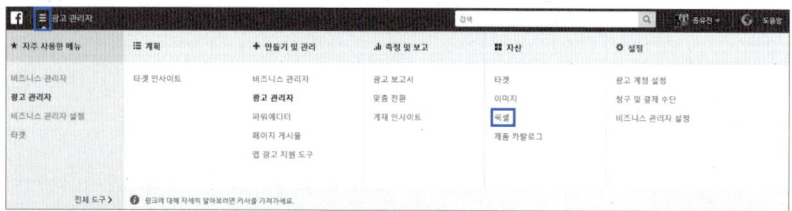

[02] 타겟 만들기 창이 나타나면 웹사이트 트래픽 조건 및 기간 등의 옵션을 설정하고 타겟 이름을 입력한 다음 [타겟 만들기] 버튼을 클릭합니다. 기간은 30~180일로 설정할 수 있습니다.

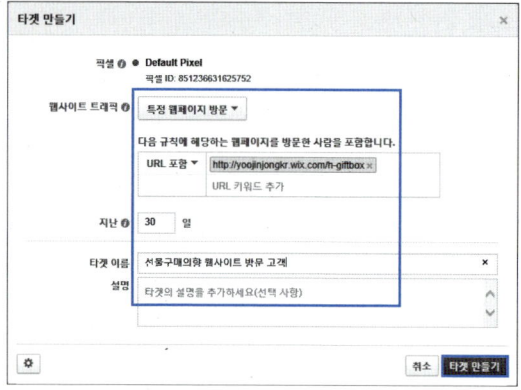

[03] 픽셀이 성공적으로 만들어졌다는 안내 창이 나타나면 [확인] 버튼을 클릭합니다. 픽셀을 만든 후에는 [작업] 버튼을 클릭한 후 [픽셀 수정] 메뉴를 클릭해서 이름을 변경할 수 있습니다.

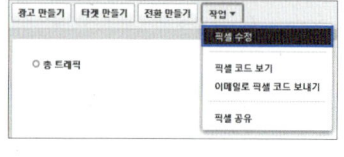

전환 만들기-표준 이벤트 코드를 활용한 전환 추적

[01] 광고 관리자 화면에서 [도구] 아이콘을 클릭한 후 [픽셀] 메뉴를 선택합니다. 픽셀 화면이 표시되면 [전환 만들기] 버튼을 클릭합니다.

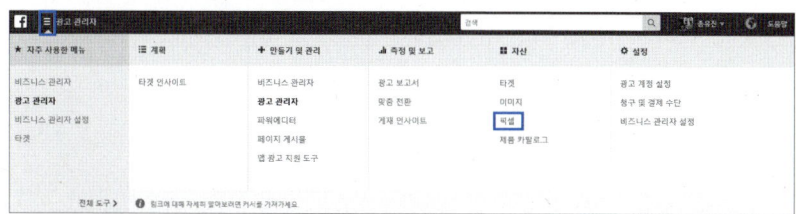

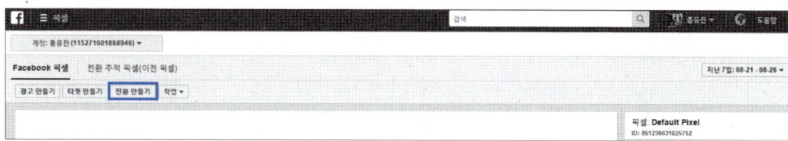

[02] 전환 추적 설정 창이 나타나면 [Track Conversions with Standard Events]를 클릭합니다. 표준 이벤트 코드 설치 창이 나타나면 아홉 개의 표준 이벤트 코드 중 추적하려는 이벤트 코드를 페이스북 기본 픽셀 코드 뒤에 추가한 다음 추적할 웹페이지에서 붙여 넣습니다. 각 이벤트 코드를 확인한 후 [완료] 버튼을 클릭합니다.

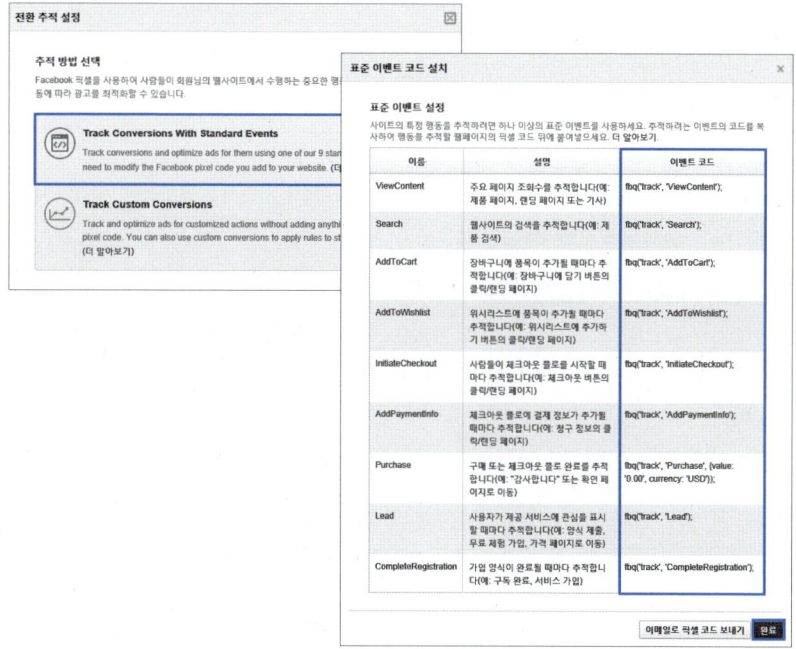

SECTION 03 광고 도달률 분석을 위한 페이스북 픽셀 | 317

다른 사람에게 픽셀 코드 전달하기

백만 **방**문자를 부르는 **팁**

다른 사람에게 내 픽셀 코드를 삽입해 달라고 요청하려면 표준 이벤트 설치 코드 창에서 [이메일로 픽셀 코드 보내기] 버튼을 클릭합니다. 이메일로 픽셀 코드 보내기 창이 나타나면 받는 사람 입력란에 상대방의 이메일 주소를 입력하고 [보내기] 버튼을 클릭합니다.

[03] 웹사이트에 등록할 기본 픽셀 코드와 이벤트 코드를 복사해서 사용하려면 [작업] 버튼을 클릭한 후 [픽셀 코드 보기]를 클릭합니다.

[04] 픽셀 코드 보기 창이 표시되면 픽셀 코드 추가(필수) 영역에 있는 코드와 전환 추적 추가 영역에서 사용할 이벤트 코드를 각각 복사해 워드나 메모장 등에 붙여 넣습니다.

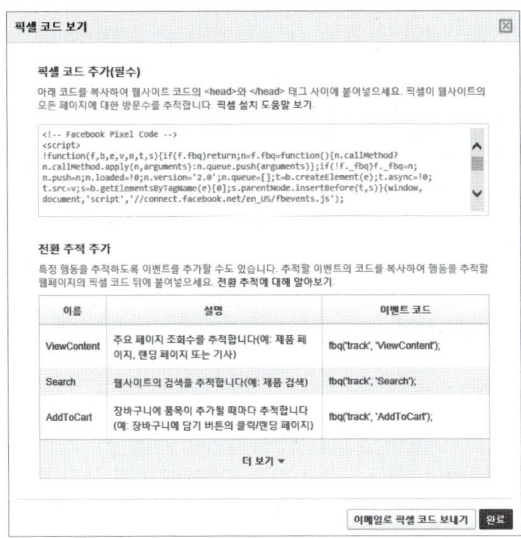

[05] 다음 그림을 참고하여 추적할 웹사이트에 워드나 메모장에 붙여 넣은 코드를 삽입합니다.

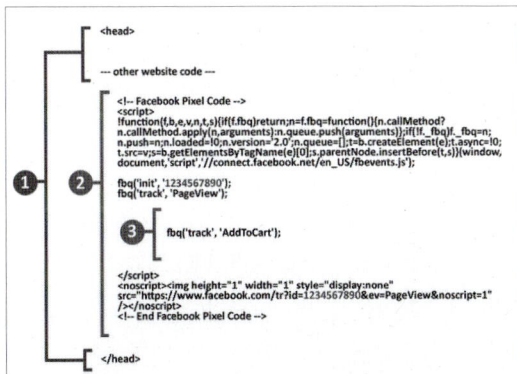

❶ 웹사이트 원본 코드 : 이벤트 코드를 삽입할 웹페이지의 원본 코드입니다.

❷ 페이스북 기본 픽셀 코드 : 〈head〉와 〈/head〉 태그 사이에 페이스북 기본 픽셀 코드를 삽입합니다.

❸ 이벤트 코드 : 사용할 이벤트 코드를 〈/script〉 태그 위에 삽입합니다.

전환 만들기-맞춤 전환

[01] 맞춤 전환은 별도의 픽셀 코드를 사용하지 않고 URL을 입력하는 것만으로 정보를 얻을 수 있습니다. 광고 관리자 화면에서 [도구] 아이콘을 클릭하고 [맞춤 전환] 메뉴를 선택합니다. 맞춤 전환 화면이 열리면 [맞춤 전환 만들기] 버튼을 클릭합니다.

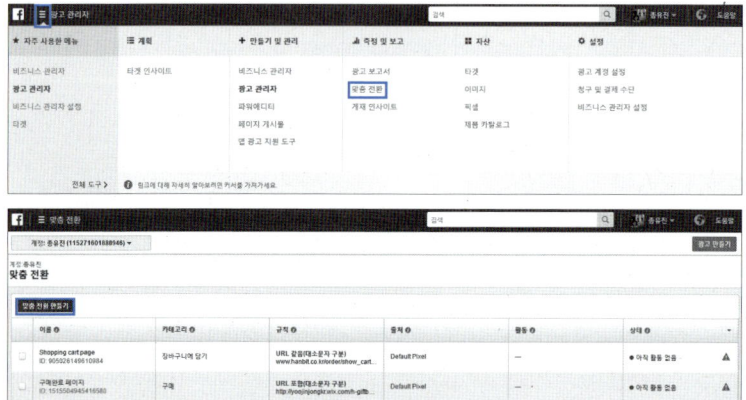

[02] 맞춤 전환을 나타내는 URL 또는 URL 일부를 추가합니다. 구매 이벤트를 예로 들어 작성하면 다음과 같습니다. 이때 URL 옵션을 [URL에 포함]으로 설정하면 전체 URL을 입력해야 하며, [URL=]로 설정하면 해당 페이지만 입력하면 됩니다.

URL 옵션	규칙 설정 방법	표준 이벤트
URL에 포함	www.mywebsiteurl.com/purchase.aspx	구매
URL equals(=)	/purchase.aspx	구매

[03] URL 규칙을 설정한 다음 카테고리를 선택하고 [다음]을 클릭합니다.

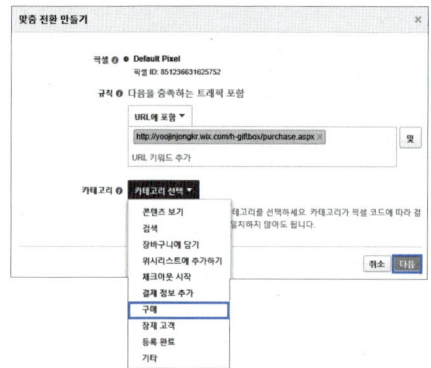

[04] 맞춤 전환 이름과 설명을 입력하고 필요한 경우 전환값을 입력하고 [만들기] 버튼을 클릭합니다. 10달러 티켓을 판매한다고 가정할 때 전환값에 10달러를 입력하면 보고서에서 광고 지출 대비 수익률을 확인할 수 있습니다.

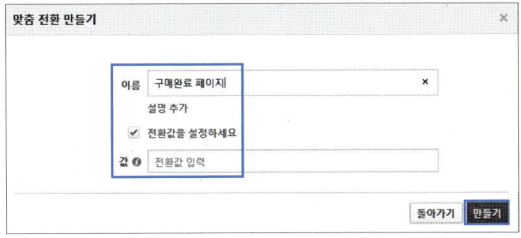

[05] 맞춤 전환이 만들어졌다는 안내 창이 나타나며 [완료] 버튼을 클릭합니다.

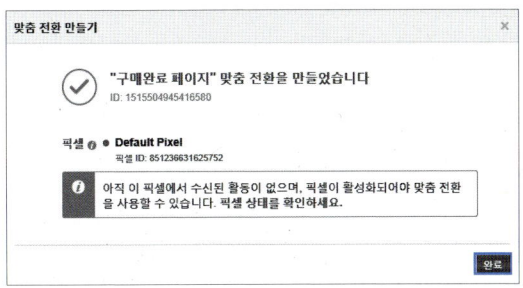

[06] 맞춤 전환 화면에서 생성한 맞춤 전환 정보를 확인할 수 있습니다. 맞춤 전환은 광고 계정당 20개까지 생성할 수 있습니다.

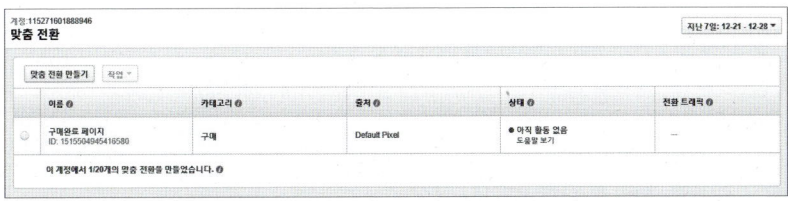

페이스북 타겟 광고 필수 TIP

지금까지 배운 페이스북 광고에 관한 내용은 페이스북 광고를 통해 얻을 수 있는 궁극적인 효과에 비하면 여전히 기초 수준에 불과합니다. 페이스북 광고를 고급 수준으로 활용하려면 블로그나 웹사이트에 추적 픽셀을 심고, 기존 고객 목록이나 방문자 목록을 모아 맞춤 타겟을 만들어야 합니다. 이렇게 만든 데이터를 리마케팅 광고에 활용할 수 있도록 만드는 '맞춤 광고 프로세스'에 대해서 더 깊이 있게 배우고 익혀야 합니다.

페이스북 광고 심화 과정은 책에서 모두 다루기엔 표현 방식이나 지면의 제약이 많습니다. 그럼에도 불구하고 이 책에서는 다양한 페이스북 광고 기법 중 실전 비즈니스에서 활용할 때 꼭 알아야 하는 핵심 기능과 필수 팁을 살펴보겠습니다. 페이스북 광고 상품 및 기법은 급속하게 진화하고 있으므로 책에만 의존하지 말고 빠르게 업데이트되는 고객 센터 도움말과 광고주 지원 센터의 질의응답을 적극 활용하길 권합니다.

- 페이스북 고객 센터 : https://www.facebook.com/help
- 페이스북 광고주 지원 센터 : https://www.facebook.com/business/resources

광고 효율을 높이기 위한 페이지 상식

페이스북 페이지를 개설하고 운영하는 핵심 목표를 두 가지만 꼽으라면 하나는 친구나 지인 또는 팬으로 구성된 관계망을 활용하여 콘텐츠 및 정보의 자연 전파(유기적 도달)를 늘리는 것입니다. 다른 하나는 사람들의 반응을 수치로 집계하여 어떤 콘텐츠가 더 효과적으로 전파되는지 사람들의 행동 패턴을 모니터링하고 이를 통해 마케팅 인사이트를 얻어내는 것입니다. 핵심 목표와 관련한 다양한 정보를 살펴보겠습니다.

광고 효율과 연관된 [일반] 설정 옵션

페이지 관리자라면 페이지 타임라인 상단 메뉴를 이용해서 페이지 운영 현황과 관련된 데이터를 확인할 수 있습니다. 다음은 페이지 관리자가 확인할 수 있는 기능 중에서 광고 타게팅 및 노출 증진에 도움이 되는 몇 가지 옵션입니다.

뉴스피드 타겟 및 게시물 공개 범위 : 페이지 타임라인에서 오른쪽 위에 있는 [설정] 바로가기를 클릭합니다. [일반] 분류에서 [뉴스피드 타겟 및 게시물 공개 범위] 옵션을 체크하여 저장하면 공개 대상 타겟 범위를 포스트별로 설정할 수 있습니다. 이후부터는 포스트를 작성하면 입력란 아래쪽에 타게팅 옵션 아이콘이 나타납니다.

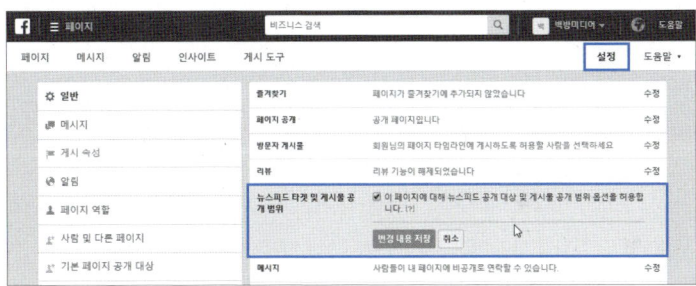

타겟 옵션 아이콘을 클릭하면 해당 포스트를 노출할 성별, 연령, 위치 등을 제한할 수 있습니다.

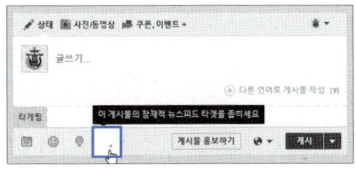

메시지 : 옵션을 체크하면 1:1 메시지 기능이 활성화됩니다. 이 옵션의 체크를 해제하면 사람들이 페이지 관리자에게 비공개로 연락하는 것을 차단합니다. 긴밀한 요구가 있을 때 1:1 메시지를 보내는 잠재 고객들이 많기 때문에 체크를 해제하는 것은 권장하지 않습니다.

접근 가능 국가 제한 : 페이지의 콘텐츠를 지정한 국가의 사용자에게만 보여주거나 반대로 지정한 국가의 사용자에게만 숨기는 옵션입니다. 콘텐츠의 노출 범위를 국가 단위로 제한하고 싶을 때 사용하면 콘텐츠 노출 효율을 높일 수 있습니다.

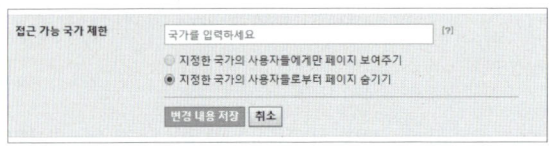

비슷한 페이지 추천 : 내 페이지와 유사한 주제나 카테고리의 페이지를 사람들이 [좋아요]할 때 내 페이지를 추천 대상 페이지로 노출해 주는 옵션입니다. 체크하면 비슷한 카테고리 페이지를 찾는 잠재 고객들에게 내 페이지를 한 번이라도 더 노출할 수 있는 기회가 생깁니다.

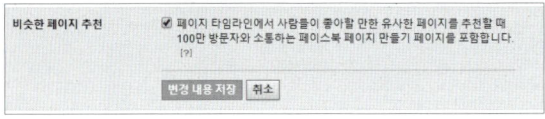

여러 언어로 게시 : 포스트 하나를 여러 가지 언어로 작성할 수 있도록 지원하는 옵션입니다. 국제적으로 활동한다면 두 가지 이상의 언어로 콘텐츠를 작성하여 팬 범위를 넓힐 수 있습니다.

메시지 자동으로 회신하기

설정 화면에서 [메시지] 분류를 클릭하면 빠른 답장 기능을 이용해서 페이지에 메시지로 문의하는 팬들에게 자동으로 응답 메시지를 보낼 수 있습니다. 페이지에 들어오는 메시지에 대해 어느 정도 비율로 응답하고, 각 메시지에 회신하는 데 어느 정도 시간이 걸리는지는 페이지가 고객과 얼마나 성의 있게 교감하는지 평가하는 핵심 요소입니다.

페이스북은 이 평가 점수에 따라 페이지 운영 품질을 평가하고 페이지 게시물의 도달률을 조정하는데 반영한다고 합니다. 따라서 메시지에 대한 수신 인사나 자동 응답 안내 메시지를 설정해 두고 최대한 빠르게 회신하여 페이지 신뢰도와 평가 점수를 높여 둬야 합니다.

친구에게 [좋아요]를 요청하고 감사 메시지 보내기

바로가기 메뉴에서 [알림] 바로가기를 클릭해서 알림 화면으로 이동합니다. 알림 화면 왼쪽에 있는 [친구에게 페이지 좋아요 요청] 영역에는 페이스북 개인(페이지 관리자) 계정으로 친구를 맺은 친구 목록이 표시되는데, 이때 [초대] 버튼을 클릭하여 해당 페이지를 [좋아요]해 달라고 요청할 수 있습니다. 페이지의 팬 중에서 가장 활발하게 포스트를 전파해 줄 수 있는 잠재적 도우미는 바로 친구입니다. 정성스러운 손품은 광고비를 들이지 않고도 페이지 서포터즈를 늘릴 수 있는 효과적인 방법입니다.

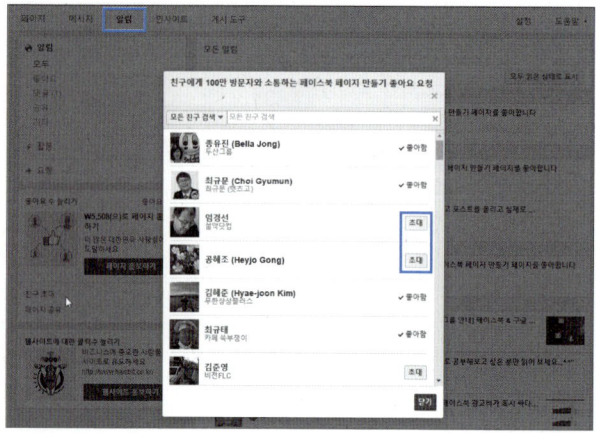

알림 화면에서는 친구를 초대하는 것 이외에도 페이지를 [좋아요]한 팬은 물론 댓글이나 공유 등으로 반응한 사람을 일괄적으로 확인할 수 있습니다. 알림 화면에서 새로 팬이 된 사람이나 반응한 사람을 확인하고 페이지 관리자 명의로 감사 메시지를 보내는 것 역시 신뢰도를 높이고 콘텐츠에 대한 열독률을 높이는 효과적인 방법입니다. 다만 메시지는 페이지 이름으로 먼저 보낼 수 없으므로 관리자 개인 계정으로 보냅니다.

[메시지] 링크로 팬들과 1:1 대화하기

팬들이 포스트에 댓글을 올렸을 때 [답글 달기]와 별개로 1:1 대화가 가능한 [메시지] 링크가 제공됩니다. 다른 팬들에게는 공개되지 않는 대화로 관리자와 댓글을 올린 상대방만 볼 수 있습니다.

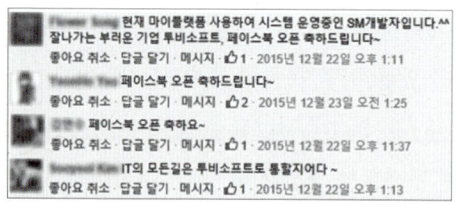

- 페이스북 댓글 메시지 관련 설명문 : https://www.facebook.com/help/700642476734922

인사이트 데이터를 광고에 활용하기

페이스북 페이지 관리자라면 팬들의 활동을 분석해서 보여 주는 인사이트 정보를 확인할 수 있습니다. 페이지 타임라인 상단에 있는 바로가기 메뉴에서 [인사이트] 바로가기를 클릭하면 팬들의 다양한 활동 정보를 확인할 수 있습니다. 이 중에서 [사람]과 [게시물]에 대한 분석은 반드시 살펴보고 광고 대상 타게팅에 반영하길 권합니다.

인사이트 화면에서 [사람] 분류를 클릭하면 페이지에 [좋아요]한 팬들의 성비, 연령대별 분포, 국가 및 도시, 언어별 팬 수를 확인할 수 있습니다. 이러한 데이터를 바탕으로 광고 도달 대상의 반응 가능성을 유추할 수 있으며, 광고 예산이 제한되어 있을 때 반응이 좋을 것으로 예상되는 성별, 연령대, 지역 등에 더 집중적으로 노출되도록 설정할 수 있습니다.

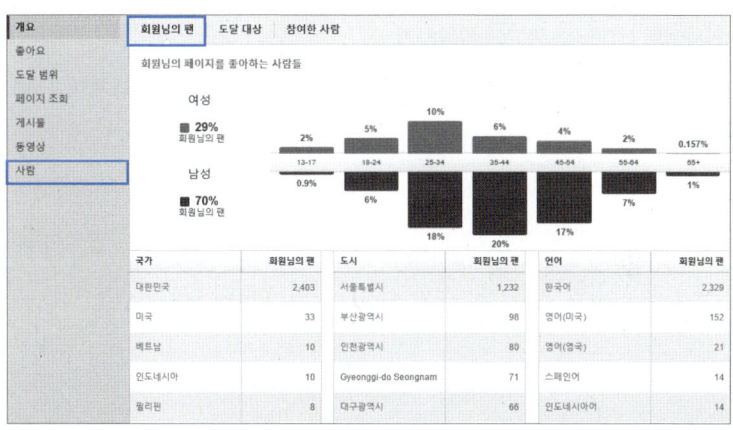

페이지 팬 구성과 실제 글이 도달되는 성별, 연령층, 포스트에 반응(참여)하는 비율은 다를 수 있습니다. 이 점을 고려하여 팬 구성뿐만 아니라 도달 대상 분포나 참여한 사람 분포를 확인하여 더 주요하게 반영하는 것도 가능합니다.

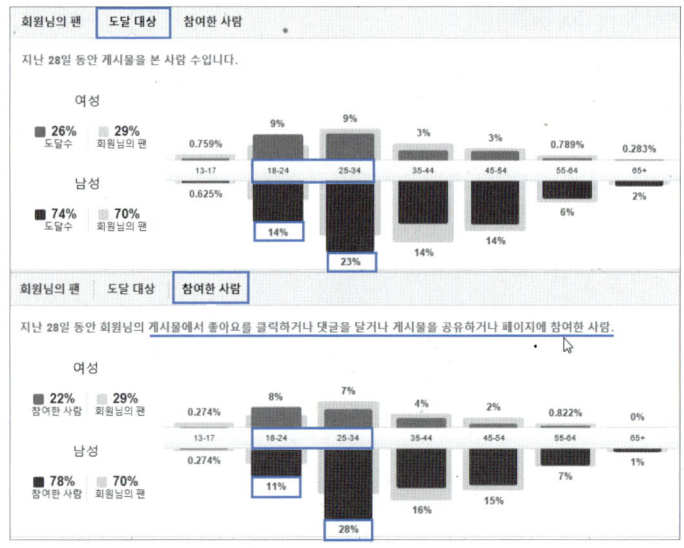

게시물 인사이트 데이터를 광고에 활용하기

인사이트 화면에서 [게시물] 분류에 있는 통계 자료 또한 광고 타게팅을 할 때 간접적으로 활용할 수 있습니다. 다음 예시를 보면 게시물의 도달이 요일에 관계없이 거의 비슷하게 나타나며, 시간대 역시 심야 시간대를 제외하면 아침부터 밤까지 거의 일정한 것을 알 수 있습니다. 이런 경우에는 광고 게재 일정을 세울 때 특정한 요일이나 시간대를 특별히 가리지 않아도 됩니다.

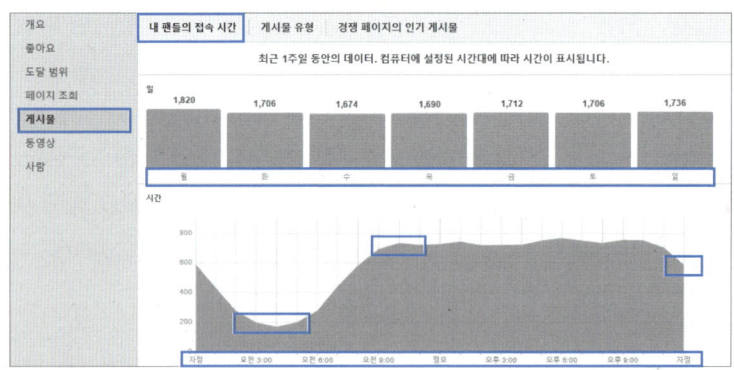

게시물 유형 분포에서는 유형별 평균 도달 및 참여도를 확인할 수 있습니다. 이 데이터 역시 페이지 팬들을 대상으로 광고를 집행할 때 어떤 포스트 유형을 활용하면 더 효과적일지 유추하여 사용할 수 있습니다. 당연히 더 반응이 활발하게 나오는 게시물 유형을 광고를 제작할 때 활용하는 것이 좋습니다.

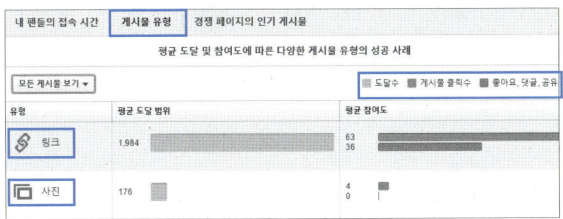

[게시물] 분류 화면 아래쪽에서는 게시물별로 유형, 도달 범위, 참여도 등을 확인할 수 있습니다. 이 중에서 평균적인 도달 수보다 특별히 더 많거나 반대로 유난히 낮은 도달 결과가 나오는 게시물이 있다면 클릭해서 상세 정보를 확인합니다. 광고를 제작하기 전에 해당 유형이나 특성을 비교해 보는 것이 좋습니다. 게시물 제목을 클릭하면 나타나는 상세 정보 창에서는 상세 도달 및 참여 정보를 볼 수 있습니다. 성과가 좋은 포스트의 성공 요소를 분석해 보길 권합니다.

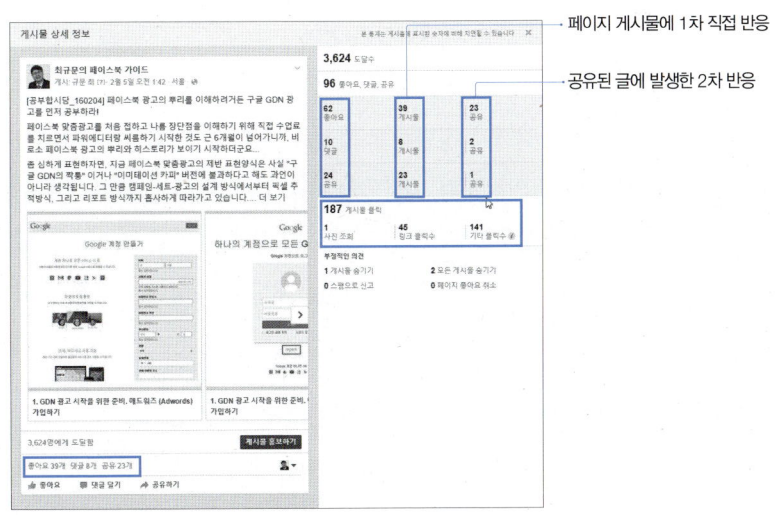

페이지 팬들이 자발적으로 전파에 참여해 주어야만 유기적 도달률이 높아지므로, 팬들이 어떤 게시물에 직접 반응(1차 반응)을 많이 하는지, 팬들이 공유한 포스트에서 2차로 확산 전파가 일어나는 게시물은 어떤 것들이 있는지 살펴봐야 합니다. 팬들이 공유한 글에 2차(연쇄) 반응이 활발하다면 그만큼 공감도가 높은 포스트입니다. 따라서 게시물 홍보하기 광고를 할 때 2차 연쇄 반응이 높게 일어난 게시물을 선택하면 같은 광고비로 더 많은 부가 전파 효과를 기대할 수 있습니다.

주변 지역에 홍보하기 – 핀 설정으로 근거리 정밀 타게팅

페이스북의 광고 상품은 날이 갈수록 다양해지고 있고 기능 또한 계속해서 추가되고 있습니다. 2015년에는 파워에디터 기능이 더 편리해졌고 굵직한 신규 광고 상품도 쏟아져 나왔습니다. 대표적으로 인스타그램에 페이스북 광고가 함께 노출되기 시작했고, 광고를 클릭한 사람들을 대상으로 이메일 주소나 전화번호 또는 간단한 설문 응답을 받아 낼 수 있는 [잠재 고객 확보] 광고가 등장했습니다.

2015년 말에는 오프라인 가게나 매장 등을 홍보할 때 특정 위치(지점)를 중심으로 거리 반경을 설정하여 특정 지역 범위 안에 있는 대상자만 선택할 수 있는 [주변 지역에 홍보] 광고도 추가되었습니다.

[주변 지역에 홍보] 광고는 국가나 도시 단위의 지역 범위 타게팅을 넘어 대도시의 특정 지역이나 구역까지 정밀하게 타겟을 좁힐 수 있어 매우 유용합니다. 특히 음식점이나 편의점처럼 손님들의 유동 거리가 특정 주거지나 근무지 인근으로 제한적인 경우 온라인 전단지를 배포하는 것 같은 효과를 낼 수 있습니다. 페이스북 사용자가 밀집되어 있는 대도시 특정 구역에서는 매우 요긴하게 사용할 수 있는 광고 유형입니다.

파워에디터에서 [주변 지역에 홍보] 캠페인 시작하기

여기서는 '백방 반점'이라는 가상의 중국 음식점을 설정하여 특정 지하철역 중심의 주거 단지를 주요 타겟으로 설정하고, 해당 지역의 거주자 또는 유동 인구에게 광고를 노출하는 방법을 실습해 보겠습니다.

[01] 비즈니스 관리자에 접속하여 [도구] 아이콘을 클릭한 후 [파워에디터]를 선택합니다. 비즈니스 관리자 계정이 없는 사용자는 광고 관리자에서 [파워에디터]를 선택합니다.

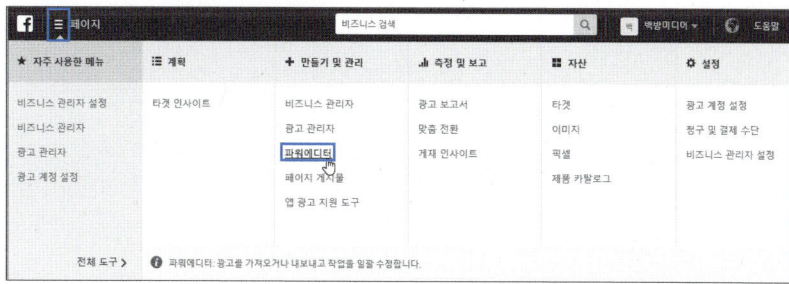

[02] 개인 계정 또는 비즈니스 관리자 계정 중에서 광고를 집행할 계정을 선택합니다.

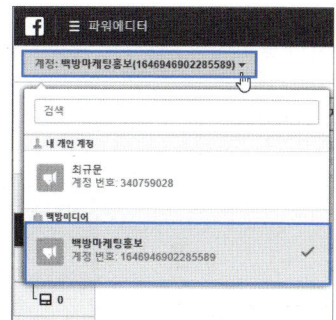

[03] 해당 광고 계정으로 광고를 집행한 적이 없다면 [검색된 결과가 없습니다]라는 문구가 나타납니다. 새로 광고를 만들 것이므로 [+ 캠페인 만들기] 버튼을 클릭합니다.

[04] 캠페인 : 목표 선택하기 창에서 인지도 항목에 있는 [비즈니스 근처의 사람들에게 도달하기]를 선택합니다. 캠페인 이름을 적당히 입력하고 [단일 위치] 또는 [여러 위치] 중 하나를 선택한 다음 [계속] 버튼을 클릭합니다.

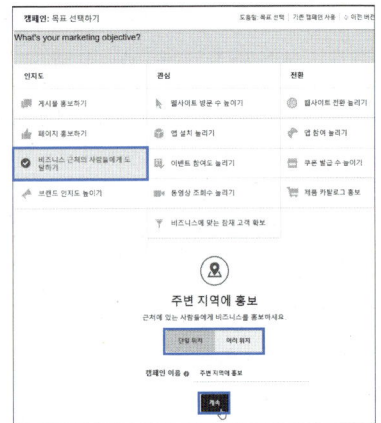

광고 세트 창에서 광고 대상 지점 및 반경 거리 설정하기

[01] 광고 세트 창에서 해당 광고와 연동시킬 페이스북 페이지를 선택합니다.

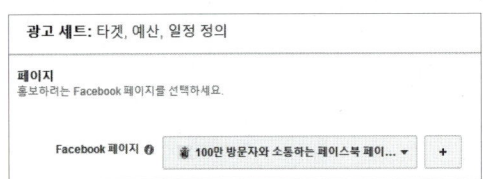

[02] 타겟 설정 화면에서 위치 항목의 좌표 값과 반경 거리를 확인하고 '위치 추가' 입력란을 클릭합니다.

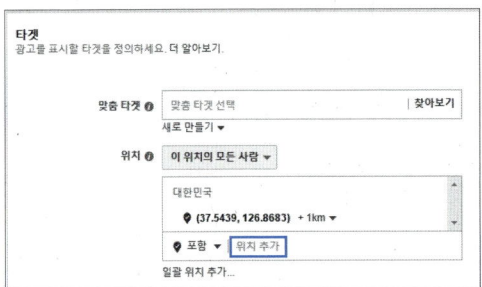

[03] 위치 옵션을 클릭해서 메뉴를 펼친 후 선택한 위치에서 추출할 대상의 유형을 선택합니다. 자동 설정된 위치의 포함 여부를 설정할 수 있습니다.

[04] 지도 영역에서 오른쪽에 있는 [+] 버튼을 여러 번 클릭하여 원하는 위치를 핀으로 선택할 수 있도록 충분히 확대합니다. 지도를 드래그하여 원하는 위치를 찾습니다.

[05] 타게팅할 중심 지점이 정해지면 지도 오른쪽 아래에 있는 [핀 설정] 버튼을 클릭하고 지도 위 중심 지점을 클릭하여 핀 설정을 합니다.

[06] 핀을 설정한 지점의 GPS 좌표가 표시됩니다. 좌표 값 오른쪽에 핀을 설정한 지점으로부터 반경 거리가 표시됩니다. 즉 핀을 설정한 지점으로부터 지정한 반경 범위가 잠재적 타겟의 최대 도달 범위가 됩니다. 이 상태에서 반경 거리를 조절하면 잠재적 타겟 규모도 따라 바뀝니다.

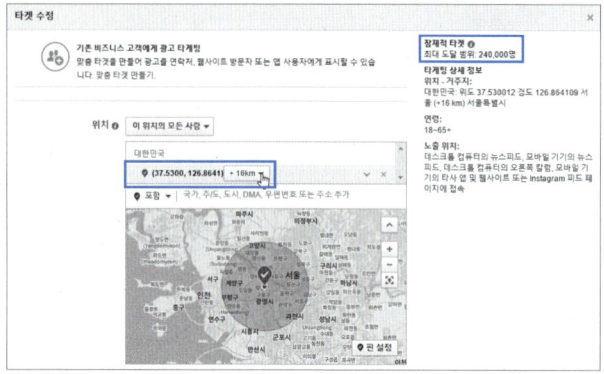

핀 설정 지점 변경 및 잠재적 타겟 규모를 조정하는 옵션

[01] 핀 설정 위치를 변경하려면 설정한 핀의 체크 모양을 클릭한 후 팝업 단추를 클릭하고 [삭제]를 선택합니다.

[02] 해당 핀이 사라지면 다시 [핀 설정] 버튼을 클릭한 후 원하는 위치에 핀을 설정합니다. 핀은 여러 개를 추가로 설정할 수 있습니다. 또한 설정한 핀을 제외시킬 수도 있습니다. 설정한 핀의 팝업 버튼을 클릭하고 [제외]를 선택하면 핀 모양이 X로 바뀌면서 핀 설정 영역이 제외됩니다.

[03] 잠재적 타겟 규모를 조정하려면 핀 설정 지점의 반경을 조정합니다. GPS 좌표 오른쪽에 있는 반경 버튼을 클릭한 후 값을 입력하거나 슬라이딩 바를 드래그하여 반경을 조정합니다. 오른쪽에서 잠재적 타겟의 최대 도달 범위를 확인할 수 있습니다.

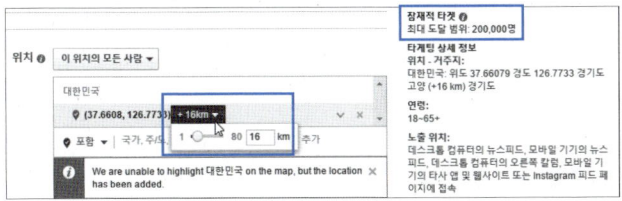

[04] 기본 설정된 [이 위치의 모든 사람]을 변경해서 잠재적 타겟 규모를 조정할 수도 있습니다. [이 위치의 모든 사람]은 거주지(집)와 최근 위치(유동 인구)가 선택한 지역 내에 있는 사람을 찾아 주는 설정입니다. 이 설정을 [이 위치에 사는 사람], [최근 이 위치에 있었던 사람], [이 위치를 여행 중인 사람]으로 변경하여 범위를 좁힐 수 있습니다.

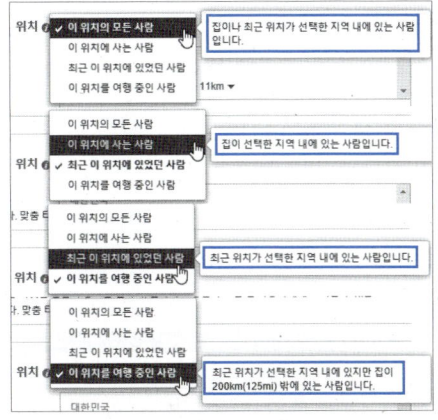

[05] 지역 반경 거리나 사람의 위치 유동성 외에도 상세 타게팅 항목에서 인구 통계학적 특성이나 관심사 등의 키워드를 추가하여 조건을 충족하는 사람만 찾을 수 있습니다. 특히 음식점이나 특정 테마를 다루는 전문 편의점이라면 관심사 키워드를 추가로 설정해 더 적확한 잠재 고객을 타게팅할 수 있습니다.

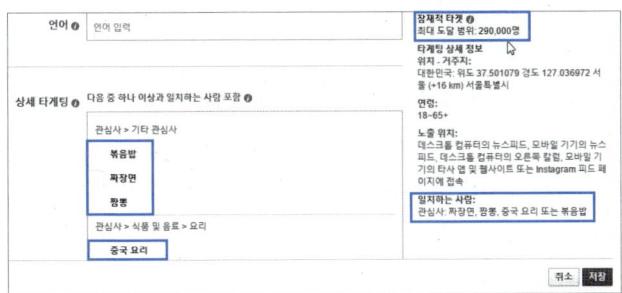

슬라이드 광고형 멀티 이미지 링크 포스트 응용하기

페이지 운영자들의 가장 큰 고민은 포스팅 방식입니다. 페이스북 구독자의 80~90%가 스마트폰으로 화면을 스크롤하며 뉴스피드를 읽기 때문에 어떻게 하면 구독자들이 스크롤을 잠시 멈추고 내 포스트를 보게 할 것인가가 핵심입니다.

링크 포스트의 도달률 현황부터 살펴보라

한때 사진 포스트의 도달률이 높게 나타났지만 지금은 많이 떨어진 상태입니다. 인스타그램이 사진 전용 SNS로 자리 잡은 영향일 수도 있고, 포스트에 이미지가 지나치게 범람하자 페이스북이 뉴스피드에서 사진 포스트의 도달률을 떨어트린 것일 수도 있습니다. 대신 동영상이 도달률의 상위 자리를 차지하였습니다. 단, 포스트 유형별 도달률 데이터는 측정하는 주체나 시기에 따라 달라질 수 있으므로 절대적인 지표로 받아들이는 것은 위험합니다.

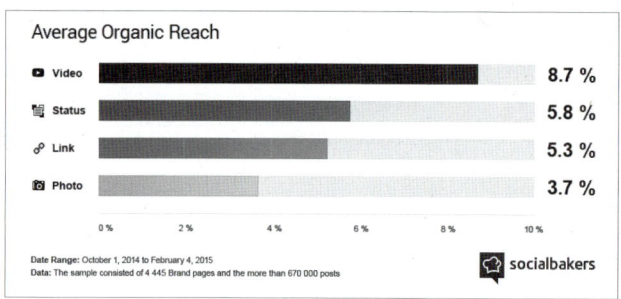

▲ Native Facebook Videos Get More Reach Than Any Other Type of Post
자료 출처 : http://www.socialbakers.com/blog/2367-native-facebook-videos-get-more-re... (2015.02.17)

그림에서 주의 깊게 볼 부분은 링크 포스트의 유기적 도달률이 높지 않다는 점입니다. 블로그나 홈페이지 혹은 이벤트 랜딩 페이지 링크를 이용한 포스트는 다른 포스트에 비해 도달률이 낮으므로 단순 링크 글을 올리는 것은 피하라는 것이 룰처럼 여겨져 왔습니다. 하지만 얼마 전부터 이미지에 링크를 걸 수 있도록 한 '회전목마 광고' 즉, '슬라이드 광고' 포스팅 기능을 페이지에 일반 링크 게시물을 작성할 때도 사용할 수 있도록 페이스북이 허용하면서 기피 대상으로 여겨지던 링크 게시물이 새롭게 주목받고 있습니다. '단일 광고 유닛에 3~5개의 이미지와 링크를 표시하여 비즈니스 웹사이트의 특정 위치에 연결할 수 있는 광고 형식입니다'라는 설명 문구에서 알 수 있듯이 이미지에 링크를 연동한 광고 포스트를 만들려면 다음 세 가지 요소가 필요합니다.

❶ 눈길을 끄는 이미지 컷
❷ 읽을거리가 있는 하이퍼링크 원문 글
❸ 이미지 타이틀(사진 캡션 문구)

세 가지 요소가 적절하게 결합되어야 눈길을 끌 수 있고 나아가 이미지(링크) 클릭을 유도할 수 있기 때문에 포스트 하나를 작성하는 데 더 많은 시간과 노력이 필요합니다.

▲ 슬라이드 광고의 동작 개념도
이미지 출처 : https://www.facebook.com/business/help/773889936018967

슬라이드 광고는 주로 페이지 전문 운영자나 이미지 카드 제작 능력을 갖춘 소수의 마케터나 디자이너를 직원으로 둔 광고 전문 대행사에서 사용하는 방식입니다. 아직까지는 일반 페이지 게시물을 작성할 때도 쓸 수 있다는 사실이 널리 알려지지 않았지만 차츰 알려지면 활용도가 높아질 것으로 보입니다.

슬라이드 광고에 대한 자세한 안내 및 제작 방법은 페이스북 광고 안내문을 참고하기 바랍니다.

- 슬라이드 광고의 정의 : https://www.facebook.com/business/help/773889936018967
- 슬라이드 광고를 만드는 방법 : https://www.facebook.com/business/help/1375829326076396

블로그 포스트 링크를 복사해서 페이지 입력 창에 붙여 넣기

페이스북 페이지에 포스트를 작성할 때 슬라이드 광고 게시물을 어떻게 사용할 수 있을까요? 다음 순서를 따라해 보면 어렵지 않게 만들 수 있습니다. 블로그 포스트를 랜딩 페이지로 이미지 링크에 연결한 슬라이드 광고형 멀티 포스트를 작성해 보겠습니다.

[01] 이미지에 연결할 블로그 포스트의 URL 주소를 복사합니다.

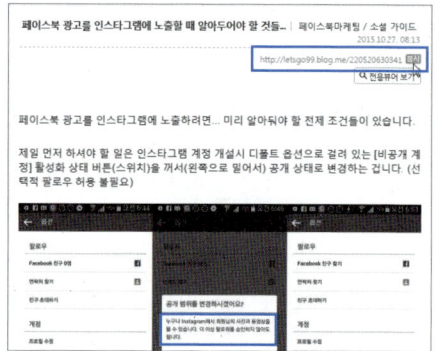

[02] 복사한 URL을 페이지 타임라인의 포스트 작성 영역에 붙여 넣습니다. 이때 복사한 블로그 포스트에 이미지가 한 장이라도 삽입되어 있으면 다음과 같이 삽입되어 있는 이미지가 자동으로 등록됩니다.

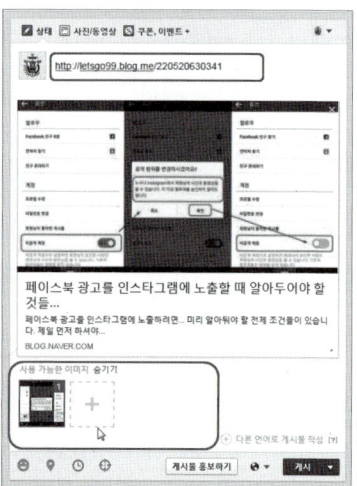

[03] 자동으로 등록된 이미지 이외에도 + 아이콘을 클릭하여 이미지를 추가할 수 있습니다. 이미지를 추가할 때마다 포스트 작성 영역 아래쪽에도 이미지가 하나씩 추가되면서 슬라이드 광고형 멀티 포스트로 변경됩니다. 화면 오른쪽에는 이미지를 확인할 수 있는 화살표가 표시됩니다. 이때 이미지는 3~5장 정도가 적당합니다.

[04] 추가한 이미지는 처음에 붙여 넣은 URL 주소가 기본으로 연결됩니다. 필요하면 이미지별로 URL 주소 및 이미지 타이틀(설명 캡션)을 변경할 수 있습니다. 포스트 작성 영역 안에 호출된 각 이미지에 붙인 쇠사슬 모양 아이콘을 클릭하고 연결할 URL 주소를 바꾼 다음 [확인] 버튼을 클릭합니다. 바로 아래 보이는 타이틀을 클릭하여 이미지에 맞게 바꾼 다음 [게시하기] 버튼을 클릭합니다.

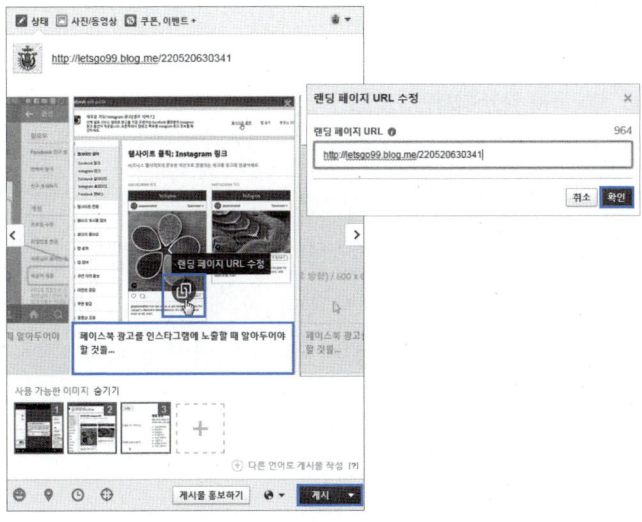

슬라이드 광고형 멀티 포스트의 장점과 활용법

슬라이드 광고형 멀티 포스트는 페이스북의 슬라이드 광고와 형식이 매우 흡사합니다. 좌우 스크롤 방식으로 이미지가 펼쳐지고 각 이미지를 클릭하면 해당 이미지에 연결된 랜딩 페이지로 이동합니다. 이 기능을 각자가 원하는 분야에서 재주껏 응용한다면 다음과 같이 다양한 효과를 얻을 수 있습니다.

첫째, 페이스북 포스트에 웹사이트로 방문을 유도하기 위해 포함했던 URL을 본문에 노출하지 않고 이미지에 숨겨서 클릭을 유도할 수 있습니다. 쇼핑몰 등에서 신상품을 여러 개 출시했을 때 각 상품의 이미지를 올리고 이미지마다 해당 상품의 상세 페이지로 이동하는 링크를 연결할 수 있습니다.

둘째, 연관성이 있는 주제의 이미지와 캡션(단문 말풍선)을 연속으로 배치해 스토리를 만들 수 있습니다. 슬라이드 이미지를 넘기면서 보기 때문에 만화처럼 재미있게 볼 수 있어 집중 효과를 끌어낼 수 있습니다.

셋째, 이 포스트는 광고를 집행하지 않은 상태입니다. 페이스북 광고를 승인 받을 때 장벽 중 하나인 광고 이미지 안에 텍스트를 20% 넘기지 말아야 한다는 규칙으로부터 자유롭습니다. 학습 카드나 지식 전달형 이미지를 포스트로 올리고 싶은 개인이나 기업에게 매우 유용하게 응용될 수 있습니다.

페이스북 광고에 대해 꼭 알아 두어야 할 것
인스타그램 광고를 집행하기 위한 디자인 가이드

2015년 광고업계에서 페이스북과 관련한 가장 큰 화제는 인스타그램 광고의 국내 공식 개시 소식이었습니다. 인스타그램은 국내 사용자의 60% 정도가 여성이고 절반 가까이는 20대로 구성된 사용자 편향이 매우 강한 매체지만 패션이나 뷰티업종과 같이 유행을 선도하고 비주얼에 민감한 소비층에게 사진이나 동영상 등으로 쉽게 접근할 수 있고, 브랜드(상업적) 콘텐츠에 대한 반응도가 비교적 활발하기 때문에 관련 기업 입장에서는 손 놓고 있을 순 없는 광고 영역입니다.

초기 사용 경험자들은 도달률이나 노출 효과가 당초 기대한 만큼 높지는 않다고 말하지만 국내 사용자 수가 이미 월 평균 500만 명을 넘어선 만큼 무시할 수 없는 상황입니다. 특히 인스타그램 자체에서 광고를 제작하고 페이스북과 함께 집행할 수 있기 때문에 이용자가 지속적으로 확대될 것으로 예상됩니다.

현재 페이스북과 인스타그램에 동시에 광고를 노출할 수 있는 광고 상품은 웹사이트 클릭/전환, 앱 설치/참여, 동영상 조회 광고입니다.

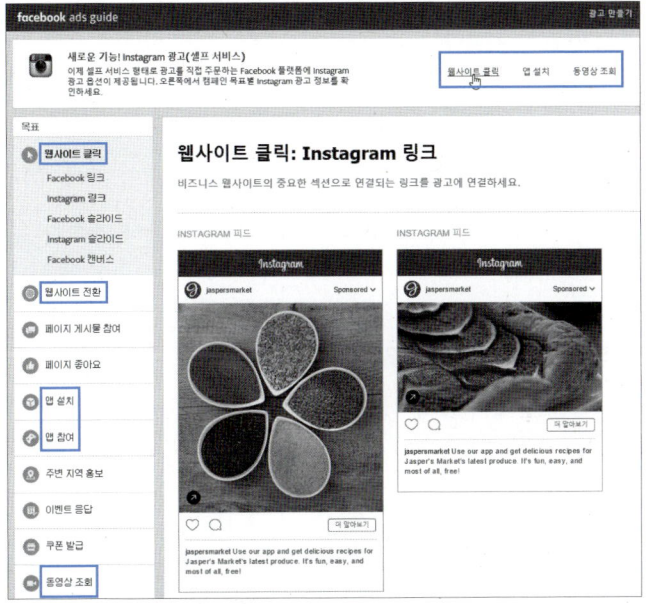

▲ 페이스북과 인스타그램에서 함께 집행할 수 있는 광고 유형

광고별로 준비해야 할 이미지 크기와 개수, 텍스트 길이나 노출되는 이미지 제한 규정이 정해져 있으므로 광고를 게시하기 전에 이와 같은 요구 조건을 반드시 확인해야 합니다. 광고 제작 디자인 가이드는 다음 페이스북 광고 가이드에서 각 목표를 클릭해 확인하기 바랍니다.

• **페이스북 광고 가이드** : https://www.facebook.com/business/ads-guide/

개인 소규모 차원이 아닌 기업 대상 브랜드 전문 광고로는 IO(예약형 주문)라는 광고 상품이 있습니다. 이 상품에 대한 집행 설정은 페이스북에서 지원합니다. 개인이 직접 진행하는 광고 영역을 벗어나므로 자세한 설명은 생략합니다. IO 광고에 대한 설명은 다음 주소를 참고하길 바랍니다.

- **IO 예약형 상품** : https://www.facebook.com/business/ads-guide/insertion-orders

인스타그램은 시각 분야의 고급 사용자를 주 타겟으로 삼는 만큼 다른 광고보다 콘텐츠 품질을 올리는 데 정성을 더 많이 기울여야 합니다. 인스타그램 광고의 성공 사례는 다음 주소를 참고하기 바랍니다.

- **성공 사례** : https://business.instagram.com/

아울러 페이스북/인스타그램 광고를 전문적으로 대행하는 업체의 소개 제안 자료를 구해 보는 것도 추천합니다. 인스타그램 광고의 특성과 효율적인 집행 방법을 확인할 수 있습니다.

잠재 고객 확보 광고의 설문과 응답 자료 확인하기

인스타그램 광고와 더불어 해외 마케터들과 개발자들에게 뜨거운 관심을 일으킨 광고는 페이스북 [잠재 고객 확보] 광고$^{Leads\ Ad}$입니다. 이메일 주소와 연락처를 확보하고 마케팅 메시지를 수신하겠다는 구독 의사$^{Opt-in}$를 사전에 확인해야만 스팸 취급에서 벗어날 수 있었던 마케터들 입장에서는 이 두 가지 과제를 한방에 해결할 수 있는 새로운 대안으로 떠오른 것이 [잠재 고객 확보] 광고입니다.

대부분의 이메일 마케팅 도구가 미끼 상품이나 무료 리포트를 제공하는 조건을 들고 수신자의 이메일이나 연락처를 요구하며 구독자로 등록하게 합니다. 이러한 정보를 요청할 때 수신자가 '직접' 자신의 이름이나 이메일 주소를 입력해야 한다는 점은 늘 걸림돌이 되었습니다. 그게 몇 글자나 된다고 걸림돌일까 싶지만 개인 정보를 입력한다는 것은 타이핑하는 노력뿐만 아니라 내 정보를 누군가에게 제공하는 데 따르는 심리적 부담을 함께 일으키기 때문에 눈에 보이지 않는 장벽이 되곤 합니다.

잠재 고객 확보 광고는 이름이나 이메일 주소 등을 물을 때 응답자가 직접 입력하는 대신 페이스북 프로필에 등록해 놓은 정보를 자동 호출해서 미리 입력해 둔 방식입니다. 번거롭게 입력하지 않아도 되고 입력하면서 받게 되는 심리적 부담을 최소화할 수 있도록 [OK] 버튼 클릭 방식으로 고안된 광고입니다.

이름이나 이메일 정보만 묻는 것은 아닙니다. 다양한 인구 통계학적 질문이 미리 설정되어 있어 체크 박스에 표시하는 것만으로 양식을 만들 수 있습니다. 필요하면 질문자가 맞춤 질문을 포함해 질문을 세 개까지 추가할 수 있습니다.

여기에서는 잠재 고객 확보 광고를 만들고 수신자들의 응답 결과를 받아 보는 과정을 간단하게 살펴보겠습니다.

[01] 파워에디터를 실행해서 [캠페인 만들기] 버튼을 클릭합니다. 캠페인 목표를 [비즈니스 맞는 잠재 고객 확보]로 설정하고 적당한 캠페인 이름을 입력한 후 [계속] 버튼을 클릭합니다.

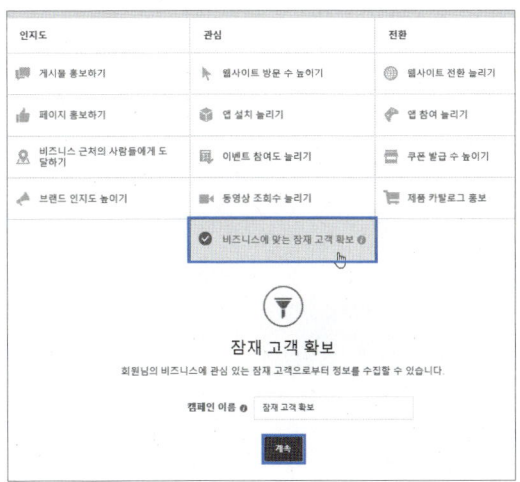

[02] 다른 광고를 만들 때와 마찬가지로 먼저 광고에 사용할 페이지를 선택합니다. 잠재 고객 확보 광고를 처음으로 만들 때는 잠재 고객용 광고 약관에 동의해야 하므로 꼭 한 번은 [약관 보기] 링크를 클릭하여 약관을 확인하고 동의 표시를 해야 합니다

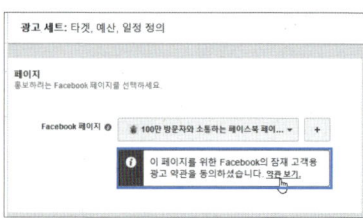

[03] 계속해서 타겟, 노출 위치, 예산 및 일정 등 광고 세트 타겟 작업을 마무리하고 [계속] 버튼을 클릭합니다.

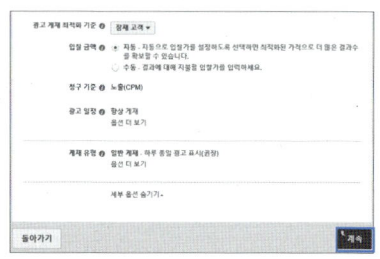

[04] 형식, 미디어 등을 선정한 후 화면 맨 아래쪽에 있는 잠재 고객용 양식 영역에서 [잠재 고객용 양식 추가] 버튼을 클릭합니다.

[05] 잠재 고객용 양식을 만들 때는 기본적으로 양식 만들기 및 선택, 양식 이름 및 언어 선택, 컨텍스트(설문 안내 화면) 정보 추가 단계를 거칩니다. 컨텍스트 정보 추가 단계에서는 [나중에 하기] 버튼을 클릭해서 넘길 수 있습니다.

 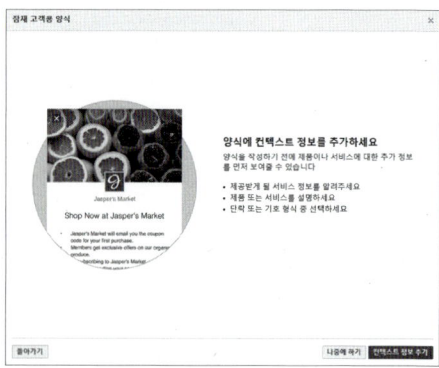

[06] 컨텍스트 정보 추가(혹은 [나중에 하기]) 후 본격적으로 양식에 포함될 내용을 작성합니다. 기본적으로 사용자 정보를 요청하는 항목이 포함되어 있으며, [질문 추가] 링크를 클릭하여 질문을 최대 세 개까지 추가할 수 있습니다. 답변 입력란은 비워서 서술형 질문으로 만들거나, 쉼표로 구분된 보기를 입력하여 선택형 질문으로 만들 수도 있습니다. [다음] 버튼을 클릭하여 양식 작성을 진행합니다.

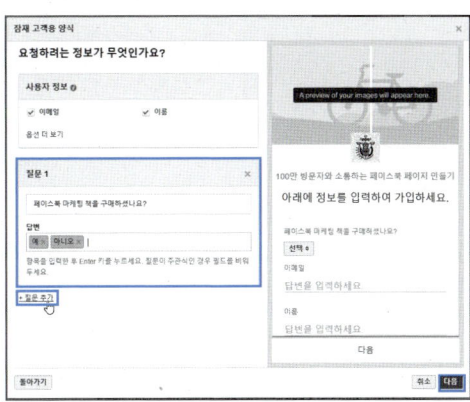

[07] 개인정보취급방침 창에서는 수집한 개인정보 취급 방침을 담은 페이지의 제목을 링크 텍스트 입력란에 작성하고, 해당 웹페이지의 URL 주소를 링크 URL 입력란에 작성합니다. 만들어 놓은 개인 정보 취급 방침 문안(규약)이 없다면 개인정보보호 종합포털 사이트(https://www.privacy.go.kr)에 방문하여 [개인정보처리방침만들기] 서비스를 이용하면 좋습니다(http://www.sonet.kr/461 참조).

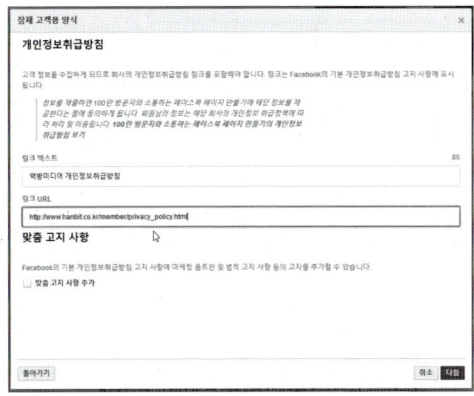

[08] 이후 과정을 진행해서 잠재 고객용 양식이 완성되면 [변경 검토] 버튼을 클릭해 광고 집행을 진행합니다. 다음은 광고를 집행한 샘플(왼쪽)과 [가입하기] 행동 유도 버튼을 클릭했을 때 노출되는 설문지(응답지) 양식 샘플(오른쪽)입니다.

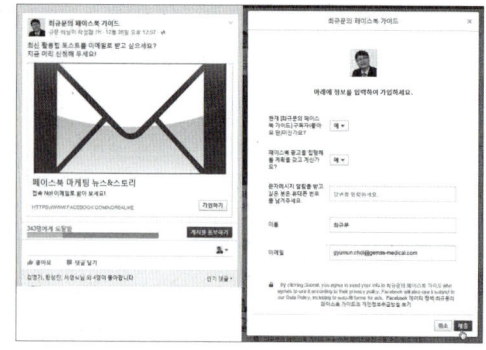

[09] 잠재 고객 확보 광고에 응답자가 발생하면 결과를 관리해야 합니다. 잠재 고객 광고의 결과는 연결된 페이지의 [게시 도구] 바로가기를 클릭하여 확인할 수 있습니다. 게시 도구 화면에서 [양식 라이브러리]를 클릭하면 오른쪽에 양식 목록과 함께 [Download] 링크가 나타납니다. 이 링크를 클릭해서 응답자 목록을 csv 형식으로 내려받을 수 있습니다.

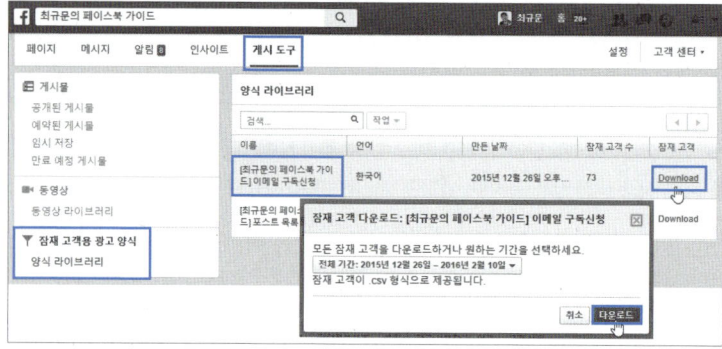

10초 이상 노출될 때만 동영상 조회 광고비 지불하기

유튜브와 한판 승부를 염두에 둔 것인지 페이스북 광고 중 비용 대비 효과가 가장 높게 나오는 광고는 [동영상 조회] 광고입니다. 페이스북은 3초 이상 재생되었을 때 조회된 것으로 간주합니다. 이 정도 노출만으로 온전히 노출되었다고 볼 수 있는지 문제를 제기할 수 있습니다. 이에 대한 보완책으로 페이스북은 2015년 하반기부터 10초 이상 본 경우에 한해 광고비를 청구하는

$CPV^{Cost\ Per\ Video\ View}$ 과금 방식을 도입했습니다. 단, 10초 미만 동영상에 대해서는 동영상 길이의 97% 이상을 봤을 때 청구합니다.

CPM과 CPV 방식 비교

경험적으로 보면 CPV 방식을 택한다고 해서 도달 효율이 크게 높아지거나 지불 단가가 크게 낮아지는 건 아닙니다. CPM 방식을 선택해도 페이스북에서는 10초 이상 비디오를 볼 사람들을 주요 타겟으로 삼아서 광고를 노출하기 때문입니다. 더 자세한 설명은 페이스북에서 제공하는 질의응답 내용을 참고하기 바랍니다.

https://www.facebook.com/business/help/653592524740644

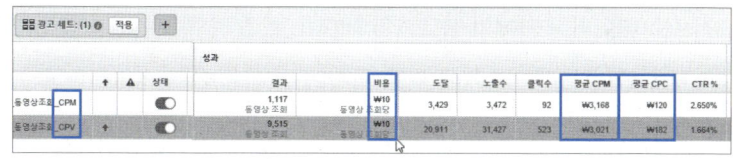

▲ 동일 타겟을 대상으로 CPM과 CPV 방식으로 광고했을 때 조회당 단가 비교 샘플

노출당 지불되는 동영상 광고 비용 청구 방식인 $CPM^{optimized\ Cost\ Per\ Mille}$ 방식을 조회당 지불되는 과금 기준으로 변경할 수 있습니다. 과금 방식은 광고 세트 설정 단계에서 변경합니다. 광고 세트 상세 설정 창 아래쪽에 있는 최적화 및 게재 항목에서 청구 기준 옵션을 [노출(CPM)]에서 [10초 동영상 조회]로 바꾸면 됩니다. [10초 동영상 조회] 항목이 표시되지 않으면 [옵션 더 보기] 링크를 클릭해서 확인할 수 있습니다.

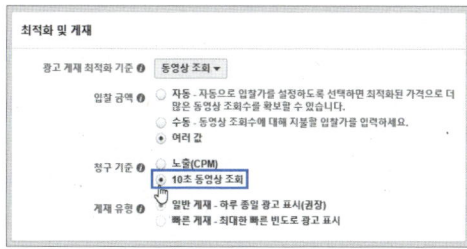

참고로 입찰 금액은 가급적 [자동]으로 설정하길 권합니다. 페이스북에서는 다양한 경우의 수를 감안하여 광고 효율을 높이는 데 최적화된 알고리즘을 구동하기 때문에 페이스북 광고 초보자일수록 설정 항목을 임의로 변경하는 것은 바람직하지 않습니다.

네이버 블로그나 카페 방문자를 맞춤 타겟으로 모으기

페이스북 맞춤 타겟을 배우면 이렇게 요긴한 기능을 왜 여태 모르고 있었을까 하는 후회가 밀려옵니다. 그런데 문제가 있습니다. 운영 중인 홈페이지나 블로그 혹은 카페가 내가 직접 만든 것이 아니고 빌려 쓰는 것이라면 원하는 추적 픽셀을 마음대로 넣을 수가 없습니다.

대표적으로 네이버는 카페와 블로그의 HTML 소스 파일을 편집할 수 있도록 허용하지 않습니다. 페이스북의 맞춤 픽셀(추적 코드)을 생성했더라도 이 스크립트를 넣을 수 없습니다. 이건 개발자에게 맡겨도 해결되지 않는 문제라 더 속이 탑니다. 그러나 방법이 없는 건 아닙니다. 웹페이지 소스 수정 권한이 없지만 해당 블로그나 카페에 방문하는 사람을 추적하여 맞춤 타겟을 모으고자 한다면 개인이 운영 중인 웹 서버(웹 호스팅)에 html 파일 하나를 넣어 해결할 수 있습니다.

원리는 단순합니다. 네이버 블로그나 카페 글의 URL로 목적지를 넘기는 리다이렉팅 코드를 삽입한 html 페이지와 페이스북 추적 픽셀 코드를 만든 다음, 운영 중인 웹서버에 올리고 이 링크(URL)를 홍보하거나 광고를 클릭할 때 연결되는 타겟 링크로 넣는 방법입니다. 설명이 어렵다면 일단 웹 브라우저에 다음 샘플 링크를 입력한 다음 접속해 보기 바랍니다.

http://sonet.kr/nb151220.html

약간 시간이 소요되지만 이내 네이버 블로그의 특정 포스트로 연결될 것입니다. 블로그 글의 주소를 확인해 보면 http://letsgo99.blog.me/220573528693일 것입니다. 이동하는 잠깐 사이에 무슨 일이 벌어진 걸까요? 맞습니다. 링크가 연결되는 사이 방문자의 페이스북 로그인 정보를 읽어서 맞춤 타겟을 만든 것입니다. 어떻게 이런 게 가능한지는 샘플 링크의 html 페이지의 소스 코드를 분석해 보면 알 수 있습니다.

구글 크롬 웹 브라우저에서 특정 웹페이지의 소스를 보는 명령은 view-source:입니다. 다음 구문을 크롬 웹 브라우저의 주소 입력란에 입력한 후 접속해 보길 바랍니다.

view-source:http://sonet.kr/nb151220.html

다음과 같이 소스가 나타납니다. 소스 코드 내용을 보면 아래쪽 영역에 페이스북 맞춤 타겟(추적) 픽셀이 보이고, 위쪽 영역에 자바스크립트 코드 두세 줄이 보입니다. 바로 이 두세 줄의 코드가 특정한 랜딩 페이지(웹사이트)로 보내는 리다이렉팅 역할을 합니다.

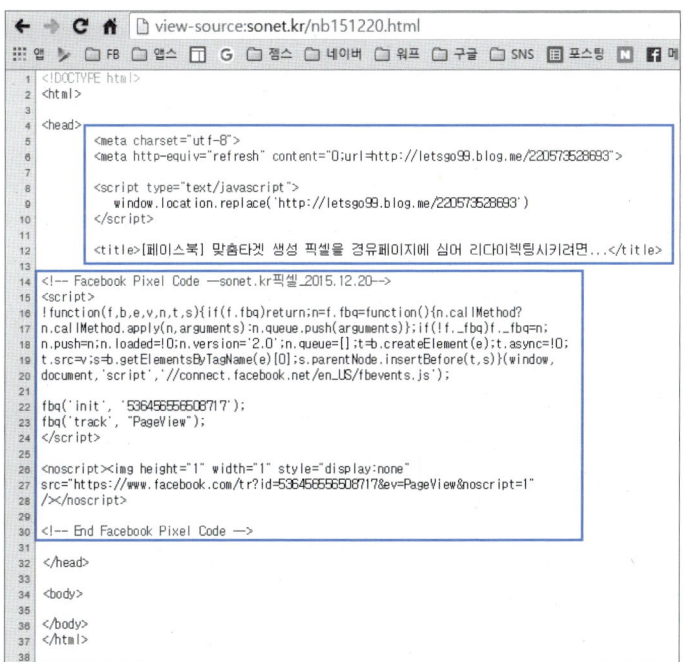

즉, 링크를 클릭하고 들어온 사람이 누구인지 페이스북 추적 픽셀 코드를 통해서 읽은 다음, 도달하는 웹 트래픽을 추적하여 맞춤 타겟을 만들고, 링크를 클릭한 사람은 원래 보내려 했던 블로그로 보내는 형식입니다. 방문자가 인식하기 힘들 정도로 순식간에 일이 벌어지기 때문에 맞춤 타겟으로 포착된 사실 자체를 눈치채기 어렵습니다.

다만 이렇게 하려면 자신이 관리자 권한을 가지고 운영하는 웹 서버에 HTML 페이지를 만들어 올리고 URL 주소를 부여할 줄 알아야 합니다. 간접 경유 페이지를 하나 만들고 본문 내용 없이 그냥 빈 페이지에 추적 픽셀 코드만 심어서 해당 페이지를 경유하는 동안 추적 픽셀을 구동시켜서 원하는 웹사이트 맞춤 타겟을 생성하는 것입니다. 페이스북 픽셀(스크립트 코드)과 경유용 페이지(리다이렉팅 코드)를 잘 결합하여 사용하면 최종 도달 타겟 웹페이지가 네이버 안에 위치하고 있어도 간접 추적이 가능하다는 것입니다.

비즈니스 관리자 대시보드와 광고 보고서 다루기

눈동냥 귀동냥으로 배운 지식을 망라해서 광고도 만들고 신용카드도 등록하여 과감하게 광고 집행도 했다면 이제 남은 일은 무엇일까요? 그렇습니다. 바로 광고를 제대로 잘 운영하고 있는지, 배보다 배꼽이 큰 광고비를 지출하고 있는 건 아닌지 성과를 모니터링하고 관리해야 합니다. 페이스북 광고를 개인이 직접 생성하고 집행할 경우 제작부터 유지 관리까지 떠맡아야 할 부분이 많습니다.

여기서는 페이스북 광고를 합리적으로 운영하고 관리할 수 있도록 돕는 비즈니스 관리자 시작 화면에 있는 대시보드의 주요 기능에 대해 살펴보겠습니다. 더불어 광고 보고서 작성 기능을 이용하여 이메일로 보고서를 정기적으로 받는 방법에 대해 알아봅니다.

비즈니스 관리자 대시보드의 주요 기능

비즈니스 관리자를 실행하면 다음과 같은 시작 화면이 나타나며, 왼쪽 상단에 있는 페이스북 로고 아이콘을 클릭하면 어느 상태에서건 개요 화면으로 돌아옵니다. 현재 비즈니스 관리자가 관리하고 있는 제반 요소(페이지, 광고 계정)의 최근 7일 동안의 광고 집행 내역과 총 지출/총 노출 그래프가 표시됩니다. [KRW] 버튼을 클릭하여 다른 나라 통화 기준으로 광고비 지출 금액을 환산해 볼 수 있고, [최근 7일] 버튼을 클릭하면 날짜를 직접 지정하여 설정한 기간의 현황을 살펴볼 수도 있습니다. 비즈니스 관리자 화면에서 왼쪽 상단에 있는 [도구] 아이콘을 클릭하면 자주 사용한 메뉴가 표시되며, 아래쪽에 있는 [전체 도구] 링크를 클릭하면 전체 메뉴를 펼쳐집니다. 이 메뉴들을 이용해 여러 요소를 관리할 수 있습니다.

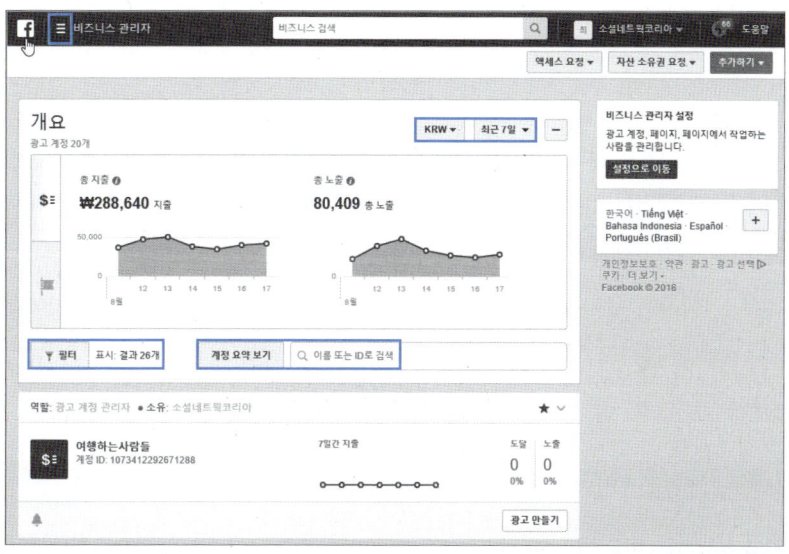

다음은 비즈니스 관리자 전체 메뉴에서 [파워에디터]를 선택했을 때 나타나는 파워에디터 시작 화면입니다. 보고 싶은 광고 계정을 선택하면 해당 광고 계정의 캠페인 결과 현황을 상세하게 살펴볼 수 있습니다. [필터] 버튼을 클릭하면 집행한 광고 목록을 필터링해서 확인할 수 있습니다. 기본 상태에서는 집행한 광고별 활성 상태와 목표한 결과 및 광고비 단가를 비롯해 도달/노출 수/

클릭 수를 확인할 수 있습니다. 평균 CPM 및 평균 CPC는 물론 지출 금액을 일목요연하게 확인할 수 있습니다. 비즈니스 관리자 계정으로 관리 중인 모든 광고 캠페인의 기본 성과를 한눈에 볼 수 있는 메인 대시보드인 셈입니다.

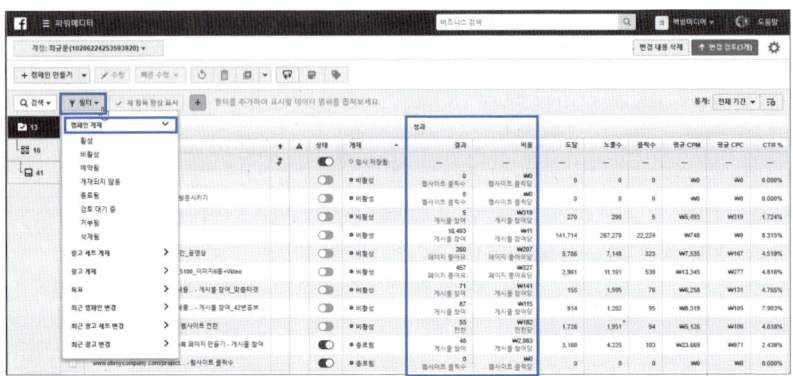

캠페인이나 광고 세트 혹은 개별 광고들의 추이를 살펴보거나 상호 간의 성과를 비교해 보려면 다음과 같이 진행합니다. 왼쪽 트리 구조에서 단계를 선택하고 비교하려는 캠페인이나 광고 세트 이름(들)을 체크한 후 오른쪽에 있는 [그래프] 아이콘을 클릭합니다. [비교|추이] 탭으로 구분된 성과 인사이트 창에서 [추이] 탭을 클릭하고 비교해 보고 싶은 기간을 설정한 다음 보고 싶은 지표를 선택합니다. 평균을 중심으로 각 항목의 편차가 그래프로 그려집니다.

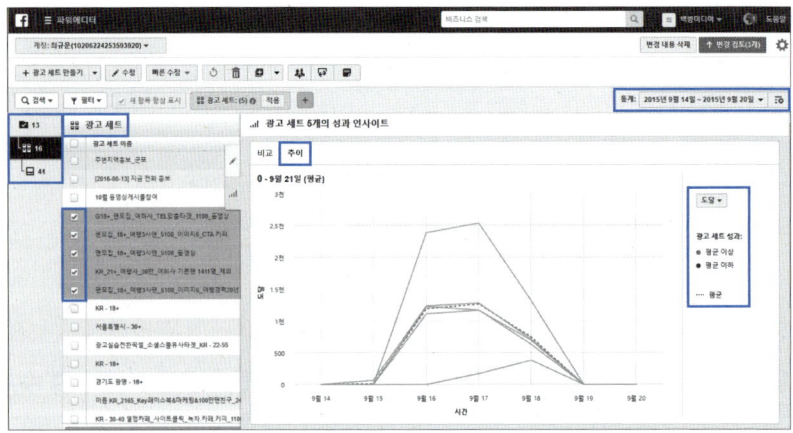

성과 비교 지표로는 도달, 빈도, 지출, 행동, CPA, 클릭 수, CTR%, 평균 CPC, 평균 CPM 등이 있습니다. 도달 및 행동(결과) 지표와 평균 CPM 등을 중심으로 비교해 보면 유사 광고 세트나 개별 광고의 성과를 살펴보기 용이합니다. 성과 인사이트 창에서 [비교] 탭을 클릭하면 성과 분포를 확인할 수 있습니다. 해당하는 그래프 선이나 점 위에 마우스 포인터를 가져가면 그 점에 해당하는 광고 요소 이름이 위쪽에 나타납니다.

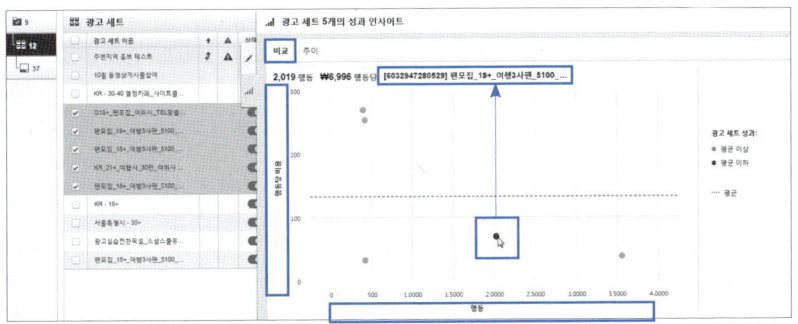

파워에디터 광고 보고서를 자동으로 생성하여 이메일로 받기

광고 결과 데이터 중 모니터링하고 싶은 항목이나 요소만 골라 일정한 형식의 광고 보고서로 저장한 후 보고서 작성 주기를 설정해 놓으면, 일정한 간격(주 단위, 월 단위 등)으로 해당 데이터를 뽑아 보고서를 생성하여 개인 이메일로 보내 줍니다. 파워에디터에서 보고서를 만드는 방법은 다음 보고서 가이드 주소를 참고하여 살펴보고, 여기서는 간략한 보고서 생성 과정만 살펴보겠습니다.

- **파워에디터 보고서 가이드** : https://www.facebook.com/business/help/1114632238554089

[01] 파워에디터에서 [도구] 아이콘을 클릭해서 전체 메뉴를 펼친 후 [광고 보고서]를 선택하면
다음과 같은 보고서 관리 화면이 표시됩니다. 여기서 [보고서 만들기] 버튼을 클릭합니다.

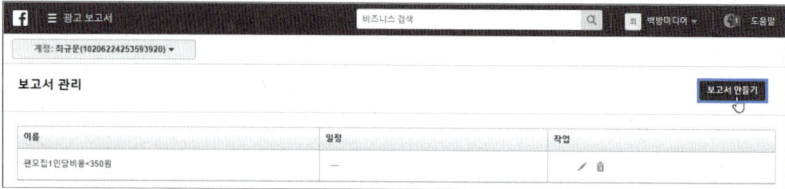

[02] 보고서를 작성하고자 하는 기간을 적절하게 선택하거나 지정하고 [확인] 버튼을 클릭합니다.

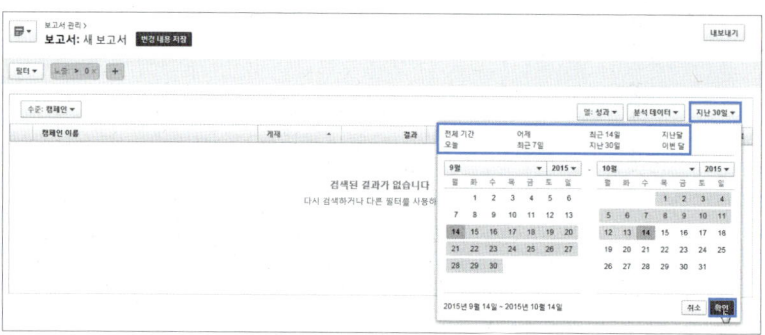

[03] 살펴보고 싶은 광고에 맞게 필터링 조건을 설정하고 조건에 만족하는 캠페인(광고 세트/
광고)에서 살펴보고 싶은 분석 데이터를 선택한 후 [변경 내용 확인] 버튼을 클릭합니다.

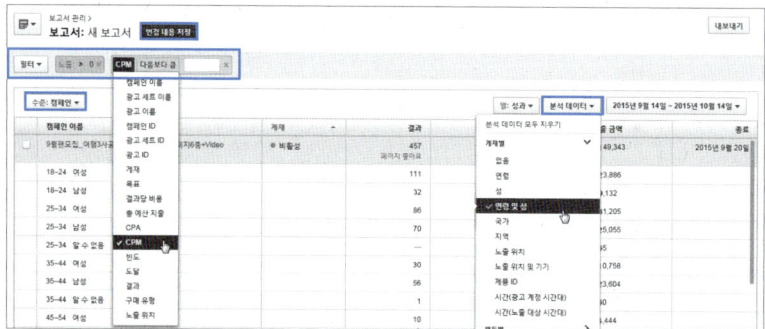

[04] 보고서 이름을 입력하고 [저장] 버튼을 클릭하면 해당하는 조건으로 생성된 보고서가 저장됩니다. 앞으로 해당 데이터를 보려면 보고서를 호출해서 열어 보면 됩니다. 앞선 과정에서 보고서 생성 기간을 따로 지정하지 않고 매일, 매주, 매월 단위로 설정했다면 [이메일 예약]을 체크한 다음 보고서를 받을 이메일 주소를 입력하면 해당 주기에 따라 자동으로 이메일로 보고서를 받을 수 있습니다.

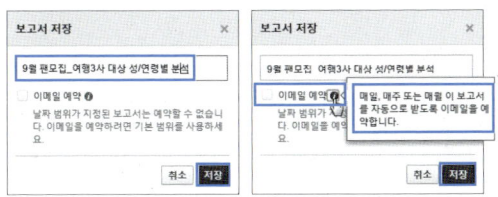

모바일 CF형 광고 도구, 캔버스 활용하기

페이스북 광고는 기본적으로 뉴스피드에 드문드문 섞여 있는 포스트 형태로 노출됩니다. 그러다 보니 광고 유형별로 표현 방식의 제한을 두어 광고주가 원하는 대로 광고 화면을 자유롭게 표현하는 데 다소 제약이 따릅니다. 이러한 단점을 보완하면서 좀 더 멋지고 다양한 형태의 광고 화면을 구성하고 싶은 광고주를 위해 2016년 상반기부터 본격적으로 제공하기 시작한 새로운 광고 구성 기법이 바로 캔버스(Canvas)입니다. 캔버스는 유화를 그릴 때 사용하는 넓은 천으로 자유로운 표현 공간입니다. 이름에서 알 수 있듯이 페이스북의 캔버스에서는 사진 이미지는 물론이고, 동영상, 텍스트, 혹은 링크 버튼 등을 자유롭게 활용하고 디자인 감각을 발휘하여 마치 CF와 유사한 광고를 만들 수 있습니다.

캔버스 시작하기

관리 중인 페이스북 페이지의 타임라인으로 이동한 후 상단 관리자 메뉴에서 [게시 도구] 바로가기를 클릭하고 왼쪽 메뉴 목록에서 [캔버스]를 클릭하면 캔버스를 만들 수 있는 화면이 표시됩니다. 여기서 [+ 만들기] 버튼을 클릭하면 새로운 캔버스를 생성할 수 있습니다.

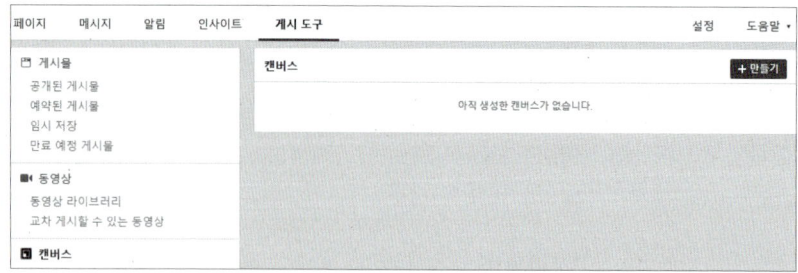

캔버스 생성 도구 창이 나타나며 처음 사용자를 위한 간단한 안내 메시지가 표시됩니다. [다음] 버튼을 클릭하면서 간단한 사용 방법을 확인할 수 있습니다. 캔버스 생성 도구에는 기본으로 제목 입력란과 배경 테마를 설정할 수 있는 주제 선택 옵션, 그리고 미리보기 화면이 표시되며, [구성 요소 추가] 링크를 클릭해서 다양한 구성 요소를 추가할 수 있습니다.

캔버스 구성 요소

[구성 요소 추가] 링크를 클릭해서 추가할 구성 요소 선택 창이 나타나면 사용할 요소를 선택한 후 [확인] 버튼을 클릭해서 생성 도구에 추가합니다. 각 요소는 다음과 같습니다.

- 버튼 : 행동 유도 버튼과 유사한 요소로, 버튼에 표시될 문구와 랜딩 페이지를 설정하고, 버튼 색이나 스타일, 위치 등을 선택할 수 있습니다.
- 슬라이드 : 순환형 멀티 이미지 배열입니다. 최소 2장에서 많게는 10장까지 이미지를 업로드 하여 순환 방식으로 보여줄 수 있습니다. 이미지들의 크기가 같지 않으면 첫 번째 이미지 크기에 맞춰 다른 이미지가 잘려서 보일 수 있습니다.
- 사진 : 모바일의 가로, 세로 화면에 맞춰 자동으로 편집되는 사진 이미지를 업로드할 수 있습니다. 가로 1080 픽셀 이미지 사용을 권장하며, 모바일에서 터치했을 때 원하는 페이지로 이동하게 하려면 레이아웃 옵션을 [Fit to Width(Linkable)]로 선택해야 합니다.
- 텍스트 블록 : 기본적인 텍스트 입력 공간으로, 제품이나 브랜드에 대한 광고 글을 입력하고 자유롭게 서식을 지정할 수 있습니다.
- 동영상 : 가로 또는 세로 맞춤형으로 동영상을 업로드할 수 있습니다. 재생 시간이 2분 이내인 동영상을 업로드하는 것이 좋으며, 오디오가 없더라도 내용을 알 수 있게 자막을 포함하는 것이 좋습니다.
- 헤더 : 캔버스 로고 이미지를 의미하며, 882 X 66 픽셀을 권장합니다. 배경 색상을 설정하여 액자 틀처럼 활용할 수 있고, 투명도 조절도 가능합니다.

각 요소를 추가하면 요소 영역의 오른쪽 위에 4개의 아이콘이 표시되며, 왼쪽부터 경고/ 위로 이동 / 아래로 이동 / 더 보기 아이콘입니다.

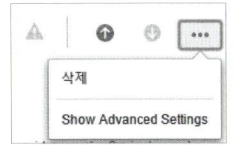

경고 아이콘은 현재 추가한 요소에 빠진 옵션이나 잘못된 항목이 있을 때만 표시되며, 이동 아이콘은 해당 요소의 위치를 변경할 때 사용합니다. 더 보기 아이콘을 클릭하면 해당 요소를 삭제하거나 고급 옵션을 확인할 수 있는 메뉴가 나타납니다. 이처럼 캔버스 광고는 더 멋지고 다양한 요소를 활용할 수 있는 광고를 만들 수 있는 기능으로 모바일 화면 구성에 최적화되어 있습니다. 자세한 사용법은 다음 링크를 참고하세요.

http://www.sonet.kr/541

▼ 에필로그

프로필로 장사 말고, 페이지로 홍보 말라!

페이스북 마케팅은 형식으로 보면 입소문 마케팅이지만 내용으로 보면 평판 마케팅입니다. 자신이 올린 게시물을 통해 누군가에게 재미나 즐거움, 혹은 유익한 정보나 혜택을 줌으로써 공감대를 형성케 합니다. 알고 싶은 이들의 소식이나 뉴스를 꾸준히 전하는 과정에서 자신에 대한 인간적 믿음이나 신뢰를 쌓고 관계를 돈독히 하는 수단이자 플랫폼 역할을 하는 것이 페이스북입니다. 요컨대 바로 이러한 과정에서 쌓인 신뢰를 기초로 하여 필요할 때 비즈니스를 목적으로 활용하는 것이 페이스북 마케팅의 핵심 원리입니다.

평판은 직접 체험해 보고 '겪은 바'에 기초한 직접 평판과 이야기를 전해 들으니 그렇더라는 '들은 바'에 기초한 간접 평판이 합쳐 만들어집니다. 직접 평판은 본인이 물건이나 서비스를 구매하거나 얻어 사용해 본 것이므로 개인의 기준이나 호불호에 따라 주관적일 수 있습니다. 하지만 각자가 자신의 실명과 얼굴을 드러내고 교류하면서 남기는 평판이고 체험담이므로 그 자체가 다른 친구나 지인들에게는 새로운 부가 정보를 제공하는 행동입니다.

결국 페이스북에서의 영향력은 이 관계망이 얼마나 넓고 두터운지, 그 사람에 대한 신뢰망이 얼마나 강한지에 따라 결정됩니다. 페이스북 페이지의 영향력이나 전파력 또한 그와 유사한 원리로 커지고 성장합니다. 평판은 하루아침에 그냥 만들어지지 않습니다. 주변 사람들에게 꾸준하고 성실하게 행동한 것들이 작은 신뢰가 되고, 신뢰가 쌓이고 쌓여 만들어지는 것이 평판입니다.

참으로 역설적이지만 비즈니스나 홍보 마케팅을 위해 페이스북을 시작하는 분들에게 가장 강조하고 싶은 말은 '프로필로 장사하지 말고, 페이지로 홍보하지 말라!'는 것입니다. 친구를 사귈 때 '언젠가는 내가 당신의 지갑을 털고야 말겠다는 마음'으로 임하면 결코 친구가 될 수 없습니다. 믿음이 없는 곳에서 제대로 된 비즈니스 기회가 주어질 것을 기대하는 것은 헛된 욕심입니다.

페이스북 광고에서도 가장 훌륭한 광고는 '광고하지 않고 광고하는 것'입니다. 페이스북 광고가 광고 같지 않은 광고, 이른바 네이티브 광고를 지향하는 이유이기도 합니다. 친구에게 꼭 필요한 소식을 자발적으로 전해 주는 행위로 광고 개념이 바뀌어야 한다는 것이 페이스북의 주장이자 철학입니다.

페이스북은 광고가 '필요한 정보'로 느껴지도록 그 광고를 진짜로 필요로 하는 사람들에게만 제한적으로 노출하겠다고 도전하고 있습니다. 그 수단으로 맞춤 타겟과 Facebook 픽셀을 제공하고 있습니다. 모쪼록 많은 이들이 페이스북을 이용하여 인간관계와 신뢰망을 넓힐 수 있는 자기만의 노하우와 방법론을 찾아내기 바랍니다. 굳이 돈을 쓰지 않고, 광고하지 않아도 광고가 되는 페이스북 운영자가 되시길 진심으로 바랍니다.

페이스북 마케팅의 종착점은 광고하지 않아도 저절로 광고가 되는 자발적 입소문 관계망을 완성하는 지점에서 비로소 보일 것입니다. 여러분 모두 그 종착점에서 만날 수 있기를 희망합니다.

저자를 대표하여 **최규문** 드림

▼ 인덱스

ㄱ, ㄴ

개인 프로필　025
검색 바　045
게시 도구　067
게시 속성　073
게시물 공개 범위　070, 323
게시물 예약　172
게시물 탭　229
게시물 홍보하기　255, 299
계정 설정 탭　305
공개 대상 제한　173
공개 범위 설정　047
공유하기　052, 120, 141
관리 페이지 요약　048
광고　289
광고 관리자　300
광고 만들기　292
광고 보고서　350
광고 설정　187, 194
광고 세트 설정　187, 190, 262
광고 승인 거절　195
광고 영역　049
광고주 지원　322
구글 애드워즈 광고　197
그래프 서치　156
그룹　025, 027
그룹 공개 범위　025
그룹 채팅 기능　027, 100
그룹 초대　096
네이버 블로그 연계하기　132
뉴스피드 기본 설정　048
뉴스피드 알고리즘　038
뉴스피드 타게팅　173

ㄷ, ㄹ

대상 제한하기　175
댓글 남기기　165
댓글 순서　072, 142
도구 탭　305
도달 대상　235
도달 범위 탭　221
동영상 탭　231
랜딩 페이지　186
리마케팅 광고　196

ㅁ, ㅂ

마일스톤 업데이트하기　116
만료 예정 게시물　070
맞춤 타겟　201, 238, 240, 315
맞춤 타겟 광고　198
맞춤 타겟 픽셀　315
메시지　066, 070, 073, 324
메시지 아이콘　046
메시지 응대하기　164
모든 멤버 초대 옵션　098
바로가기 버튼　045
방문자 게시물　069
보내기 버튼　142
비속어 필터　071
비슷한 페이지 추천　071, 324
비즈니스 관리자　186, 273
비즈니스 관리자 계정　275
비즈니스 관리자 대시보드　350

ㅅ, ㅇ

사람 탭　234
사용자 이름　047
사진 슬라이드 만들기　114, 117
사진/동영상 업로드　114
사진첩 만들기　114
상태 업데이트　113
설정　047, 051, 068
소셜 플러그인　139
슬라이드 광고　336
슬라이드쇼 만들기　114
알림　074
알림 바로가기　066
알림 서비스　046
알림 아이콘　046
엣지 랭크 알고리즘　039
여러 언어로 게시　071, 324
연령 제한　071
웹사이트 트래픽　240
위젯　135
위젯 유형　135
위젯 추가하기　136
유사 타겟　201, 209, 241, 315
이미지 화면　312
이벤트 만들기　115
이벤트/생일 알림　048
인구 통계학적 특성　175, 246
인사이트 메뉴　215
인사이트 바로가기　067
인사이트 보기　052
인사이트 요약　055
인스타그램 광고　077, 340
인스타그램 연계하기　127

ㅈ, ㅊ

잠재 고객 확보 광고 342
저장된 타겟 242
전환 추적 픽셀 315
접근 가능 국가 제한 070, 324
정보 052
좋아요 버튼 140
좋아요 탭 219
좋아요 하기 122
주변 지역에 홍보하기 330
즐겨찾기 069
지금 이 순간 048
청구서 화면 306
친구 요청 046, 095
친구 초대하기 122, 165

ㅋ, ㅌ

캠페인 목표 설정 187, 188
커버 사진 050, 160
콘텐츠 게시 타이밍 162, 172
쿠폰 발행하기 179
쿠폰 수정하기 180
타겟 311
타겟 그룹 238
타겟 설정하기 182
타겟 인사이트 244
타겟 좁히기 174
타임라인 049
타임라인 설정 051
태그 권한 070
탭 메뉴 053
트위터 연계하기 129
티스토리 연계하기 144

ㅍ, ㅎ

파워에디터 186, 264
파워에디터 화면 307
파트너 할당 283
팔로우 버튼 142
퍼간 게시물 141
페이스북 030
페이스북 광고 289
페이스북 마케팅 080
페이스북 약관 026, 081
페이스북 픽셀 186, 204, 207, 314
페이지 025, 030
페이지 개설 057
페이지 공개 069
페이지 관리 054
페이지 관리자 메뉴 065
페이지 다운로드 072
페이지 랭크 알고리즘 039
페이지 바로가기 066
페이지 삭제 072
페이지 소유권 279
페이지 역할 074
페이지 유형 031, 057
페이지 이름 159
페이지 정보 058
페이지 조회 탭 225
페이지 태그 허용 070
페이지 통합하기 072
페이지 플러그인 143
페이지 홍보하기 260
페이지 활동 탭 227
포스트 작성 영역 054
프로필 사진 051, 160
핀 설정 330
해시 태그 104

행동 유도 만들기 053, 062, 163
홈 버튼 046
활동 로그 048, 068, 079

기타

태그 104
@ 태그 101
CPM 347
CPV 347